KB023425

글로벌 르네상스

Global Interests: Renaissance Art between East and West
by Lisa Jardine and Jerry Brotton
was first published by Reaktion Books, London, UK, 2000.

역사도서관 024

글로벌 르네상스

동양과 서양 사이의 르네상스 미술

리사 자딘 · 제리 브로턴 지음 | 임병철 옮김

도서출판 길

지은이 리사 자딘(Lisa Jardine)은 1944년 영국 옥스퍼드에서 태어났다. 수학자였던 아버지 제이콥 브로노우스키(Jacob Bronowski)와 조각가였던 어머니 리타 코블렌츠(Rita Coblentz)의 영향으로 어린 시절부터 인문학과 자연과학의 경계를 넘나드는 다양한 영역에 관심을 가졌다. 케임브리지 대학에서 박사학위 논문의 주제로 연구했던 프랜시스 베이컨에 관한 저작을 내놓은 1974년부터 2015년 세상을 떠날 때까지, 르네상스에서 과학혁명 그리고 17세기 네덜란드의 역사에 이르기까지 근대 초 유럽의 역사에 관한 다양한 저서를 출간했다. 특히 그리스어와 라틴어를 비롯한 다섯 개의 언어에 능통했던 덕분에 그의 연구 영역은 지리적인 차원에서 유럽 전역을 아우를 뿐만 아니라 주제의 측면에서도 지성사에서 과학사 그리고 예술사에서 문화사의 경계를 넘나들었다. 저서로 *Francis Bacon: Discovery and the Art of Discourse* (1974), *Worldly Goods: A New History of the Renaissance* (1996, 국역본:『상품의 역사』, 영림카디널, 2003), *Going Dutch: How England Plundered Holland's Glory* (2008), *Temptation in the Archives: Essays in Golden Age Dutch Culture* (2015) 등이 있다.

지은이 제리 브로턴(Jerry Brotton)은 영국 브래드퍼드에서 태어나 영문학과 문학사회학에서 학사학위와 석사학위를 취득한 후 르네상스 시기의 지도 제작과 관련된 문제를 주제로 박사학위를 취득했다. 15~16세기의 문학작품과 물질 문화, 동·서양의 교역 및 기행문에 관심을 갖고 간-학문적 접근법을 통해 르네상스 시기의 정치와 사회 그리고 문화 등을 거시적인 관점에서 추적하는 데 주력하고 있다. 특히 그는 다양한 관심에 기초해 학술적인 연구에 집중하는 것뿐만 아니라 BBC 교양 프로그램에 참여하고 고서적이나 유물의 전시 등과 관련된 큐레이터로 활동하면서 대중과의 소통에도 적극적으로 나서고 있다. 현재 런던의 퀸 메리 대학에서 르네상스 교수로 재직하고 있다. 저서로 *Trading Territories: Mapping the Early Modern World* (1997), *A History of the World in Twelve Maps* (2012, 국역본:『욕망하는 지도』, 알에치코리아, 2014), *The Renaissance: A Very Short Introduction* (2006, 국역본:『르네상스』, 교유서가, 2018), *This Orient Isle: Elizabethan England and the Islamic World* (2016) 등이 있다.

옮긴이 임병철(林炳澈)은 서강대 사학과를 졸업했으며, 같은 대학교 대학원에서 레오나르도 브루니의 공화주의를 주제로 석사학위를 받았다. 이후 미국 인디애나 대학 사학과에서 근대 초의 유럽 지성사와 문화사를 전공했으며, 2004년 포조 브라촐리니(Poggio Bracciolini)의 '자아-재현'(self-representation)과 르네상스 개인주의를 주제로 박사학위를 받았다. 주요 연구 분야는 르네상스 시기 이탈리아 지성사 및 사회 문화사이며, 미술사에도 관심을 두고 있다. 저서로『21세기 역사학 길잡이』(공저, 경인문화사, 2008),『서양문화사 깊이 읽기』(공저, 푸른역사, 2008),『역사 속의 소수자들』(공저, 푸른역사, 2009),『르네상스기 이탈리아인들의 자아와 타자를 찾아서』(푸른역사, 2012) 등이 있으며, 역서로는『피렌체 찬가』(레오나르도 브루니, 책세상, 2002),『수녀원 스캔들: 르네상스 이탈리아의 한 레즈비언 수녀의 삶』(주디스 브라운, 푸른역사, 2011),『르네상스 뒷골목을 가다: 피렌체의 사라진 소녀들을 둘러싼 미스터리』(니콜라스 터프스트라, 글항아리, 2015),『초기 이탈리아 르네상스의 위기: 고전주의와 전제주의 시대의 시민적 휴머니즘과 공화주의적 자유』(한스 바론, 도서출판 길, 2020) 등이 있다.

역사도서관 024

글로벌 르네상스

동양과 서양 사이의 르네상스 미술

2021년 8월 31일 제1판 제1쇄 발행

2022년 8월 10일 제1판 제2쇄 인쇄
2022년 8월 20일 제1판 제2쇄 발행

지은이 | 리사 자딘 · 제리 브로턴
옮긴이 | 임병철
펴낸이 | 박우정

펴낸곳 | 도서출판 길
주소 | 06032 서울 강남구 도산대로 25길 16 우리빌딩 201호
전화 | 02) 595-3153 팩스 | 02) 595-3165
등록 | 1997년 6월 17일 제113호

ISBN 978-89-6445-246-2 93900

서론

이 책은 전통적으로 르네상스라고 알려진 시기에 지리적·이데올로기적 경계를 넘어 두 방향에서 전개된 물질적 교환과 그것이 유럽의 문화 정체성 형성에 끼친 지속적인 영향에 대해 다룬다. 우리는 각자 서로 다른 책을 저술하면서 열띤 토론을 벌일 수 있는 일련의 기회를 갖게 되었고, 바로 그 과정 속에서 이 책이 시작될 수 있었다. 『상품의 역사』(*Worldly Goods*)와 『무역의 영역』(*Trading Territories*)을 저술하면서 각자가 개별적으로 다루었던 자료와 기본적인 논점들이 여러 중요한 지점에서 중첩하고 있다는 점을 깨닫게 되었고, 따라서 서로의 견해를 공유하고 또 가능하다면 다른 대안적인 해석들에 대해서도 논의하지 않을 수 없었기 때문이다. 이 과정에서 우리는 해당 전문 분야에서 자신만큼이나 뛰어난 지식을 소유한 다른 누군가와 나누는 대화의 즐거움을 만끽했고, 우리 둘 모두가 미래의 해답을 찾으면서 간절히 원하던 연구의 방향으로 기꺼이 나아가고 또 그것을 추구하려고 했다. 때때로 새로운 자료를 찾아 각자 나름대로 문서보관소를 뒤지기도 했지만, 그런 날 저녁이면 우리는 네트워크로 연결된 컴퓨터에 접속하여 서로 의견을 나누면서 이 책을 함께 써나갔다. 이러한 일련의 과정들은 개인용 컴퓨터 시대의 저술 작업에서 누릴 수 있는 즐거움이었다. 우리는 더 이상 우리들 가운데 누가 이 책 『글로벌 르네상스』의 어떤 부분을 썼는지, 혹은 우리 연구의 전환점에서 누가 핵심적인 생각을 제시했는지 등에 대해 기억하지 못한다.

어쩌면 무의미할 수도 있지만 지금 이 책의 시작 부분에서 우리는, 이 책이 전통적인 의미에서의 '역사'가 아니라는 점을 지적하고자 한다. 간혹 우리의 작업에 관해 다른 이들에게 이야기하면, 그들은 누군가가 말(馬)에 관한 역사를 쓰고 있다거나 혹은 또 다른 누군가는 태피스트리나 초상을 새긴 메달에 관한 역사를 저술하고 있다는 유용한 정보를 자진해서 제공해주곤 했다. 우리는 그와 같은 영역에서 이루어진 연구들의 도움을 받아 우리 논의의 불충분한 윤곽을 채우기도 했다. 하지만 이 책에서 우리는 그와 같은 구체적인 사례 연구의 차원을 넘어서서, 말을 다루는 기술, 태피스트리의 제작, 그리고 그와 유사한 다른 분야에서의 정교한 발전을 가능하게 만들었던 문화적 구조를 살펴보려고 시도한다. 이것은 학문 분과와 지리상의 경계를 모두 넘어서는 관념과 재현에 대한 역사적 추적이다. 때때로 우리는 우리의 연구가 국가나 어떤 운동에 의해 제한되지 않은 새로운 유형의 '문화사'라고 확신한다. 또 간혹은 우리가 대상이나 디자인의 역사를 연구하고 있다는 생각이 들기도 한다. 하지만 무엇으로 생각하든지 간에, 우리 연구의 주제가 전통적인 학문 영역의 경계선 너머로 우리를 이끌게 되리라는 점을 이내 깨닫게 된다. 그리고 바로 그것이 세계적인 관심을 가지면서 맞닥뜨리게 되는 어려움 가운데 하나다.

이 책은 우리 스스로 더 큰 규모로 이루어져야 한다고 생각하는 커다란 연구 프로젝트 내의 작은 시작에 불과하다. 기실 이러한 프로젝트는, 마치 우리처럼, 유럽의 공유된 유산으로 남아 있는 르네상스라는 풍부한 문화 속에서 그 기원을 이해하려는 모든 이들에 의해 수행되어야만 한다. 이 연구를 진행해갈수록 우리가 이 책에서 살펴보고 있는 것이 아주 커다란 빙산의 일각에 불과하다는 점이 점점 더 뚜렷해졌다. 예술적이면서도 또 다른 차원에서는 물질적이었던 교환을 위해, 르네상스기에는 이 책에서 우리가 서양과 동양이라고 지칭하게 될 세계 사이의 경계가 명확하게 나뉘어 있지 않았다. 또한 이 때문에 심지어 갈등적인 상황 속에서도, 이 시기의 두 세계는 어떤 형상과 이미지들을 상호 간에 이해할 수 있었고 또 창조적인 열정으로 그것들을 역이용할 줄도 알았다. 이 점이 인식되면서, 모든 차원에서 문화적 상호 수정(受精)과 쌍방향에서 이루어진 상호 영향을 이해하는 새로운 가능성들이 열리게 되었다. 그리고 이러한 가능성과 그것들이 함의하는 바가 피할 수 없는 문제로 대두하면서, 아주 뚜렷하게 구분되었고 또 전통적으로는 전적으로 분리된 것으로 생각되어오던 문화의 역사들에 대한 새로운 깨달음이 자연스럽게 뒤따랐다. 그것은 바로 이러한 문화를 동양과 서양의 공유된 업적으로 새롭게 기술해야 할 시점이 이제 무르익었다는 인식이다.

하나의 사례를 들어보자. 1453년 메흐메트 2세(Mehmet II)는 무슬림 군대를 이끌고 콘스탄티노폴리스, 즉 오늘날의 이스탄불을 함락했다. 1999년 말 이스탄불에서 그를 주제로 전시회 하나가 기획되었는데, 이를 준비한 큐레이터들은 이 위대한 군사 지도자를 지금까지와는 다른 낯선 시각으로 표현하기 위해 서양 세계로 시선을 돌리기 시작했다. 그들이 주목한 것은 르네상스 후원자, 예술 전문가, 철학자 그리고 언어학자로서의 메흐메트의 모습이었다. 이 전시회에 관해 『뉴욕 타임스』는, 위대한 오스만 지도자에 관한 이 유럽적 이미지가 '유럽을 향한 새로운 전환' 속에서 유럽적 뿌리와 영향을 되찾으려는 현대 터키의 희망을 실현하기 위한 적절한 대상이 될 수 있을 것이라고 지적했다.[1]

전시회의 주요 작품은 런던국립미술관에서 대여된 한 편의 그림, 즉 베네치아 출신의 화가 젠틸레 벨리니(Gentile Bellini)가 그린 메흐메트 2세의 초상화였다(그림 1). 이 작품을 이스탄불로 가져온 명분은, 과거 터키의 중요한 순간 다시 말하자면 이탈리아 및 북유럽 르네상스와 그 뿌리를 공유하던 터키의 예술적·문화적 번영을 널리 기념한다는 것이었다. 전시회

1 *New York Times*, 25 December 1990.

그림 1 젠틸레 벨리니, 「메흐메트 2세의 초상」, 1479, oil on canvas. National Gallery, London.

를 관람한 한 방문객은 이 그림에 대해 "아주 여러 차례, 수많은 교과서에서, 그리고 여러 해에 걸쳐 수많은 벽에 걸려 있던 것들을 보아왔기 때문에 실제 이 그림은 우리의 머릿속에 각인되어 있다"고 논평했다. 그리고 그는 "이제 드디어 그것이 여기에 있다, 바로 실물이. 믿을 수가 없다"는 말을 덧붙였다. 하지만 이 작품은 런던국립미술관에서는 그저 '아마도 벨리니가 그린 것으로 추정되는 어느 동양인'의 그림으로 확인되어오고 있었다. 최근 1991년 런던국립미술관에서 발간한 카탈로그에도 이 그림은 "베네치아의 미술가 젠틸레 벨리니가 그린 초상화에서 유래한 것으로 추정되는" 모사품으로 기술되어 있다.[2]

달리 이야기해보자. 벨리니는 베네치아 의회에 의해 대여의 형식으로 파견되어 1479년 술탄이 공식적으로 고용했던 궁정 예술가 가운데 한 사람이었다. 그렇다면 누가 이 작품을 제작했는가를 확실하게 규명하는 일은, 그와 같은 신분의 벨리니가 이스탄불에서 보냈던 시간을 과연 서양에서 어떻게 복원하여 이해하는가에 달려 있다. 두말할 나위 없이 이러한 유형의 기초 위에서 보다 깊이 있는 협동 연구가 이루어진다면, 15세기 말 오스만의 무슬림들과 베네치아의 그리스도교도들이 함께 수행했던 예술적 시도들에 관해 더욱 널리 합의된 이해에 도달할 수 있을 것이다.

이러한 유형의 '문화적 유동성'에 대한 보다 철저한 간문화적(intercultural) 연구를 주장하면서, 이제 우리는 서양에서 동쪽을 바라보며 우리의 시각에 잠재적인 영향을 끼쳤던 사례 하나를 제시하고자 한다.[3]

레오나르도 다 빈치(Leonardo da Vinci)는 많은 제작 노트를 남겼는데, 그 가운데 한 권에는 1484년경 그가 '데바트다르 카이트-바이'(Devatdar Kait-Bai)라고 거명한 어떤 인물에게 보낸 일련의 편지가 보존되어 있다. 이 편지들에 따르면, 레오나르도는 정치적 경쟁 관계에 있던 터키의 해안 지역을 오가며 오랜 기간 과학적 임무를 수행했고 그것에서 얻은 결과를 그에게 보고한다. 이 임무는 지진이나 폭풍 같은 일련의 자연 재앙의 여파

2 Jill Dunkerton, *et al.*, *Giotto to Dürer: Early Renaissance Painting in the National Gallery*, London, 1991, p. 91.

3 '문화적 유동성'은 우리가 지칭하고 있는 문화적 통화의 상호교환 가능성이라는 개념을 설명하기 위해 스티븐 그린블랫(Stephen Greenblatt)이 고안한 용어다. 그는 1999년 12월 런던 대학에서 가졌던 강연 도중 청중의 질문에 답하면서 이 용어를 사용했다.

속에서 수행된 것이었다. 레오나르도에 관한 가장 최근의 전기 작가인 마이클 화이트(Michael White)는 이전 세대의 해석에 따라 이 편지를 '가공의 카이로 통치자'에게 쓴 '한 편의 허구'라고 공언한다. 20년 전만 해도 유럽의 학자들은 15세기의 예술가들이 그리스도교와 무슬림의 문화 중심지를 자유롭게 오고갔다는 사실을 상상조차 할 수 없었다. 그리고 그 결과 이 편지 역시 레오나르도가 이탈리아의 한 지역에서 펼친 상상의 산물에 지나지 않는 것으로 이해되었다.[4]

하지만 실제로 카이트베이(Qaitbay)는 교양 있고 문화적 야망 역시 풍부했던 당대의 맘루크 술탄이었다. 줄리언 래비(Julian Raby)와 굴루 네키포글루(Gülru Necipoğlu) 같은 우리 시대 동양학 연구자들의 정확하고 면밀한 연구 덕분에 이제 우리는 벨리니, 코스탄초 다 페라라(Costanzo da Ferrara), 마테오 데 파스티(Matteo de' Pasti) 같은 인물들이 확장된 예술적 '교환' 프로그램에 따라 이 시기의 후원자들에 의해 어떻게 동양으로 파견되었는지를 적절하게 이야기해주는 문서화된 근거를 갖게 되었다.[5]

앞으로의 연구에 필요한 것은, 당시 자신을 고용했던 밀라노의 공작 루도비코 스포르차(Ludovico Sforza)가 고국에서 맡겼던 연구나 공학적인 작업과 동일한 유형의 일들을 수행하면서 레오나르도가 실제로 터키의 남부 지역을 방문했는지, 만약 그렇다면 이러한 동양과의 접촉이 그의 작품의 다른 측면에 어떠한 영향을 끼쳤는지를 해명하는 것이다.

만약 역사적 편견의 경계를 무너뜨린다면, 낯선 문화적 정체성을 발견하고 그에 기초해 앞으로 우리가 우리 자신을 더욱 풍부하게 이해할 수 있

4 Michael White, *Leonardo: The First Scientist*, London, 1999. 오스만 궁정의 사업에 레오나르도가 관여한 것과 관련된 보다 자세한 논의를 검토하기 위해서는 Franz Babinger, "Vier Baurorschlage Lionardo da Vinci's am Sultan Bajezid II (1502/03)", *Nachrichten der Akademie der Wissenschaften in Göttingen*, Philol.-hist. Klasse, I, 1952를 보라.

5 또한 Lisa Jardine, *Worldly Goods: A New History of Renaissance*, London, 1996을 보라.

게 될지 어느 누가 알겠는가?

항상 그랬듯이 이 책을 저술하면서 우리는 여러 사람들에게 많은 빚을 졌다. 가장 분명한 것은 이 책과 참고문헌에 언급된 많은 학자들에게 진 빚이다. 아마도 그들의 세밀한 연구가 없었다면, 우리는 결코 우리 스스로 무엇을 발견하거나 세세한 사실들을 하나로 한데 묶을 수 없었을 것이다. 보다 개인적인 차원에서 이야기하면, 피터 바버(Peter Barber), 워런 바우처(Warren Boutcher), 데니스 코스그로브(Denis Cosgrove), 존 엘리엇(John Elliott), 레이철 홈스(Rachel Holmes), 레이철 자딘(Rachel Jardine), 앤서니 패그던(Anthony Pagden), 앨런 스튜어트(Alan Stewart), 루크 시슨(Luke Syson)은 모두 우리의 연구에 중요한 기여를 했다. 또한 토비 문디(Toby Mundy)는 우리에게 부제를 찾아주었고, 마이클 리아먼(Michael Leaman)은 잔잔한 격려로 커다란 도움을 선사했다. 하지만 이 책에 나타난 모든 오류는 전적으로 우리의 책임이라는 점을 밝혀둔다.

차례

제1장

정체성 교환하기:
르네상스 유럽의 경계 허물기

앙코나의 치리아코(Ciriaco de' Pizzicolli, 1457 사망)는 이탈리아 전역뿐만 아니라 구세계의 다른 나라들 역시 구석구석 여행했고 수많은 명각(銘刻)과 스케치를 가지고 돌아왔다. 왜 이런 수고를 감수했는가라는 질문에 그는 죽은 자를 깨우기 위해서라고 대답했다.

야코프 부르크하르트, 『이탈리아 르네상스의 문화』[1]

[오스만의 술탄 메흐메트 2세는] 앙코나의 치리아코로 불리던 궁정인과 또 다른 이탈리아인으로 하여금 날마다 자신에게 로마와 다른 고대의 작품들을 읽어주도록 했다. 그가 읽도록 한 것은 라에르티오스, 헤로도토스, 리비우스, 퀸투스 쿠르티우스, 교황과 황제, 프랑스의 왕, 그리고 롬바르디아의 연대기였다.

프란츠 바빙거, 『정복자 메흐메트와 그의 시대』[2]

1 Jacob Burckhardt, *The Civilization of the Renaissance in Italy*, London, 1892, p. 181. 앙코나의 치리아코를 고대 그리스와 로마의 유적들을 기록한 박식한 여행가로 해석하는 전통적 견해에 대해서는 E. W. Bodnar, *Cyriacus of Ancona and Athens*, Brussel, 1960; Bernard Ashmole, "Cyriac of Ancona", reprinted in G. Holmes, ed., *Art and Politics in Renaissance Italy: British Academy Lectures*, Oxford, 1993, pp. 41~57; Rudolf Pfeiffer, *History of Classical Scholarship 1300-1850*, Oxford, 1976, p. 51을 보라.

이 책에서 우리는 문화 정체성의 틀을 형성하는 개념적 경계들과 근대 유럽의 지도 위에 나타난 그것들의 위치에 대해 검토하고자 한다. 특히 우리는 역사적으로 또 상업적·정치적 경쟁이라는 분위기 속에서 유럽인들이 자기 스스로를 미학적 차원에서 확인하기 위해, 달리 말해 스스로를 '문명화된' 존재로 규정하기 위해 어떻게 외부 세계를 바라보았고 또 그에 대해 비유럽인들이 보여준 완고한 시선에 어떤 식으로 대응했는지 살펴보려 한다. 우리의 질문은, 그와 같은 비유럽 세계와의 조우의 결과로 과연 무엇이 발생했는가라는 것이다. 우리의 생각으로는, 오로지 이 질문에 대한 해답을 찾으려고 시도할 때에만 앞의 두 인용문 사이에서 발견되는 역사서술상의 차이를 메울 수 있는 지난한 과정을 시작할 수 있을 것이다. 첫 번째 인용문은 분명히 서유럽의 고전적 전통 내에 자리하고 있다. 이와 비교할 때 두 번째 인용문은 우리에게는 낯선 15세기 동방 이슬람 세계의 문화적 지도자와 관련된 매우 이국적인 사례이며, 여기에서 우리는 그가

2 F. Babinger, *Mehmed the Conqueror and His Time*, Princeton, 1978, pp. 112, 496~98. 하지만 오늘날, 1453년 콘스탄티노폴리스가 포위되어 있었을 때 치리아코가 메흐메트의 비서로 일하고 있었다는 주장은 자료 하나에 대한 오독의 결과로 간주되고 있다. 이에 대해서는 F. Babinger, "Notes on Cyriac of Ancona and Some of His Friends", *Journal of the Warburg and Courtauld Institutes* 25, 1962, pp. 321~23을 보라. 치리아코의 동·서양 여행, 특히 오스만의 술탄 무라트 2세와 메흐메트 2세의 궁정에 그가 참석한 것에 대해서는 J. Colin, *Cyriaque d'Ancône: Le Voyageur, le marchand, l'humaniste*, Paris, 1981을 보라. 메흐메트의 서양 서적에 대한 독서와 그의 도서관에 대해서는 J. Raby, "East and West in Mehmed the Conqueror's Library", *Bulletin du bibliophile*, 1987, pp. 297~321을 보라. 치리아코는 1438년 콘스탄티노폴리스에 대한 원조를 구하기 위해 비잔티움 황제 요하네스 8세 팔라이올로고스의 뒤를 이어 이탈리아로 왔다(Biblioteca Nazionale Centrale, Florence, MS. II, IV, 128, fols 108v-110r=Bibl. Magliabecchiana, VI, 132. 이 자료는 K. M. Setton, "The Emperor John VIII Slept Here ……", in *Europe and the Levant in the Middle Ages and the Renaissance*, London, 1974, pp. 222~28에서 인용함). 1441년 10월 18일 치리아코가 교황 에우제니오 4세에게 쓴 자필 편지가 오늘날까지 남아 있는데, 이 편지에서 그는 에티오피아 탐사에 대한 지원을 요청하고 있다. 이에 대해서는 J. Rykwert and A. Engel, eds., *Leon Battista Alberti*, Milan, 1994, pp. 455~56을 보라.

서유럽 세계와 동일한 문화적 유산을 주장하고 있다는 점을 확인할 수 있다. 하지만 우리는 그것을 유럽인으로서 '우리'의 문제로 논의할 것이다.

I

프로이트는 1930년 『문명과 그 불만』을 저술하면서 야코프 부르크하르트의 『이탈리아 르네상스의 문화』를 상기시키려는 의도로 르네상스가 거둔 업적과 그것에서 시작된 문명을 다음과 같은 말로 특징지었다.

> 아름다움, 청결함 그리고 질서는 문명을 구성하는 필수조건들 사이에서 눈에 띌 만큼 아주 특별한 지위를 차지하고 있다. 어느 누구도 그것들이 자연의 힘에 대한 통제나 우리에게 친숙한 다른 요소만큼이나 삶을 살아가는데 중요하다고 주장하지는 않을 것이다. 하지만 그 누구도 그것들을 하찮게 취급하며 뒷전에 제쳐두려고도 하지는 않을 것이다. …… 그렇지만 인간의 지적·학문적·예술적 성취와 같은 고귀한 정신 활동을 존중하고 고무하며 또 인간의 삶에서 관념에 주도적인 역할을 부여한다는 것보다 문명을 더욱 특징적으로 설명할 수 있는 그 어떤 다른 길은 존재하지 않는다.[3]

고전고대에 대한 찬양이라는 19세기의 문화에 흠뻑 빠져 있던 부르크하르트는 어떻게 유럽의 문화가 그리스와 로마에 그 뿌리를 둔 직계 자손에 의해 발전되어왔는가를 보여주려고 시도했다. 진중한 도덕적 주제를 담고 있는 내러티브를 통해 그는 15세기 이탈리아의 인문학자들이 복원한 고전

3 Sigmund Freud, *Civilization and Its Discontents*, 1930, in The Penguin Freud Library Volume 12, *Civilization, Society and Religion*, Harmondsworth, 1985, pp. 282~83.

전통이 이상적이며, 또한 미학적으로도 흠결 없는 순수예술과 추상적인 지적 사고의 체계를 낳았다고 주장했다. 이러한 그의 논의에 따르면, 그것들이야말로 서양 문명의 지속적인 승리를 의미하는 것이었다.

부르크하르트의 논의 속에는 하나의 필연적인 귀결점이 존재한다. 그것은 고대로부터 전해 내려온 문명화된 가치들이 중세 말의 야만주의가 초래한 사회적·지적 폐허 속에서 복원되어야만 한다는 점이었다. 이를 위해 르네상스의 개인들은 먼저 스스로의 정체성을 가시적으로 확인할 수 있는 시민적 형식과 분리된 것으로 인식해야만 했고, 또 자신들이 살아가기를 열망했던 새로운 세계에 맞추어 의식적으로 자기 스스로의 모습을 형성해야만 했다. 프로이트와 마찬가지로 부르크하르트에게도 역시 르네상스 문명은 도시적 삶의 방식이나 인간다움을 성취하기 위해 인간에게 자연적인 욕망을 제한할 것을 요구했다. 또한 그들 모두에게 있어 문명화된 사회 내의 응집력으로서 세속적 휴머니즘이 종교를 대체했다.[4]

프로이트가 『문명과 그 불만』에서 부르크하르트의 개념을 이어받아 인류의 발전 과정에 나타난 이 이상화된 순간을 떠올리게 된 것은 곤경에 빠져 있던 당대의 서양 사회를 이해하기 위해서였다. 바로 여기에 본능적인, 그리고 다른 무엇보다 성적인 충동에 부과된 제한을 극복하려는 개인의 투쟁이 위기를 맞게 되었다. 그는 다음과 같이 말한다.

---

4 우리는 르네상스라는 용어를 17세기 자료에서도 발견할 수 있다. 하지만 설사 그렇다고 해도, 르네상스를 서유럽에서 다시 등장한 고대의 고급문화라는 용례로 사용하기 시작한 것은 19세기부터였다. 부르크하르트의 『이탈리아 르네상스의 문화』(*Die Kultur der Renaissance in Italien*)는 1860년에 처음 출판되었고, 1930년 중요한 새 서문과 함께 재출간되었다. 쥘 미슐레(Jules Michelet)는 르네상스라는 용어를 하나의 통합된 시대라는 개념으로 적용한 첫 번째 근대적인 역사가로 간주된다. 그러므로 비록 용어 자체를 고안해내지는 않았다 하더라도, 르네상스를 대중화한 이가 바로 부르크하르트였다. 그의 저작이 르네상스의 기원과 개념에 관한 이후의 모든 논의의 출발점이 되는 것은 바로 그 때문이다. 이에 대해서는 Pfeiffer, *The History of Classical Scholarship*, p. 18을 보라.

> 만약 문명의 발전과 개인의 발전이 그토록 광범위할 정도로 유사하다고 한다면, 또 문명의 발전이 개인의 발전과 동일한 방법으로 이루어질 수 있다면, 문화적 충동의 영향 아래에서 일부 문명이나 문명의 시대 그리고 어쩌면 인류 전체가 신경증에 걸렸다고 진단하는 것이 정당할 수 있지 않을까?[5]

여기에서 프로이트는 한편으로는 불결하고 항문-성격적이며 성적인 충동과 또 다른 한편으로는 미학적 아름다움과 지적 진리에 대한 사회적 헌신이라는, 두 측면 사이에서 감지되는 투쟁을 정교하게 표현하고 있다. 그리고 이 때문에 르네상스인은 한편으로는 이미 존재하는 실제이며 다른 한편으로는 불가능한 꿈이라는 정반대 개념의 필수적인 구성물로 확립된다. 르네상스인은 정신적으로 완전하고 순수하다. 그 자체로 완전무결하며 본질적으로 고상한 존재라는 것이다.

II

오늘날의 여러 연구자들은 프로이트와 부르크하르트가 확립한 개념을 통해 우리 시대에 서양의 자아 관념이 봉착한 위기의 근원을 찾아내고자 한다. 그리고 이러한 연구 경향은 광범위한 텍스트 연구 분야에 종사하는 저명한 학자들에 의해 더욱 발전하고 있다. 『르네상스 셀프-패셔닝』(*Renaissance Self-Fashioning*)이라는 선구적인 저작에서 스티븐 그린블랫(Stephen Greenblatt)은 르네상스적 의미의 자아성(selfhood) 개념이 성장하는 데 그 배후에서 작동했던 역사적 힘과 그러한 자아에 대한 감각이 부르크하르트와 프로이트류의 문명(civility) 개념에서 직접적으로 유래한 우리 시대의 자아 관념과 어떻게 연결되는지 일련의 논평을 개진한다.

5 Freud, *Civilization and Its Discontents*, p. 338.

그린블랫의 논점은 한 문학작품, 즉 에드먼드 스펜서(Edmund Spencer)가 1590년대에 쓴 서사시 『선녀여왕』(*The Faerie Queene*)을 논의하기 위한 사전 준비 작업의 일환으로 제기되었다. 그린블랫은 이 작품을 온전히 논의하기 위해서는 르네상스의 독특한 문명 개념을 이해하는 것이 중요하다고 주장하면서 다음과 같이 이야기한다.

> 프로이트가 주장하는 것처럼 모든 문명이 억압에 의존한다고 해도, 우리가 만들어 누리고 있는 특정 문명은 르네상스로 거슬러 올라가 그 기원을 추적할 수 있는 복잡한 통제 기제에 기초를 두고 있다. …… 우리는 계속해서 르네상스기에 자아와 사회 그리고 자연 세계에 대한 우리 감각의 중요한 측면들이 생성되고 있다는 점을 발견한다. 하지만 우리는 실재가 구성되는 전반적인 방식에 대해서는 혼란을 느끼기 시작하고 있다. 아마도 다른 무엇보다 우리가 느끼는 것은, 마치 해골에 붙어 있는 얼굴 가죽만큼이나 우리에게 밀접하게 연결되어 있음에도 불구하고, 문화라고 하는 것이 프로이트가 억압의 이미지를 도출해낸 광대한 유럽 제국만큼이나 잠정적이고 시간제약적이며 우연히 만들어진 구성물이라는 사실이다. …… 지금의 우리가 직면하고 있는 문명의 붕괴라는 위험한 상황과 그로 인해 촉발된 불안과 모순 속에서, 우리는 문명의 발흥이 동반했던 불안과 모순에 대해 무척이나 민감하고 날카롭게 반응한다. 르네상스의 문화를 경험하는 것은 우리의 정체성을 형성했을 그 무언가를 느끼는 것이고, 그 경험을 통해 우리는 그것에 더욱더 뿌리를 내리거나 그것으로부터 멀어지게 된다.[6]

6 Stephen Greenblatt, *Renaissance Self-Fashioning from More to Shakespeare*, Chicago, 1980, pp. 174~75. 이 인용문의 약 열 쪽가량 앞에서 그린블랫은 부르크하르트에 대해 다루면서 다음과 같이 역사적 관점에서 프로이트의 의식에 관한 논의를 검토한다. "시대적·문헌적 한계에도 불구하고, 르네상스 셀프-패셔닝에 대한 최고의 입문서 가운데 하나는 부르크하르트의 『이탈리아 르네상스의 문화』다. 부르크하르트가 제시한 핵심적인 개념은 중세 말 이탈리아가 경험한 정치적 격변, 즉 봉건제에서 전제주의로의 전환이 의식의 급격한 변화를 야기했다는 것이다. 군주와 용병

그린블랫은 계속해서 다음과 같이 논의를 이어나간다. "만약 초기의 불확실하고 모순적인 근대 의식의 형성으로 특징되는 르네상스의 그와 같은 측면을 우리가 더욱더 민감하게 깨닫는다면,"

> 만약 그렇다면, 『선녀여왕』은 아주 특별한 의미를 지니게 된다. …… 이 작품의 의식적인 목적은 보다 커다란 문화적 움직임을 보여주는 것처럼 보인다. 이처럼 마치 거울에 비추듯이 있는 그대로를 충실하게 반영하고 있다는 점이 독자들이 어떻게 스펜서의 시에서 셀프-패셔닝의 과정 그 자체를 보는 듯한 느낌을 받게 되는지를 설명하는 데 도움이 될 것이다.[7]

"르네상스의 문화를 경험하는 것은 우리의 정체성을 형성했을 그 무언가를 느끼는 것이다." 그리고 르네상스 자아성의 한계를 결정하면서 지속적으로 성장하던 '복잡한 통제 기제'와 '셀프-패셔닝의 과정 그 자체'가 하나로 묶이게 될 때, 독자들은 스펜서의 시에서 그 점을 발견하게 된다. 그린블랫이 제시하는 것은, 만약 정체성을 둘러싸고 발생하는 긴장과 불안이 과연 『선녀여왕』에서는 어떻게 서사적으로 기능하고 있는지를 설명할 수 있다면, 사유의 주체로서의 우리가 오늘날 당면하고 있는 곤란한 문제들 역시 상당 부분 이해할 수 있게 된다는 점이다.

그린블랫은 보다 전통적인 르네상스 텍스트 비평주의에 심리분석학과 사회인류학의 이론적인 틀을 중첩시키면서 르네상스 셀프-패셔닝 개념을 정교하게 구성했다. 우리는 지금 여기에서 이와 같은 셀프-패셔닝 개념이 과연 어떻게 부르크하르트식의 문명 개념에 기초를 두고 있는가를 지적하려고 한다. 하지만 이런 식의 문명 개념은 이미 후기 프로이트적 시각을 거

대장, 그리고 그들의 비서, 각료, 시인과 추종자들은 기존의 정체성으로부터 단절되었고, 권력 관계에 의해 자기 자신과 세계에 대한 새로운 감각을 만들어야 했다. 즉 자아와 국가는 예술품이었다"(*Ibid.*, pp. 161~62).

7 Greenblatt, *Renaissance Self-Fashioning*, p. 175.

치면서 윤색된 것이었다. 그러므로 역사주의적 비평이 그린블랫의 시도 속에서 계속 지속되는 것처럼, 프로이트식의 부르크하르트주의라는 오래된 그림자 역시 새롭게 수정되고 역사화된 우리의 르네상스 해석에 계속해서 드리워져 있다.

그렇다면 잠시 『선녀여왕』에 주목해보자. 그린블랫은 지속적인 영향력을 지닌 문명과 야만 사이의 경쟁이라는 심오한 특징을 보여주는 문화적 창조물의 강력한 사례로 이 작품을 선택한다. 우리 연구의 핵심적 본질을 구성하는 세세한 분석의 결과를 미리 이야기해보면, 이는 다음과 같이 요약될 수 있을 것이다.

스펜서의 텍스트에는 그 스스로 '연속적 알레고리'(continued allegory)[8] 라고 정의한 것에 내재한 다양한 요소들이 동원되고 있으며 또 되살아난다. 그리고 결과적으로 이를 통해 그는 민족성(nationhood)과 제국(empire)이라는 관념을 둘러싸고 만들어진 정체성 개념에 중요한 갈등적 요인들을 불어넣는다. 이러한 갈등은 완전히 한 세기 전에 우리가 동양과 서양으로 규정했던 영역들 내에서 그리고 그 영역들 사이에서 만들어지고 유통되던 문화적 통화(cultural currency)의 형태를 띤다.[9] 설사 본래의 맥락과는 거리가 있을지 몰라도 이러한 요소들에는 제국주의적 열망과 영토적·교리적 주장을 암시하는 강한 힘이 담겨 있었다.

『선녀여왕』 같은 작품에는 다양하고 경쟁적인 텍스트적 전략들이 작동하고 있다. 이러한 전략들이 문화적 긴장과 갈등의 양식으로, 그리고 동·서양의 관련 구조를 중첩시키고 연결하는 중층 구조의 장치들로 변화하는

---

8 '연속적 알레고리'라는 표현은 일종의 서문인 '롤리에게 쓴 편지'에서 스펜서 스스로 선택한 것이다. 이에 대해서는 A. C. Hamilton, ed., *Edmund Spenser: The Faerie Queene*, London, 1977을 보라.

9 여기에서 우리는 동양과 서양이라는 용어를 편의적인 약칭으로 사용한다. 실제로 '동양'은 북아프리카의 맘루크 제국을 포함하여 지중해의 동쪽과 남쪽 지역을 지칭한다.

과정들을 검토하면서 우리는 실제로 그것들이 1450년대에 시작된 일련의 문화적 발전을 보여주는 역사의 흔적이라는 점을 발견하게 된다. 앞으로 검토하겠지만 정치 영역의 차원에서 볼 때, 이 시기에는 제국들 사이에서 치열한 경쟁이 벌어지고 있었으며, 특히 이러한 경쟁은 시장성 있는 문화상품이라는 새로운 기업가적 세계에서 오늘날과도 별반 다르지 않은 모습으로 전개되었다. 다시 말해 오늘날 우리가 문화적 의미의 소유권을 둘러싸고 예술이라고 부르는 영역에서 벌이는 투쟁의 방식을 통해 그러한 경쟁이 일어나고 있었다는 것이다.

스펜서는 롤리 경(Sir Walter Raleigh)에게 보낸 서문격의 편지에서 『선녀여왕』 전체를 통틀어 작품의 진정한 영웅은 '역사적' 인물이었던 왕자 아서(Arthur), 즉 '왕이 되기 이전의' 미래의 영국 왕 아서라고 말한다.

> 저는 왕이 되기 이전의 아서로부터 용맹한 기사의 이미지를 그려내기 위해 노력하고 있습니다. 그 이미지는 아리스토텔레스가 이야기했던 열두 항목의 개인의 도덕적 덕성에서 완벽하게 나타납니다. 이것이 바로 이 첫 열두 권의 책에서 제가 이야기하려는 목표입니다. 만약 그것들이 적절하게 논의되었다고 생각되면, 아마도 저는 기꺼이 아서가 소유한 새로운 영역의 정치적 덕성을 그려내게 될 것입니다. 바로 그 후 그가 왕이 되었지요.[10]

하지만 스펜서의 시가 진행되어 나갈 때, 제1권의 서사적 지형 위에서 모험을 추구하는 모습으로 나타나는 인물은 아서가 아니다. 실제로 제1권의 거의 절반가량이 흐를 때까지도 아서는 이 시에 등장하지 않는다. 오히려 성스러움(Holiness)과 진리(Truth)를 재현하는 상징적 알레고리로 기능하면서 '영국적 성격'(Englishness)을 강하게 드러내지 않는 또 다른 인물이 그 역할을 대신한다.

10 Hamilton, *Edmund Spenser*, p. 737.

왕자 아서라는 인물을 통해 저는 특히 위엄(magnificence)을 표현하고 있습니다. 아리스토텔레스와 그 외의 저술가들에 따르면 그 덕성이야말로 다른 나머지 덕의 완성이요, 그 속에 다른 모든 것을 포함하는 것입니다. 따라서 모든 과정에서 저는 바로 그 덕성에 해당하는 것으로 아서의 업적을 언급했습니다. 그것이 바로 그 책에서 제가 기술한 것입니다. 그러나 역사의 더 큰 다양성을 위해 열두 권의 책에서는 다른 덕성들, 다른 기사들, 다른 수호자들을 다루었지요. 그 가운데 세 명의 기사가 다음 세 권의 책에 등장합니다. 첫째로 붉은십자(Redcross)를 통해 저는 성스러움(Holynes)을 표현합니다.[11]

진정한 모험적 기사의 모습으로 '사랑스러운 숙녀' 유나(Una)를 칭송하면서 처음으로 등장하는 인물이 바로 붉은십자다. 스펜서는 이 장면을 "한 고결한 기사가 평원 위에서 말을 달리고 있었다 / 강한 갑옷을 차려 입고, 은빛 방패를 들고"라고 노래한다. 제1권의 절반가량이 흘렀을 때, 붉은십자는 거의 치명적인 부상을 입고 거인 오르골리오(Orgoglio)에게 붙잡힌다. 이때에야 비로소 아서가 등장하여 유나의 수호자 역할을 대신한다. 하지만 설령 그렇다고 해도, 심지어 그는 아홉 번째 칸토에 이르기까지 자신의 신원을 명확히 드러내지 않는다.[12] 괴물을 처단하고 그럼으로써 자신

11 *Ibid.*

12 유나는 제1권의 일곱 번째 칸토 29연에서 "선한 기사" 아서를 만나게 되는데, 거기에서 그녀는 그에게 자신의 신원을 다음과 같이 밝힌다. "어느 왕과 왕비의 유일한 딸, / 그녀의 자애로운 부모는, 평정한 운명이 / 세상에 흐르고, 그들의 지복을 / 다정한 하늘이 시기하지 않는 동안, / 모든 영토에 걸쳐 자신의 통치권을 넓혔지요, / 피손(Phison)강과 유프라테스강이 그곳에 흘렀고, / 게혼(Gehons)의 황금물결이 끝없이 그곳에 물결치고 있답니다." 비록 해밀턴이 이곳을 "에덴"(Eden)과 동일한 곳으로 간주했지만 이곳을 동·서양의 컬트가 경쟁하던 장소, 즉 "신성한 땅"(The Holy Land)으로 간주하는 것이 물론 보다 적절하다. 제1권의 아홉 번째 칸토 6연에서는 시의 요약과는 반대로, 텍스트에서 유나에 의해 아서의 신원이 확인된다. 곧이어 그와 붉은십자는 헤어지기 전에 선물을 교환한다. 이때 아서는 "다이아몬드 상자"를

이 구출한 숙녀의 사랑을 쟁취하게 된다는 기사의 모험 이야기에서 아서는 붉은십자를 대신한다. 아서가 괴물을 처단한 후, 유나는 분명 잠시 동안 자기 자신을 망각한 채 감사에 대한 보답의 표시로 "그러니 받아주세요 / 보잘것없는 저 자신을 / 그리고 앞으로도 영원할 나의 봉사를"[13]이라고 말하며, 자신을 아서에게 바친다. 하지만 아서는 오직 '선녀여왕'(Queene of Faeries), 바로 그녀에 대한 확고한 충성만을 서약할 뿐이다.[14]

아서는 확고하고 흔들리지 않는 영국의 영웅이다. 하지만 붉은십자는 그렇지 못하다. 우리는 스펜서가 붉은십자를 '영국인으로 태어난 고결한 젊은이'[15]로 분명하게 표현하려 했다고 주장한다. 하지만 이러한 저자의 노력에도 불구하고 제1권의 플롯이 전개되면서 붉은십자의 정체성과 충성관계에 변화가 생겨나기 시작한다. 그리고 이로 인해 독자들은 이 시에서 붉은십자의 정확한 신원과 관련된 혼란을 느끼게 된다. 하지만 이러한 혼란은 스펜서가 중요하게 선택해서 사용하고 있는 붉은십자라는 별칭을 통해 잠재워질 수 있다. 그것이 신비로운 전사로서의 그의 정체성을 알려주는 지표로 작용할 수 있기 때문이다. 시의 결정적인 순간에, 기장(insignia)을 통해 '붉은십자'로 확인될 수 있는 한 이름 없는 기사는 성 제오르지오

주는데, 거기에는 상처를 치료하기 위한 "몇 방울의 순수한 액체"와 황금으로 쓴 책 한 권, 즉 신약성서가 담겨 있었다.

13 Bk I, canto viii, stanza 27; Hamilton, *Edmund Spenser*, p. 113.

14 Bk I, canto ix, stanza 14; Hamilton, *Edmund Spenser*, p. 121. 아서가 다른 누군가에게 헌신하고 있음을 고백하는 동안, 붉은십자는 유나를 주시하면서 다음과 같이 노래한다. "오 당신의 자리는, 그렇다면 …… / 그 사랑스러운 여인의 다음 자리, 그곳이 될 것이오, / 오 천상의 빛으로 충만한, 가장 아름다운 여인이여, / 당신의 경이로운 믿음은, 세속 인간을 모두 초월하여, / 극한 나의 상황에 확고하게 자리 잡고 있다오"(*Op. cit.*, stanza 17, 122). 구문론적 차원에서 생각할 때, 과연 여기에서 붉은십자가 유나보다 선녀여왕을 우위에 두고 있는지 혹은 유나가 아서의 사랑에서 단지 여왕의 다음 자리라는 점을 조언하고 있는지는 결코 명확하지 않다. 더욱이 아마도 이러한 모호성 때문에 텍스트가 요구하는 대로 아서와 붉은십자가 무시될 수도 있다.

15 Bk I, canto x, stanza 60; Hamilton, *Edmund Spenser*, p. 141.

(St. George)와 동일시되면서 선명한 초점의 대상으로 부각된다. 일반적으로 비평가들은 별다른 이의 없이 붉은십자를 성 제오르지오로 해석해왔다. 한 인물을 선택해 그에게 주목했던 에드워드 3세 이후의 영국 기사도와 관련된 상황을 고려할 때, 가터기사회(The Order of the Garter)를 관장하는 십자군-수호성인으로서 제오르지오가 선택된 것으로 생각되어왔기 때문이다. 하지만 이처럼 제오르지오와 붉은십자를 동일시하는 것은 너무나 왜곡된 것이며, 의미심장하게도 그 결과 두 인물을 동일시할 때마다 텍스트와 관련된 어색한 문제가 발생하곤 한다.[16]

텍스트의 차원에서 볼 때 성 제오르지오라는 인물과 관련된 일종의 회피가 끊임없이 이루어지고 있으며, 바로 이러한 회피를 중심으로 유나와 붉은십자, 즉 제오르지오의 관계를 해명하기 힘들게 만드는 잠재적인 서사의 문제 역시 발생한다는 것이 우리의 생각이다. 문학비평의 전통에서 유나는 아무런 문제 없이 엘리자베스 1세와 진정한 믿음(the True Faith)을 이중적으로 재현한 인물로 받아들여지고 있다. 아서가 유나의 영웅으로 잠시 붉은십자를 대체할 때, 다시 한 번 그 서사의 문제가 교묘히 회피된다. 지금 단계에서 우리가 판단을 유보하는 이 문제를 스펜서가 인지했는지 아닌지와 관계없이 제1권에 제시된 영웅적인 '영국적 성격'과 동적이고 다문화적인 세계주의 사이에서 하나의 틈이 생겨나게 된다. 전자가 영국이라는 개별 국가의 제국주의적 꿈을 상징한다면, 후자는 한 단일 '국가'가 제국의 상징을 전유하는 것에 대한 저항을 의미한다. 우리는 스펜서가 텍스트적 제국주의를 시도하게 되면서 그가 사용하는 자료들이 오히려 파편화해 결국 지역적 편협성을 드러내게 된다고 생각한다.

성 제오르지오는 스스로의 순교를 통해 절정에 이르는 매우 다양하고 다채로운 전설 및 기적과 연관된 전사-성인이다. 그리스와 콥트의 전통에

16 이 점에 관한 비평문학을 간결하게 요약한 것으로는 Hamilton, *Edmund Spenser*, pp. 23~26을 보라.

따르면, 그는 (현대 터키의) 카파도키아(Cappadocia)에서 그리스도교 부모로부터 태어났다. 제오르지오가 어렸을 때, 신앙을 이유로 아버지가 목숨을 잃었고 그와 어머니는 팔레스타인으로 피신했다. 제오르지오는 뛰어난 능력으로 로마 군대를 위해 봉직했으며, 어머니의 죽음 이후에는 자신에게 남겨진 유산을 이용해 콘스탄티노폴리스에 있던 황제 디오클레티아누스(Diocletianus, 284~305)의 궁정에서 자리를 잡았다. 공개적으로 그리스도교도임을 밝힌 후 그는 바위에 짓이겨지고, 날카로운 칼날을 지닌 바퀴에 묶이고, 생석회 구덩이 속에 던져지고, 붉게 달아오른 뜨거운 신발을 신고 달려야만 하고, 용해된 납 속에 넣어 끓여지고, 채찍을 맞고, 독을 마시게 되는 일곱 가지 고문을 당했다. 하지만 매번 그는 다시 살아났고 또 건강을 회복했다. 그러는 동안 그는 천사를 만났고 죽음으로부터 한 사람을 살려냈으며, 하인에게는 자신이 죽은 후에 그 시신을 리다(Lydda)로 옮겨가 매장하도록 가르쳤다. 마지막으로 그는 성호를 그음으로써 자신의 발 아래로 모든 이교의 신상들을 쓰러뜨려버렸다. 이 기적으로 인해 황후 알렉산드라(Alexandra)가 그리스도교로 개종하게 되었다. 디오클레티아누스는 알렉산드라에게 사형을 언도했고, 303년 4월 23일 제오르지오를 참수하는 데 성공했다.[17]

용을 처단하고 비탄에 빠진 공주를 구하는 장면은 성 제오르지오 전설에서 가장 극적인 부분이다. 보라지네의 야코부스(Jacobus of Voragine)가

17 이 설명은 '영국사 속의 성 제오르지오'라는 제목으로 마이클 콜린스(Michael H. Collins)가 웹사이트에 올린 기술에 기초하고 있다. 라틴 서사 전통은 그리스의 전통을 따르고 있지만, 디오클레티아누스는 다키아인(Dacian)으로서 일흔두 명의 왕에 대한 통치권을 소유한 페르시아의 황제가 된다. 제오르지오는 카파도키아의 동쪽 미틸레네(Mitilene)에서 살다가 죽는다. 그에 대한 고문은 7년 동안 상당할 정도로 광범위하게 지속되었다. 결국 이로 인해 황후 알렉산드라와 40,900명의 다른 이들이 개종하게 되었는데, 그 가운데 몇몇은 처음 죽음에서 되살아났던 이들이었다. 제오르지오가 죽자, 사나운 불이 사악한 다키아인들을 삼켜버렸다. 성 제오르지오의 업적과 순교 그리고 기적에 관한 초기의 설명은 그리스, 라틴, 아라비아, 콥트, 에티오피아, 아르메니아, 터키어 등으로 이루어졌다.

쓴 『황금 전설』(*Legenda Aurea*, 1265)은 바로 이 장면을 제오르지오 이야기의 본질적인 핵심으로 만든 책이었다. '카파도키아 출신의 제오르지오'는 우연히 리비아의 도시 실레네(Silene)를 여행하게 되었는데, 그곳에는 '전염병균을 가진 용 한 마리'가 살고 있었다. 마을 사람들은 괴물을 달래기 위해 온갖 가축을 바쳤고 결국은 자신들의 아이들마저 먹잇감으로 내놓기 시작했다. 드디어 왕의 딸에게 운명의 순간이 닥쳤다. 용이 그녀를 아귀같이 먹어치우려던 순간, 제오르지오는 창으로 '치명적인 상처'를 입혀 용을 제압했고, 용의 목에 줄을 던지도록 공주에게 지시했다. 그리고 그는 '마치 줄에 묶인 작은 강아지처럼' 용을 끌고 마을로 돌아왔다. 이 놀라운 광경에 모든 사람들이 그리스도교로 개종하게 되었으며, 곧 제오르지오는 왕과 포옹하고 황제 디오클레티아누스에게 대항하기 시작했다.[18]

---

18 W. G. Ryan, trans., *Jacobus de Voragine, The Golden Legend: Readings on the Saints*, Princeton, 1993, vol. I, pp. 238~42. 콜린스는 방패에 새겨진 십자군의 붉은십자가와 긴 창을 들고 용을 처단하는 기사 성 제오르지오 전설에 나타나는 특징적인 모습은 콘스탄티누스 대제에게까지 거슬러 올라가 발견할 수 있다고 이야기한다. "로드(Lod: Lydda)에 있는 제오르지오의 무덤에는, 한 마리의 용을 짓밟고 라바룸(labarum: 로마 황제의 군기) 혹은 창을 들고 그를 찌르는 콘스탄티누스를 묘사한 얕은 양각이 있다. 비록 초기부터 알려져 있었지만, 대개 칼의 사용이 보편적으로 묘사된 것은 중세 말에 이르러서였다. 에우세비우스(Eusebius)의 『콘스탄티누스의 삶』(*De vita Constantini*) III: 3에 따르면, 콘스탄티누스는 그런 식으로 사악한 이교주의를 극복한 것으로 자신이 널리 묘사되도록 지시했다. 326년에서 330년 사이에 주조된 한 청동 동전은 문자 X와 P를 조합한 모노그램(the chi-rho monogram)으로 감싸인 채 라바룸으로 뱀을 찌르는 콘스탄티누스의 모습을 보여준다. 424년에서 425년 로마에서 주조된 발렌티니아누스 3세(Valentinian III)의 금화에는 긴 십자가를 들고 인간의 얼굴을 한 뱀을 찌르는 황제의 모습이 등장한다. 이와 비슷한 모티프는 1980년대 마케도니아에서 발굴된 대략 6~7세기에 제작된 것으로 추정되는 테라코타의 이미지들에서도 찾을 수 있다. 그 가운데 하나는 긴 창을 들고 인간의 얼굴을 한 뱀을 찌르는 성 제오르지오와 성 크리스토포로스(St Christopher)를 나란히 그리고 있다. 유사한 이미지들은 튀니지에서도 발견되어왔다. 일반적으로 주장되는 것보다 훨씬 이전일 것이라는 점 외에는, 언제 그리고 어떤 이유에서 용의 모티프가 성 제오르지오와 연결되었는지를 단언하는 것은 불가능하다. 아마도 제오르지오와 용의 전설은, 얕은 양각에 새겨진 제국의 이미지가 그의 모습을 표현한 것으로 오해되었을 때 시작되었을 것이다.

15세기에는 동·서양의 그리스도교 교회 모두에서 성 제오르지오에 대한 숭배가 공유되었다. 독립적이던 콥트와 시리아의 교회는 그에게 특별한 위상을 부여했고, 이슬람 세계에서는 그를 전사-성인의 모습으로 재현했다. 결과적으로 이슬람 세력과 서양 그리스도교 세계 사이에 샌드위치처럼 끼인 지역에서 발생한 종교적 대격변기에 제오르지오에 관한 도상이 전 세계에 걸쳐 되풀이되어 나타났다. 즉 그리스도교와 무슬림이 만나던 곳 어디에서나 그의 도상은 교리적·영토적 경쟁이 일어나던 지도 위의 선들을 따라 화려한 '권력의 쇼'(show of force)의 일부로 시각적 이미지 속에 등장했다.

피렌체 공의회부터 콘스탄티노폴리스의 함락, 그리고 뒤이어 발생했던 동방 그리스정교 최후의 보루 트레비존드 함락 사건에 이르기까지 15세기 중엽은 위기로 점철된 시기였고, 이 기간 예술가들은 그리스도교라는 '진정한 종교'를 억압하면서 동방에서 촉발된 위기를 묘사하기 위해 성 제오르지오의 이미지를 이용했다.[19] 예를 들어 이탈리아의 미술가 피사넬로(Pisanello)의 흥미로운 프레스코화 「성 제오르지오와 트레비존드 공주」(St George and the Princess of Trebizond, 1437)는 용을 처단하는 붉은십자 기사라는 친숙한 내용을 통해 트레비존드에 대한 방어를 상징적으로 표현하고 있다.[20] 그리고 그 결과 우리는 시대가 흐를수록 더욱 친숙해지는 회화적 전략을 검토할 수 있게 된다. 이슬람이 그리스도교 교회를 압도하던 바

---

19 15세기 성 제오르지오에 대한 숭배 그리고 그것과 트레비존드 사이의 알레고리적 관계에 대해서는 G. Didi-Huberman, R. Garbetta and M. Morgaine, *Saint Georges et le dragon: Versions d'une Légende*, Paris, 1994를 보라. 또한 L. Olivata, "La principessa Trebisonda: Per un ritratto di Pisanello", in P. Castelli, ed., *Ferrara e il Concilio 1438-1439: Atti del Covegno di Studi nel 550 Anniversario del Concilio dell'unione delle due Chiese d'oriente e d'occidente*, Ferrara, 1992, pp. 193~211을 보라.

20 Cosimo Tura, *St George and the Princess of Trebizond*, 1469. Museo del Duomo, Ferrara 역시 참조하라.

로 그 순간에 이데올로기적 방어의 몸짓으로 예술가들은 한 그리스도교 전사의 영웅적 위업을 통해 이슬람교에서 그리스도교로의 대규모 개종이 일어났던 그 시원적 순간을 상기시켰던 것이다. 불안한 공적 관계를 허세를 가지고 묘사한 부분에서 구원은 곧 '트레비존드라는 공주'를 구출하는 것과 같은 의미를 지닌다. 그러므로 이 작품은 당시의 군사적 현실이 부과한 압력에 대한 결연한 의지의 표현이라고도 할 수 있다. 하지만 그럼에도 불구하고 얼마 지나지 않아 트레비존드는 오스만에 함락되고 만다. 그렇다면 용의 목을 벤 기사의 이야기는 피할 수 없는 역사적 상황에 대한 저항의 지점이 된다. 즉 그것은 피정복자의 입장에서 승리자에게 전하는 도전의 표현이었다. 분명 이것은 미학적 차원에서 조율된 시각이었으며, 또한 동양과 서양에서 동시에 유통되던 이야기였다.

우리의 주장은, 동양과 서양 사이의 적대적 관계를 극적으로 묘사하기 위해 피사넬로 이후의 세대에서 성 제오르지오의 도상을 이용할 가능성이 보다 커졌다는 점이다. 우리는 성 제오르지오의 이야기를 담은 일련의 이미지들에서 개괄적인 논의를 시작하려고 한다. 그것들은 1500년경, 다시 말해 스펜서의 서사시가 등장하기까지 미처 1세기도 안 되는 시기에 베네치아에서 제작된 작품들이다. 우리의 주장은, 이 이미지들이 뚜렷하게 분리되지 않아 상호 소통할 수 있었던 동양과 서양 사이의 경계선 위에 성 제오르지오가 중요하게 위치하고 있다는 점을 보여준다는 것이다. 제오르지오는 두 문화 공동체의 구성원들 모두에게 동일한 열정으로 문제를 제기하고, 또 그럼으로써 양방향 모두에서 만족스럽지 못한 승리의 메시지를 전달하는 인물로 읽힐 수 있다. 앞으로 논의하겠지만 의도적으로 동어반복하면서 여기에서 우리는, 설령 이 베네치아의 그림들에 승리에 대한 신념이 담겨 있다고 해도 그 승리는 바로 오스만인들의 것이었다는 점을 지적하고자 한다.

1500년경 베네치아는 달마티아에서 귀환한 요한기사단에 그들의 노고에 대한 대가로 성 요한 교회에 부속된 화려한 채플 하나를 선물했다. 요한기사단은 베네치아 경제에 명백한 위협이 되어오던 오스만의 서방 공세에 끝까지 저항해 드디어 그들을 안전지대 밖으로 몰아냈다. 한 개인 기부자의 자금으로 마련된 이 채플은 이에 대한 감사의 대가였다. 비토레 카르파초(Vittore Carpaccio)는 이 채플 벽의 구석을 가득 메운 캔버스 위에 달마티아 출신의 성인 히에로니무스와 그곳의 수호성인이었던 트리피무스(Triphimus), 그리고 제오르지오의 삶에 나타난 중요한 이야기들을 화려하게 재현한 장식화를 그렸다(그림 2). 그런데 다시 한 번 이 작품에서도 불신자들을 굴복시켜 그리스도교로 개종시키는 그리스도교 전사의 영웅적 능력이 도상학적으로 강조되었다. 창을 들고 말에 올라탄 모습으로 묘사된 성 제오르지오는 괴물 같은 용의 목을 벤다. 그러고 나서 그는 불신자들에게 믿음을 전파하기 위한 영적 영감의 수단으로 폭력 대신 개인적 용기를 사용하는 모습으로 그려진다. 그림 속의 불신자들은 그의 세례를 받으면서 자신의 터번을 옆으로 내려놓는다(그림 3, 4). 이 작품에서도 역시 텍스트 아래에서 조용히 침묵하고 있는 것은, 모든 것을 삼켜버릴 듯한 이슬람의 군사적 힘에 대항해 현 체제를 유지하는 일이 실패로 돌아갔다는 점이다. 이것이 이 그림이 제작되기 직전에 일어났고, 또 작품의 제작에 동기를 부여했던 실제 사건을 의미한다. 카르파초가 아주 생생하게 묘사한 북아프리카인들의 삶, 그가 애정 어린 손길로 표현한 옷감과 터번의 재질 및

그림 2 비토레 카르파초, 「성 제오르지오와 용」, 1504~07년경, oil on canvas. Scuola di San Giorgio degli Schiavoni, Venice.

그림 3 비토레 카르파초, 「성 제오르지오의 승리」, 1504~07년경, oil on canvas. Scuola di San Giorgio degli Schiavoni, Venice.

그림 4 비토레 카르파초, 「셀레니트의 세례」, 1504~07년경, oil on canvas. Scuola di San Giorgio degli Schiavoni, Venice.

광택 그리고 이국적인 건물과 낯선 풍경은, 달마티아에서 밀려난 피란민들의 영토적·영적 상실감으로 우리를 이끈다. 카르파초가 바로 그들을 위해 이 그림을 그렸던 것이다. 맘루크의 종교와 문화를 사실적으로 재현한 카르파초의 성 제오르지오는 분명히 리비아 공동체의 주목과 관심을 사로잡을 만하다. 이 그림들은 두 위대한 경전의 종교가 신자들의 믿음을 두고 가까운 이웃으로서 격렬하면서도 공개적으로 경쟁하던 바로 그 순간을 생생하게 요약하고 있다.

지금 우리는 카르파초의 성 제오르지오를 우리의 연구 주제를 검토하기 위한 부적과도 같은 영웅으로 다루고 있다. 밝게 빛나는 미학적 강렬함을 통해 동양과 서양 사이에 균형감 있게 위치하면서 그는 유럽 그리스도교 공동체의 힘을 강하게 웅변한다. 하지만 절묘하게 구성된 이야기는 고통스럽게도 1500년경의 베네치아가 바로 자신의 코앞에서 이교도들과 맞닥뜨리게 되었고 또 그로 인해 촉발된 베네치아의 영토적 무력감을 교묘히 감추고 있다. 아마도 이 점은 본래의 전통에서는 신화화한 방식으로 용을 처단했던 제오르지오가 이 그림에서는 스스로 말에서 내려 '실제' 동양인들로 판명될 수 있는 사람들 사이를 오가고 있다는 사실에서 조심스럽게 표현되고 있다. 하지만 동양의 부와 권력 그리고 미에 대한 감각으로 가득 찬 풍경 속에서 이교도를 개종시키는 그의 모습은 연약하기 이를 데 없는 미묘한 움직임에 지나지 않는다.

실제 성 제오르지오의 업적으로 간주될 만한 것도 그저 그 일부만 유포되었다는 점을 고려하면, 스펜서의 『선녀여왕』이 업적보다는 단지 외양을 통해 붉은십자를 '성 제오르지오'로 표현한다는 점은 그다지 놀랍지 않다(그림 5). 보다 흥미로운 점은 붉은십자의 신원이 부정(否定)의 방식을 통해 처음으로 확인된다는 사실이다. 사악한 마법사 아르키마고(Archimago)는 제1권의 두 번째 칸토 10연에서 유나와 붉은십자를 갈라놓고 자기 스스로를 가짜 붉은십자로 위장한다. 자신의 기장을 근거로 성 제오르지오로 '간주되는' 이가 바로 이 방해자, 즉 진정한 기사의 상징적인 반대 인물이다.

> 하지만 지금 위장하기에 가장 알맞은 모습은,
> 바로 저 선한 기사, 즉 바로 조금 전에 현혹된 손님이다.
> 강한 병기로 자신의 몸을 두르고,
> 은빛 방패를 들었다. 그의 소심한 가슴 위로는,
> 핏빛 십자가가 그려져 있고, 그의 비열한 투구 위에는

그림 5 「성 제오르지오와 용」, Edmund Spencer, *The Faerie Queene*, 1596 edn.에 삽입된 판화.

다양한 색으로 어지럽게 물들인 한 묶음의 깃털이 꽂혀 있다.
강건하고 자신감 넘쳐 보이는 그 기사,
그가 호탕한 말에 올라타 있는 모습을 보면,
당신은 그를 바로 그 성인, 성 제오르지오로 여겼을 것이다.

하지만 그 기사, 그가 외양을 취하고 있는 바로 그 기사,
진정한 성인 제오르지오는 멀리 떠나 유랑하고 있었다.[21]

그러는 사이에 진정한 붉은십자, 다시 말해 진정한 성 제오르지오는 '멀

21 Bk I, canto ii, stanza 10-11; Hamilton, *Edmund Spenser*, p. 46.

리' 유랑하며 불신자 사라센인들과 싸우고 있다. 이것이 전형적인 불신자들과의 접촉이며, 시각적이고 폭력적인 그들에 대한 세세한 이미지가 주기적인 간격을 두고 제1권 전체를 통해 되풀이된다.[22]

> 여러 생각과 질투 섞인 두려움으로부터 달아날 때,
> 의지가 그를 인도했고, 슬픔이 그를 방황하게 만들었다.
> 드디어 우연히 길에서 어떤 자를 만나게 되었는데,
> 적절하게 온몸을 무장한 믿음 없는 사라센인으로서,
> 그의 커다란 방패 위에는, 화려한 글이 새겨져 있었다,
> 산스 포이(Sans foy)라고. 팔다리 뼈마디 모두가 매우 컸던
> 그자는 한 순간에도 신 그리고 인간에 대해 조금도 개의치 않았다.[23]

유나는 진정한 헌신에 대한 상징적 장애물의 세계, 즉 절망, 시기, 오류를 극복해 나간다. 그러는 동안에 우리가 본 것처럼 진정한 붉은십자이든 아니면 사악하게 만들어진 그의 반대 대역이든지 간에, 성 제오르지오와 동일시되는 붉은십자는 자기 발견을 위한 여행을 떠난다. 이것은 지리적으로 보다 실제적이고 확인 가능한 세계로의 여행을 포함하는 것이다. 그리고 이 과정 속에서 그는 한 전투에서 불신자들과 마주했으며 실수 없이 동쪽으로 향한다. 전통 속에 남아 있는 성 제오르지오와 마찬가지로, 그는 전사로서의 위용과 군사적 용맹으로 불신자들을 개종시키는 능력을 통해 서양인으로서의 스스로의 정체성을 확립한다. 하지만 그의 위업은 지리

22 우리가 관찰자 혹은 독자로서 용을 처단하는 전설 이야기에 주목할 때, 용과 싸우는 카르파초의 성 제오르지오 프레스코화에서 그 배경을 어지럽히는 찢겨나간 인간 육신의 조각들처럼, 사지가 절단된 채 '사라센인'과 만나게 되는 폭력적인 조우의 장면은 그의 고문에 관한 두 번째 이야기를 연상시킨다. 디오클레티아누스에 의해 자행된 이 고문을 통해 그의 육신이 여러 조각으로 잘려나갔기 때문이다.

23 Bk I, canto ii, stanza 12.

적 차원에서의 '영국'과는 거의 무관한 것이었으며, 그저 연상 작용에 의해 『선녀여왕』의 핵심부에 다시 놓이게 될 뿐이다.[24]

제1권 칸토 10의 마지막 부분에서 누가 유나의 수호자인가에 관한 역할상의 혼란이 가장 크게 일어난다. 아서에 의해 구출되고 유나의 도움을 받은 붉은십자는 덕망 있는 '노년의 성인(聖人)', 즉 명상(Contemplation)에 의해 자신의 미래를 보게 된다. 이때 명상은 비록 용을 물리치는 유명한 승리를 쟁취하겠지만, 결국 이후 붉은십자가 무기와 갑옷을 버리고 '고통스러운 순례의 길'을 떠나게 될 것이라고 예언한다. 제1권의 이 부분에서 성 제오르지오는 영국적이면서도 그와 동시에 동양적인 '브리튼'의 수호성인으로, 그리고 침묵(Silence)의 위대한 옹호자이면서 그와 동시에 리다의 순교자로 묘사된다. 결과만 놓고 본다면 자신에게 맡겨진 운명을 실천에 옮겨야 한다는 명상의 마지막 가르침은 크게 잘못된 것이다. 붉은십자에게 그는 '운명으로 정해진' 역사를 완수하기 위해 성지로 떠날 것을 권하는데, 이러한 이야기가 일반적인 성인의 전설에서 나타나는 결말, 즉 공주와 결혼해 이후 행복하게 살게 된다는 이야기와 다르기 때문이다.

> 그 후 이 길, 내가 그대에게 예언한 이 길을 찾아 떠나라,
> 결국 그 길이 그대를 천국으로 인도할 것이다.
> 그렇게 된다면 그대의 고통스러운 순례의 길은 평화롭게
> 저 멀리 있는 예루살렘으로 향하게 될 것이며,
> 그곳이 바로 그대를 위해 마련된 운명의 축복받은 땅이다.
> 그대가 보고 있는 저 성인들 가운데에서,

24 제1권 칸토 10의 60연에는 제오르지오가 "브리튼 지역의 …… 색슨 왕가"에서 태어난 "영국 민족의 젊은이"이고, "이 요정의 땅"의 밭이랑에서 "바뀌어" 양육되었고, 그곳에서 한 농부가 그를 발견해 그에게 "게오르고스"(Georgos)라는 이름을 붙여주었다는 이야기가 나온다. 이것은 제오르지오가 카파도키아에서 태어나 리다에서 순교했다는 이야기를 뒷받침하기 위해 보라지네가 이용한 어원의 일부분이다(stanza 65-66; Hamilton, *Edmund Spenser*, n. 142를 보라).

그대는 성인이 될 것이며, 또 그대의 고국을 위한 친구요,
수호자가 될 것이다. 그래서 그대는 성인 제오르지오로 불릴 것이다,
행복의 땅 영국의 성 제오르지오, 승리의 상징으로.[25]

결국 우리는 '그대의 고국을 위한 친구요, 수호자', 그리고 '행복의 땅 영국의 성 제오르지오, 승리의 상징'이라는 표현에서 성 제오르지오의 운명이 동·서양 모두의 수호자가 되는 것이라는 점을 알게 된다. 그는 야누스의 얼굴을 가진 중요한 성인이며, 그에 대한 숭배는 동·서양 교회 모두에서, 그리고 실제로는 이슬람교도에게도 공유되었다. 궁극적으로 글로리아나(Gloriana)의 기사, 즉 진정한 영국 종교의 옹호자이자 수호자가 될 결정적인 인물은 아서다. 아서에게 구출된 이후 유나가 보인 흥미로운 반응에서 우리는 이러한 결과를 예감할 수 있다. 성 제오르지오 혹은 붉은십자가 '행복의 땅 영국'을 위한 정의의 수호자로 주장되기에는 그 근거가 너무 빈약하다. 또한 그 밖의 여러 면에서도 이러한 해석에는 수많은 논쟁의 여지가 남는다. 한마디로 말해 그를 영국의 수호자로 간주하는 것은 잘못된 문학적 해석이다. 우리의 생각으로는 그러한 잘못된 해석 속에 엘리자베스 1세의 치세가 기울어갈 즈음인 1590년대 영국의 서사시적·제국적 열망 속에 담겨 있던 바람, 즉 무엇인가를 바라는 듯한 강한 사고의 요소가 깃들어 있는 것으로 보인다. 세밀한 검토를 통해 우리는 바로 이 점을 확인하게 될 것이다.

우리의 주장은, 매우 강렬한 성 제오르지오의 이미지들이 비잔티움과 이탈리아 사이에서 활기차게 벌어진 협상을 통해 훗날의 세대가 쉽게 이끌어내게 될 문화적 의미를 확립했다는 점이다. 전설에 따르면, 제오르지오는 믿음 때문에 참을 수 없는 고통을 겪곤 했다. '용'으로부터 '공주'를 구출하는 그의 상징적 이미지는 초기 교회가 경험했던 로마인들에 의한

25 Bk I, canto x, stanza 61; Hamilton, *Edmund Spenser*, p. 141.

박해라는 특정한 순간과 연결되며, 콘스탄티노폴리스의 동쪽과 서쪽의 계승자들 사이에서 이 이미지의 소유권을 둘러싼 경쟁이 벌어졌다. 우리는 중요하지만 그동안 인식되지 못해온 것이 바로 『선녀여왕』 제1권에 등장하는 모든 '사라센인들'과 '이교도들' 사이에서 존재했던 그 경쟁이라고 생각한다. 자신이 구출한 공주와 결혼할 수 없는 것처럼 제오르지오는 분명 영국의 수호자가 될 수 없다. 수차례 몸이 찢기고 끝내는 믿음을 위해 순교하는 것이 그의 운명이기 때문이다. 그렇다면 국제무대에서 비교할 만한 경쟁자가 없었던 훨씬 더 지역적인 인물 아서야말로 스스로 위험에 뛰어들어 그 작품의 결론을 '영국적 성격'의 서사로 이끌게 되는 궁극적인 주인공이다.

물론 여기에서 그와 같은 주장은 단지 하나의 개요로서, 그리고 우리의 보다 커다란 주제에 대한 일종의 서론으로 제시될 수 있다. 하지만 우리는 이와 같은 시각을 통해 『선녀여왕』 제1권을 일목요연하게 읽을 수 있으리라고 믿는다. 그러한 『선녀여왕』 읽기가 미묘하고 섬세하게 성 제오르지오와 아서라는 두 인물의 관계를 적절히 보여주고, 또 단순한 형식과 내용을 훨씬 뛰어넘어 아주 타당하게 동양과 서양 두 방향 모두에서 전개되던 제국주의적 꿈과 열망에 끼친 그들의 역할을 이해할 수 있게 해주기 때문이다.

III

르네상스 특유의 영향력 있는 예술품의 한 유형으로서 초상메달은 '명예의 통화'라는 적절한 명칭으로 불릴 만하다. 이러한 초상메달을 검토하면서 우리는 동양과 서양의 문화 정체성이 어떻게 초기에 두 방향 모두에서 오고갔는지 자세히 논의하고자 한다.[26] 대량 생산을 위해 디자인된 이 유명하고 영향력 있는 예술품의 이미지는 그들이 재현했던 인물들의 정체성을 지속적으로 확인하는 토대가 되었다. 기존에 남아 있던 고대의 동전들을 아주 비슷하게 모방하면서 휴대가 용이하도록 손에 잡히는 크기로 제작되었던 초상메달은 매우 뛰어난 교환가치를 자랑했다. 고대 로마의 동전에 대한 휴머니즘적 관심이 되살아나고, 그에 뒤이어 초상메달이 유행하는 현상이 나타났다. 이에 따라 메달리아(medaglia)라는 용어는 수집이 가능한 비순환적 물품에서 새로운 기념비적 품목으로 그 의미가 변화했다.[27] 선물로 주어지거나 혹은 마찬가지 열정으로 보석의 원석이나 카메오(cameo) 등을 수집하던 이들이 구입하면서 권력자들의 모습을 담은 이 이미지들은 다른 형태의 초상들과는 비교할 수 없는 열정으로 유럽 전역으로, 그리고 그 너머의 세계로 전파되었다. 동전과 마찬가지로 그것들은 지배력과 권위를 담아냈다.[28]

궁극적으로 고가 소비품으로서 초상메달이 추구해야 할 바람직한 형태

---

26 『명예의 통화』(*The Currency of Fame*)는 르네상스 초상메달을 포괄적으로 검토한 자신의 책에 저자 셰어(S. K. Scher)가 붙인 제목이다. 이 책은 1994년 뉴욕에서 출판되었다.

27 E. Corradini, "Medallic Portraits of the Este: Effigies ad vivum expressae", in N. Mann and L. Syson, eds., *The Images of the Individual: Portraits in the Renaissance*, London, 1998, pp. 22~39를 보라.

28 L. Syson, "Circulating a Likeness? Coin Portraits in Late Fifteenth-century Italy", in Mann and Syson, *The Image of the Individual*, pp. 113~25. 시슨이 지적한 것처럼, 동전에 어떤 사람의 두상을 묘사하는 행위는 권력을 확언하기 위한 한 방편으로 이용되었을 것이다. 그는 다음과 같이 말한다. "루도비코 [일 모로](Ludovico Il Moro)는 조카 잔 갈레아초 스포르차(Gian Galeazzo Sforza)가 살아 있는 동안 권력을 주장하지 못했다. 하지만 섭정의 자리를 차지하게 되면서, 그는 공작이 되기 위한 …… 잘 조율된 기획의 일환으로 밀라노의 동전에 자신의 얼굴을 새겨 넣는 방법을 이용했다. 1494년 프랑스의 샤를 8세와 함께 롬바르디아 지역에 머물던 프랑스의 대사 필리프 드 코미네(Philippe de Commynes)는, '루도비코는 곧 자신이 권력을 유지하기를 원한다는 점을 분명히 했으며, 한쪽 면에는 공작[잔 갈레아초 스포르차] 그리고 다른 쪽 면에는 자신의 모습이 새겨진 동전을 제작했다. 그리고 이 일로 인해 많은 사람들이 술렁이게 되었다'고 기록했다. 오직 자연주의적 초상 이미지를 이용하는 것만이 그로 하여금 자신의 위치를 보다 효과적으로 만들도록 했다"(p. 116).

그림 6 콘스탄티누스 대제를 묘사한 베리 공의 메달(앞면과 뒷면), 1402년경, silver. Bibliothèque Nationale de France, Paris.

는 기존에 남아 있던 고대 동전들의 예를 거슬러 올라가 추적하면서 구해질 수 있었고, 그러한 고대 동전의 형태를 연구하던 르네상스 초기의 대표적인 이들이 과거의 사례를 모방했다.[29] 하지만 지금 우리의 논의와 관련하여 중요한 점은 15세기 메달들의 직접적인 본보기가 되었던 두 원형이 모두 동양적인 기원을 지니고 있었다는 사실이다. 1402년경 베리 공(the Duke of Berry)의 메달을 제작하기 위해 모델들이 제작되었고, 그 후 그것들이 유럽 내에서 되풀이되어 복사되고 유통되었다. 첫째 메달은 앞면에는 말에 올라탄 콘스탄티누스 대제의 모습을, 뒷면에는 예수가 못 박힌 십자가로 간주되던 진정한 십자가(the True Cross)의 발견을 묘사한 것이다(그림 6). 둘째 메달은 앞면에는 삼중관(triple-crown)을 쓴 비잔티움의 황제 헤라클리우스 1세(Heraclius I)(그림 7)를, 그리고 뒷면에는 세 마리의 말이 끄는 전차를 타고 바로 그 진정한 십자가를 예루살렘으로 다시 가져오는 그의 이미지를 담고 있다.[30] 팔라이올로고스(Paleologus) 왕조 시대의 비

29 E. Corradini, "Medallic Portraits of the Este", pp. 23~25를 보라. 지금 우리의 특별한 관심이 되고 있는 피사넬로는 고대의 동전에 나타난 두상을 그대로 모방했다(*Ibid.*, p. 23). 그는 스스로 그와 같은 동전을 수집했으며, 그가 죽었을 때 그 가운데 여럿이 그의 집에서 발견되었다(Scher, *The Currency of Fame*, p. 44).

그림 7 황제 헤라클리우스를 묘사한 베리 공의 메달(앞면과 뒷면), 1402년경, bronze. Bibliothèque Nationale de France, Paris.

잔티움 황제들은, 결과적으로는 추기경 베사리온(Bessarion)이 서방교회로 가져오게 되는, 이 예수가 못 박힌 십자가라는 성물을 소유하고 있다는 점에 상당한 자부심을 느끼고 있었다. 이를 고려한다면, 우리는 이 메달들이 1400년경의 콘스탄티노폴리스의 문화에서 유래한 것이라고 추론할 수 있을 것이다.[31]

30 "이탈리아 상인들"로부터 콘스탄티누스 메달을 얻은 날짜는 정확히 1402년 11월이었다. 일반적으로 헤라클리우스 메달은 바로 이때 혹은 그 직후에 얻은 것으로 추정된다. 두 메달과 이후 이 메달들이 어떻게 되었는지에 대한 만족할 만한 설명으로는 Scher, *The Currency of Fame*, pp. 32~37을 참조하라. 이 장에서 우리가 자세히 논의하고 있는 유형의 동양과 서양의 권력 재현에 끼친 헤라클리우스 메달의 직접적인 영향에 대한 예로는 Lisa Jardine, *Worldly Goods: A New History of the Renaissance*, London, 1996, chap. 8을 보라.

31 베리(Berry)의 두 메달의 도상학적 의미에 대한 우리의 해석—그것은 셰어의 해석과 일치하지 않는다—은 Carlo Ginzburg, *The Enigma of Piero: Piero della Francesca*, 1981, trans. M. Ryle and K. Soper, London, 1985에 기초하고 있다. 비록 긴즈부르그가 메달에 관해서는 논의하지 않는다고 하더라도, 피에로가 제작한 아레초 연작물의 맥락에서 그가 세밀하게 다루는 예수가 못 박힌 진정한 십자가와 관련된 이야기는 우리를 앞에서 진술한 결론으로 직접적으로 이끈다(Ginzburg, *The Enigma of Piero*, pp. 36~43을 보라). 1400년 요하네스 8세의 아버지였던 마누엘 팔라이올로고스(Manuel Paleologus)와 그의 가족은 콘스탄티노폴리스에 대한 무슬림의 위협에 맞서 서양의 군주들에게 원조를 구하기 위해 유럽에 머무르고

달리 말하자면, 르네상스기의 동양과 서양 모두에서 초상메달을 소유한 이들은 바로 그 기원 덕택에 그것들의 문화적 가치를 동일하게 인식할 수 있었다. 그러므로 그것들은 동양에서 서양으로 그리고 그 반대의 방향으로 진행되던 동·서양의 권력 경쟁과 관련된 '의미'를 전달하는 유용한 수단이 되었다. 따라서 이 문화적 창조물들이 서양적 예술품으로서의 안정적인 지위를 누리고 있다는 통념에도 불구하고, 결국 우리의 그와 같은 판단은 그저 회고적인 환상에 지나지 않는다. 15세기의 초상메달은 동양적 기원이라는 뚜렷한 특징을 지니고 있었다. 하지만 시간의 흐름이 문화적 친숙함이라는 망토로 초상메달의 '이국적 향취'와 '오리엔탈리즘'을 덧씌우면서 메달 자체를 '유럽화', 다시 말해 유럽의 예술적 전통 속으로 완전히 새롭게 편입했던 것이다.[32]

여기에서 특히 우리의 관심을 끄는 작품은 1438년 안토니오 피사넬로가 이러한 유형으로 제작한 최초의 중요한 르네상스 기념 메달이다.[33] 고

있었다(J. Gill, *Personalities of the Council of Florence and Other Essays*, Oxford, 1964, pp. 104~05).

32 그러므로 초상메달의 "타자성"(otherness)은 그 주제가 명백히 동양적일 경우에 단지 그때 스스로를 두드러지게 드러내는 경향을 지닌다. 일례로 1470년대 말 로렌초 데 메디치(Lorenzo de' Medici)가 의뢰한 것으로 추정되는 베르톨도 디 조반니(Bertoldo di Giovanni)의 메흐메트 2세의 메달을 보라(Scher, *The Currency of Fame*, pp. 126~28). 벨리니 혹은 코스탄초 다 페라라로부터 차용한 앞면의 두상 주위에는, "메흐메트, 아시아 그리고 트레비존드와 마그나 그라키아의 황제"라는 글귀가 새겨져 있다. 뒷면에는 작은 조각품을 휘두르며 승리의 전차를 모는 나신의 젊은 남성이 등장한다. 의기양양한 두 마리의 말과 헤라클리우스 메달에 등장하는 남성과 유사한 동작을 취하고 있는 한 남성이 이 전차를 이끌고 있다. 옷을 입지 않은 세 명의 여성이 이 전차에 타고 있다. 그녀들은 이 전차를 모는 이에 의해 줄로 묶여 있고, 또 그녀들에게는 "그리스", "트레비존드", "아시아"라는 이름이 붙어 있다. "피렌체와 술탄의 관계가 튀르크 삶의 이 마지막 두 해 동안 특히 가까웠다"고 주장하며, 셰어는 다음과 같이 진술한다. "1480년 [로렌초는] 말안장을 선물한 데 대한 감사의 편지를 술탄에게 보냈다. 에밀 제이콥스(Emil Jacobs)의 정교한 테제에 따르면, 이 편지는 베르톨도의 메달과 함께 전달되었을 것이다"(*The Currency of Fame*, p. 40).

33 Scher, *The Currency of Fame*, p. 15.

그림 8 안토니오 피사넬로, 황제 요하네스 8세 팔라이올로고스의 초상메달(앞면), 1438, lead. Staatliche Mussen zu Berlin-Preßischer Kulturbesitz.

대의 이미지 유통 관행의 부활로 간주되는 이러한 초상메달의 역사에서 일반적으로 비잔티움의 황제 요하네스 8세 팔라이올로고스(John VIII Paleologus)를 묘사한 이 메달(그림 8)이 유럽 문화에 커다란 의미를 지니는 한 사건을 기념한 최초의 성공적인 예술작품이라는 데 의견이 모아지고 있다. 이 모방성 짙은 예술품은 1438년 개최된 동·서양 교회의 통합 공의회에 참석하기 위해 황제가 피렌체를 방문한 것에 맞추어 제작되었다.[34] 우리는 이 작품을 의뢰한 이가 황제인지 아니면 주최 측 피렌체인이었는

34 *Ibid.*

지 알지 못한다. 하지만 어떤 경우가 되었든 이 작품은 넓게 나뉜 두 문화적 영역, 다시 말해 콘스탄티노폴리스 중심의 후기 비잔티움 세계와 로마를 중심으로 한 서방 유럽 세계 사이에서 지속적인 의미를 지니는 한 협상을 기념하고 있다. 이미 시작부터 황제 팔라이올로고스 메달은 동·서양 사이의 거래, 즉 유럽과 유럽의 상상적 타자 사이의 문화적 교환이었던 셈이다.

메달의 한쪽 면에는 마지막에서 두 번째 비잔티움의 황제였던 콘스탄티노폴리스의 요하네스 8세 팔라이올로고스의 측면 두상이 새겨져 있다. 그는 높은 원형 관이 솟아 있고 눈에 띌 정도로 날카롭게 앞 챙이 우뚝 솟은 모자를 쓰고 있다. 피사넬로가 이 메달에 재현한 이후, 일반적으로 이 모자는 콘스탄티노폴리스의 통치자들을 연상시키는 대상으로 자리 잡았다. 이러한 사실은, 혼란스럽게도, 메흐메트 2세가 콘스탄티노폴리스를 함락했던 1453년 이후에도 역시 한눈에 그 존재를 알아볼 수 있게 하기 위해 심지어 오스만의 술탄들조차 바로 그 모자를 통해 표현되었다는 점을 의미한다.[35] 아무튼 여기에 그리스어로 '요하네스, 로마의 왕 그리고 황제, 팔라이올로고스'라는 글귀가 새겨져 있으며, 현재 이 초상의 제작에 사용된 밑그림이 루브르 박물관에 남아 있다.

메달의 반대 면에는, 우측으로는 십자가가 세워져 있는 돌기둥과 뒤편으로는 바위산을 배경으로, 같은 모자를 쓰고 말에 올라 사냥용 활과 화살통을 들고 있는 황제의 모습이 새겨져 있다(그림 79). 황제의 좌측에는 또 다른 말을 타고 있는 작은 시동의 뒷모습이 거의 완벽하게 표현되어 있다.[36] 이 메달에는 그리스어와 라틴어로 '미술가 피사노의 작품'이라는 글이 새겨져 있다. 현재 파리와 시카고에 남아 있는 일군의 밑그림들은 아마

35 모든 동양의 황제들과 술탄을 재현하는 하나의 원형으로서, 이 황제의 메달에 나타난 초상을 차용한 후대의 예술품 목록에 대해서는 R. Weiss, *Pisanello's Medallion of the Emperor John VIII Paleologus*, London, 1966을 보라.

36 Scher, *The Currency of Fame*, pp. 44~46.

그림 9 안토니오 피사넬로, 「앞과 뒤에서 본 말」, 1438, pen and ink on paper. Musée du Louvre, Paris.

도 이 뒷면과 관계가 있을 것이다.[37] 관련 문서들은 다양한 유형의 비잔티움 의복과 모자를 세밀하게 묘사한 그림들과 함께 발을 딛고 서 있거나 말을 타고 있는 황제의 모습을 표현한 다양한 스케치를 담고 있다. 그 가운데 한 그림에는 특히 메달에 나타난 것과 똑같은 마구를 장착한 한 마리의 말이 각각 앞쪽과 뒤쪽 모두에서 본 모습으로 표현되어 있다(그림 9). 이 그림에 나타난 말은 동양 말의 특징이라고 할 수 있는 길게 찢어진 콧구멍을 그대로 보여준다. 오스만인들은 넓은 코로 인해 말들이 보다 많은 공기를 흡입하게 되고, 그래서 더 빨리 달릴 수 있다고 믿었다.

비잔티움 황제가 고자세로 이탈리아를 방문하게 된 계기는 1438년 교황 에우제니오 4세(Eugenius IV)가 소집한 동·서양 교회의 공의회를 통해 마련되었다. 군대를 이끌고 헝가리와 트란실바니아를 거쳐 진격해 오던 오

37 M. Vickers, "Some Preparatory Drawings for Pisanello's Medallion of John VIII Paleologus", *Art Bulletin* 60, 1978, pp. 419~24.

스만 술탄 무라트 2세(Murad II)로 대변되는 동양으로부터의 위협에 직면하게 되자, 교황은 가장 강력했던 두 그리스도교 교회의 교리적·군사적 동맹을 제안했다.[38] 공의회에 참석하기 위해 1438년 2월 8일 비잔티움의 황제와 콘스탄티노폴리스 교회의 수장 총대주교 요세푸스 2세(Joseph II)가 베네치아에 도착했다. 이때 약 20명가량의 비잔티움 주교들과 그리스의 다른 고위 성직자들 그리고 수도사와 세속 학자들이 대규모 자문단으로 그들과 함께 왔는데, 그 총인원은 700명가량에 달했다. 방문과 관련된 모든 경비는 교황청에서 지불하기로 합의가 이루어져 있었다.[39]

본래 공의회는 페라라에서 열리기로 되어 있었다. 하지만 흑사병이 창궐하면서 피렌체로 이전할 필요성이 대두했다. 어떻든지 간에 교황과 페라라의 에스테(Este) 가문은 이미 행사 비용을 감당하는 데 재정적인 어려움을 느끼고 있었다. 피렌체에서는 상업-금융 가문으로 부상하던 메디치 가문에서 이 행사와 관련된 거의 모든 부담을 떠맡았다. 비록 교황청이 페라라에서 개최된 공의회의 초반 회기를 재정적으로 부담했을지라도, 실상 필요한 자금은 메디치의 대부금을 통해 마련되었다. 그리고 공의회가 피렌체로 이전했을 때, 메디치 가문에 의해 많은 지원을 받고 있던 피렌체 코무네가 비잔티움 사절단의 숙박 및 생활비를 지불했다. 메디치 은행 역시 사절단의 콘스탄티노폴리스로의 귀환과 관련된 경비를 책임졌다.[40] 경비가 많이 드는 사업을 성공시키기 위해 메디치 가문의 재정 원조에 전적으로 의존했다는 점은 페라라에서 피렌체로 공의회의 이전을 책임지고 있던 추기경 줄리아노 체사리니(Giuliano Cesarini)가 코시모 데 메디치(Cosimo de'

38 무라트 2세는 1421년에서 1444년까지, 그리고 다시 1446년에서 1451년까지 통치했다. 메흐메트 2세는 1444년에서 1446년까지, 그 후 1451년에서 1481년까지 다스렸다.

39 J. 길(J. Gill)의 두 연구, *The Council of Florence*, Cambridge, 1959와 *Personalities*를 보라.

40 Gill, *Personalities*, pp. 186~203.

Medici)에게 원조를 요청하기 위해 보낸 편지에 아주 잘 묘사되어 있다. 공의회를 이전하던 도중에 파엔차에서 필요한 모든 경비가 이미 바닥을 드러냈고, 여행을 마치기 위해 체사리니에게는 200마리의 말과 노새가 절실히 필요했다. 이러한 상황을 타개하기 위해 그는 코시모에게 "문제에 봉착한 우리 라틴 교회의 명예를 위해, 그리고 우리가 비잔티움인들에게 한 약속을 굳게 지키기 위해, 나는 당신에게 모든 가능한 수단을 동원해 말과 노새를 보내줄 것을 간청합니다"라고 편지를 적어 보냈다.[41]

공의회 참석자들이 단지 이동이라는 목적 하나 때문에 양질의 말들을 요구했던 것은 아니었다. 심지어 페라라에 도착하기 전인 1438년 5월, 비잔티움 황제는 교황과 교섭하며 자신의 개인적 관심사였던 사냥에 어울리는 말을 자신은 물론이고 수행원 모두에게 제공해달라고 요구했다. 당대의 그리스 연대기 작가 시로포울로스(Syropoulos)의 기록에 따르면, "수많은 요구가 있은 후 3개월이 지나 그가 받은 것은 그저 쓸모없고 전혀 말 같지 않은 열한 마리의 작은 조랑말에 불과했다." 운 좋게도 공의회의 또 다른 참가자였던 가이델레스(Gydeles)가 스스로의 뛰어난 재력에 걸맞은 수행원들을 대동하고 러시아에서 막 도착했다.

> 황제는 가이델레스로부터 한 마리의 사냥용 말을 구입했다. 가이델레스의 다른 말을 구입한 사람은 폭군 데메트리우스(Demetrius)였다. 페라라에서 약 60마일 정도 떨어진 한 수도원을 발견하고, 황제는 많은 수행원들을 그 도시에 남겨둔 채 자신은 소수의 아르콘, 일부 병사 및 근위병들과 함께 그곳에 머물렀다. 그는 교회와 관련된 문제에서는 아주 작은 일에도 신경조차 기울이지 않았고, 오직 사냥을 하는 데 모든 시간을 소비했다.[42]

---

41 Setton, "'The Emperor John VIII slept here ……'", pp. 222~28. 이와 함께 K. M. Setton, *The Papacy and the Levant (1204-1571)*, Philadelphia, 1976-84, vol. 3을 보라.

42 Vickers, "Some Preparatory Drawings", pp. 417~18.

오락을 위해 온갖 종류의 살상을 즐기는 일에 대한 황제의 탐닉은 실로 대단했다. 이 때문에 그는 공의회에 참석하기 위해 콘스탄티노폴리스에서 이탈리아로 오던 도중에 그리스의 호송단이 모레아(Morea)를 일주하는 동안 말을 타고 첸크레아를 여행했고 나바리노에서 배에 합류했다.[43] 공의회를 조직한 사람들이 배정한 페라라의 수도원에 거처를 정하고 나서도, 그는 여전히 열정적으로 사냥에만 매달렸다. 그러자 그 지역을 지배하던 니콜로 데스테(Niccolò d'Este)는 "농촌사람들의 재산에 손해를 입히고 후작이 스스로의 즐거움을 위해 외국에서 구입한 짐승들을 모두 없애버린다는 이유로, 사냥에 대한 열정을 자제해달라고" 두 차례나 그에게 요구해야만 했다. 시로포울로스에 따르면, 공의회의 공식 회합이 시작된 후에도 요하네스 팔라이올로고스는 많은 회기에 불참하고 그 대신 사냥을 하러 다녔다.

피사넬로가 제작한 황제 팔라이올로고스 메달의 뒷면에는 흥미로울 정도로 긴 몸통과 강해 보이는 머리를 지닌 말이 묘사되어 있다. 일찍이 1886년 바이제커(Weisäcker)는 이 말이 '다뉴브 지역이나 러시아의 스텝 지역에서' 유래한 말과 동일한 품종이라고 주장한 바 있다.[44] 이 메달과 같은 예술품의 의미를 논의하기 위한 첫 단계로 우리는 다른 무엇보다 피사넬로의 사실적인 묘사에 나타난 정밀성을 검토해야 한다고 생각한다. 그가 작품 해석의 강력한 실마리가 되는 말의 모습을 그토록 세밀하게 메달의 뒷면에 표현했기 때문이다. 혹자는 자신의 손에 놓여 있는 하나의 기념품으로서 이 메달을 뒤집어보며 경탄을 금치 못할 수도 있다. 또한 그러면서 그는 이탈리아에서 비잔티움의 황제가 보낸 특정 시기가 얼마나 지속적인 전략적·정치적 중요성을 지니는지를 이 메달을 통해 깨닫기를 요구받게 된다.

43 Gill, *Personalities*, p. 113.

44 Vickers, "Some Preparatory Drawings", p. 417.

이 메달이 '공식적으로' 기념하고 있는 것은 두 교회의 통합이었다. 하지만 황제가 콘스탄티노폴리스로 돌아간 후 곧바로 그곳의 교회가 공의회의 합의사항에 대한 재가를 거부했기 때문에 그것은 역사적으로 무효로 판명되었다. 아무튼 바로 그 공적인 목적 때문에 사냥복을 입고 사냥 도중에 십자가에 눈길이 사로잡혀 있는 인물을 성 에우스타키우스(Eustachius)로 간주하는 도상학적 논의가 계속되어왔다.[45] 성 에우스타키우스와 관련된 이와 유사한 비전은 피사넬로가 또 다른 작품 「성 에우스타키우스의 비전」(Vision of St Eustachius)을 제작하는 데서도 역시 그 영감으로 작용했다(그림 11). 동·서양 교회 모두에서 지역적 숭배의 주된 대상이었던 사냥꾼의 수호성인 에우스타키우스는 아마도 두 고대 교회에 대한 하나의 진정한 신앙의 계시를 재현하기 위해 선택되었을 것이다.[46] 하지만 뒷면을 '실제 삶으로부터'(from life) 특화해 묘사하고 또 그럼으로써 자신이 선호하던 여가 생활을 추구하는 황제의 모습을 재현하고 있기 때문에 에우스타키우스의 비전은 물론이고, 이 메달이 황제 자신에 의해 그리고 자신 스스로를 위해, 요하네스 팔라이올로고스에 대한 지속적인 기념물로 동·서양 모두에서 상징되도록 만들어졌을 수도 있다. 귀찮을 정도로 조르고 노력하고 또 자금을 동원하는 등의 상당한 대가를 통해 이탈리아에서 구입했던 그가 가장 좋아하던 말의 초상이 메달의 뒷면을 우아하게 장식하고 있다. 피렌체 공의회라는 일반화된 행사가 개인화되고 특화된 기념비가 되면서 공의회는 황제의 '것', 즉 황제 자신을 위한 의식이 되었다.

우리는 어떠한 방식으로 이 메달의 이미지가 동양과 서양 사이에서 유통되었으며, 또 황제와 그가 했던 역할 사이에서 어떻게 그 이미지가 반복해서 나타나게 되었는지를 묘사하기 위해 좀 더 깊은 이야기를 원할 수

45 Olivata, "La principessa Trebisonda", pp. 193~211을 보라.

46 올리바타가 제시한 것처럼 만약 뒷면에 십자가를 향해 기도하는 손을 묘사한 두 쌍과 함께 두 번째 메달이 존재했다면, 이것은 도상학적으로 포착된 순간을 확증하는 것으로 보일 수도 있다.

도 있다. 학자들은 유럽 르네상스가 최초로 생산한 이 중요한 초상메달의 제작을 누가 의뢰했는지에 관한 결정을 유보하고 있다. 페라라 지역에 머물던 황제의 사치로 인해 에스테 가문은 이미 경제적 어려움을 겪고 있었다. 이 때문에 니콜로 데스테, 그리고 그의 아들이요 상속자였던 레오넬로(Leonello)가 이 메달의 제작을 의뢰할 수는 없었을 것이라는 주장이 제기되고 있다. 아마도 공의회와 관련된 모든 다른 재정 문제에서 그랬던 것처럼 상인-은행 가문이었던 메디치 가문에서 모든 비용을 부담했을 것이다.

하지만 메달의 경우에 누가 제작을 의뢰했는지를 규명하는 일이 특별히 중요한 의미를 지니지는 못한다. 왜냐하면 패널 초상화의 경우와 달리, 공의회에 참석했던 이탈리아인과 비잔티움인은 모두 이 소중한 예술품과 같은 유형의 작품을 선물로 받을 수 있었을 것이고, 이 경우에는 아마도 그랬을 것이기 때문이다. 어떤 경우라도 이 메달에 나타난 시각적 재현의 개별 요소들이 비잔티움 모델의 삶, 즉 황제 자신, 그의 복장과 말, 그리고 그가 즐겨했던 활동에서 구해졌다. 이 점에서 이웃 피렌체와 마찬가지로 에스테 가문이 열정적으로 관여했던 이탈리아적이고 휴머니즘적인 고전 전통의 부활과 팔라이올로고스 특유의 비잔티움 문화가 이 메달을 통해 의미심장하게 결합되었다고 할 수 있다. 피사넬로의 메달은 동양과 서양의 교류를 보여주는 획기적인 징표다.

IV

이탈리아 예술품에 관한 여러 미술사적 분석에서 피사넬로의 팔라이올로고스 메달은 황제 요하네스의 두상을 확인하는 자료로서 주의 깊게 재생산되고 있다. 두말할 나위 없이 이 메달에 대한 그와 같은 평가는, 그것을 저명한 서양의 미술가가 제작한 굳건한 서양의 예술적 재현물로 이해한 것에서 기인한다. 그리고 그와 같은 맥락에서 서유럽적 편견과 의제에 의해 그것의 영향력이 이해되어왔다고도 할 수 있다. 하지만 지금 이 시점에서 우리는 우리의 논의를 잠시 멈추고 15세기 피렌체 예술에 대해 다룬 한 연구 성과의 가치에 대해 살펴보고자 한다. 주류 예술학자들은 마지못해 르네상스 회화에 관한 자신들의 해석에 편입하고 있지만, 그 연구는 우리의 주장과 놀라울 정도로 유사한 논점을 제시한다.

이탈리아 학자 카를로 긴즈부르그(Carlo Ginzburg)는 성기(盛期) 이탈리아 르네상스 시대에 제작된 특정 예술작품 속에 숨어 있는 복잡한 '의미'를 이해하는 데 피렌체 공의회가 차지했던 결정적인 중요성에 주목한 선구적인 문화사가 가운데 한 사람이다. 1985년 긴즈부르그는 피에로 델라 프란체스카(Piero della Francesca)를 도상학적 관점에서 분석한 단행본 분량의 연구서를 출간하면서 그 속에서 가장 해석하기 어려운 피에로의 일부 작품에 담긴 '수수께끼'(enigma)를 해명하려고 시도했다.[47] 그의 목적은 위대한 회화 및 프레스코화에 대한 20세기 후반의 해석을 독점하고 있던 에르빈 파노프스키(Erwin Panofsky)와 바르부르크(Warburg) 학파의 도상학적 해석 방법에 도전하는 것이었다. 그들의 방법은 회화적 이미지들을 부분적인 구성요소들로 분해하는 것이었다. 고전 신화나 고전고대에 토대를 둔 몇몇의 휴머니즘적 서사를 온전히 이해한다면, 그것에 기초하여 이러한 각각의 구성요소들에 상응하는 '의미'를 해석할 수 있게 된다는 것이었다.[48] 피터 버크(Peter Burke)가 긴즈부르그 책의 영문판 서문에서 설명

47 Ginzburg, *The Enigma of Piero*.

48 "파노프스키는 도상학을 '형식과 달리 예술품의 주제나 의미에 관심을 기울이는 예술사의 분파'로 정의한다. 그는 다시 이를 두 차원으로 구분한다. 첫째는 엄격한 의미의 도상학(iconography)으로, 이것은 말하자면 '비너스'(Venus), '유디트'(Judith), 혹은 '클리오'(Clio) 등으로 그림에 나타난 여성의 신원을 확인하는 것이다. 둘째는 보다 부정확한 개념인 도상해석학(iconology)이다. 그것은 전체의 의미, 그 전체가 하나의 개별 그림인가를 포착하려는 것이다. 즉 도상해석학은 한 회화 연작물에 나타난 '프로그램'이나 통합적 주제, 특정 예술가의 전집, 주어진 시기의 예술에 나타난 특정한 성격 등을 다룬다. 적절한 도상학은 텍스트의 증거에 광범위하게 의존한다. 하지만 파노프스키가 인정하는 것처럼 도상해석학은 직관 혹은

했듯이, 긴즈부르그는 친구였던 고전고고학자 살바토레 세티스(Salvatore Settis)의 방법론에서 하나의 대안적인 모델을 발견했다.

> 긴즈부르그는 보다 엄격한 방법론을 통해 도상학의 모호성을 대체하기를 원했다. 그 둘 모두[긴즈부르그와 세티스], 만약 조사자가 엄격한 규칙을 따른다면 이 분야에서의 조사 작업이 성공할 수 있을 것이라고 믿었다. "첫째 규칙은 빈틈없이 모든 부분들을 함께 조합하여 어울리도록 짜맞추는 것이고, 둘째는 그렇게 조합된 전체가 상식에 부합해야 한다"는 점이라고 세티스는 기술한다. 그런데 긴즈부르그는 셋째 규칙의 경우 "다른 조건들이 모두 동일하다면, 가장 적은 가설을 요구하는 해석이 일반적으로 가장 타당한 것으로 받아들여져야 한다"고 덧붙인다.[49]

피사넬로가 제작한 황제 요하네스 팔라이올로고스의 초상메달과 그것이 기념하는 피렌체 공의회는, 피에로 델라 프란체스카의 15세기 중반 작품 「예수의 책형」(Flagellation of Christ)을 해석하는 결정적인 구성요소들이었다(그림 12). 긴즈부르그는 이러한 해석이 자신의 세 규칙을 만족시키고 있으며, 따라서 이것이 이 그림의 기획과 주제를 해명하는 '가장 그럴듯한' 해석이라고 주장한다.

이 그림의 좌측에 앉아 있는 인물과 피사넬로의 메달에 나타난 황제 요하네스의 측면 초상 사이에는 명백한 상관관계가 존재한다. 논문 한 편 분량의 논의에 기초해, 긴즈부르그는 이 인물이 바로 실제 요하네스 8세라고 주장한다. 빌라도의 자리에서 그가 예수의 징벌을 주재하고 있는데, 이 징벌은 우리에게 등을 돌린 채 터번을 쓰고 서 있는 튀르크인의 감독 아래 벌어지고 있다. 달리 표현하자면, 이 장면은 이슬람의 수중에 놓여 있던 동

…… 예언의 기술 등을 필요로 한다"(Ginzburg, *The Enigma of Piero*, p. 2).

49 Ginzburg, *The Enigma of Piero*, p. 3.

방 그리스도교 교회의 시련을 그것에 대해 아무것도 할 수 없었던 그곳 세속 군주의 무력함과 함께 재현하고 있다.[50]

긴즈부르그는 이 그림에 드라마틱하게 표현된 건축적 원근법이, 자신이 '상이한 존재론적 지위'라고 명명한 것을 통해 두 영역을 분리하고 있다고 주장한다. 방금 앞에서 묘사한 광경은 상상의 공간 속에 자리 잡고 있는 정치적·신학적 알레고리이며, 그것의 세부적인 내용들은 그리스-로마적 고전고대 그리고 동방교회와 서방교회가 함께 공유했던 지적 전통을 상기시킨다. 이와 대조적으로 피에로가 그린 그림의 우측에 등장하는 인물들은 동양과 서양의 화해가 시도되던 1430년대 말의 중요한 순간에 되살아난 '실제' 인물들이다. 긴즈부르그에 따르면 이 그림은 1459년 말에 제작되었다. 믿을 만한 증거에 기초해 볼 때, 맨 오른쪽 인물은 아레초 출신의 메디치 대리인으로서 작품의 제작을 의뢰했던 조반니 바치(Giovanni Bacci)인 것으로 보인다. 바치에게 환영의 몸짓을 표현하고 있는 왼편의 인물은, 의복과 모자 그리고 구레나룻으로 미루어 볼 때, 비잔티움인으로 확인될 수 있다. 긴즈부르그의 주장에 따르면, 그가 바로 동방교회 사절단의 주축 인물 가운데 한 명으로 피렌체 공의회에 참석했던 추기경 베사리온이다. 1440년 피렌체에서 이루어진 합의가 무산되자, 이에 뒤이어 바치는 서방교회의 편에서 베사리온에게 추기경 직을 수여하기 위해 교황특사로 콘스탄티노폴리스로 파견되었다. 1450년대에 베사리온은 서양으로 돌아왔으며 이후 죽을 때까지 피렌체에 거주했다.[51] 긴즈부르그에 따르면, 「예수의

50 이것은 현재 우리의 논의와 관련된 요소들을 담고 있는 긴즈부르그의 해석을 단순화한 것이다.

51 이후의 미술사가들은 이 인물을 베사리온으로 간주하는 것에는 근거가 부족하다고 생각한다. 하지만 그가 비잔티움인이라는 점에는 의심의 여지가 없다. 긴즈부르그가 명백한 연결고리를 제시하지는 않았지만, 이 인물의 모자와 복장은 피에로가 아레초 연작물 가운데 하나로 그린 「십자가를 들어올림」(Raising of the Cross)에 나타난 통합 동방교회의 인물들과 유사하다. 이에 대해서는 A. Paolucci, *Piero della Francesca: Notizie sulla conservatione di Margherita Moriondo Lenzini*,

책형」은 1459년 만토바 보편 공의회에서 회합을 가졌던 여러 당파의 구성원들에게 호소하기 위한 상징적이고 직접적인 의도로 기획되었다. 즉 그것은 그리스도교 공동체(Christendom)를 위해 이탈리아인들에게 콘스탄티노폴리스를 재정복하기 위한 동방 십자군의 파병을 독려하기 위한 캠페인의 일환으로 제작되었다.

긴즈부르그에 따르면, 베사리온은 피사넬로가 제작한 요하네스 8세 초상메달의 복사품을 소유하고 있었고 바로 「예수의 책형」의 제작을 기획했던 사람이었다. 그러므로 이 그림에 나타난 인물이 베사리온 자신—이 그림에 나타난 추기경 베사리온에 대한 묘사는 지금까지 남아 있는 그를 재현한 그 어떤 이미지보다 훨씬 더 늠름하다—인지 아니면 동방교회를 이상적으로 재현한 것인지에 관계없이, 긴즈부르그는 이 그림을 당시의 국제정치에서 교회가 봉착했던 결정적인 순간에 대한 기억으로 해석한다. 이 그림에서 정치적 의미를 발견하려는 긴즈부르그의 전체적인 시각은 그럴듯해 보이며, 단일한 역사적 사건에 기초해서 최대한의 설명적 효과를 얻음으로써 자신이 제시한 설명 규칙에도 부합한다.

긴즈부르그는 이러한 '조사 작업'(detective work)을 통해 피렌체 공의회를 중심으로 제작된 또 다른 이미지의 의미도 해명한다. 이 이미지에 담긴 상징적 의미는 동양과 서양 사이에서 균형 있게 유지되고 있었으며, 이 때문에 설사 오늘날의 우리에게는 그렇지 못하더라도 당시의 동방교회와 서방교회 모두가 이를 이해할 수 있었다. 두 세계가 공유했던 하나의 유산, 다시 말해 교리적·성인전기적 요소들로부터 정교하게 창조되었기 때문에 이 이미지를 통해 동방교회 혹은 서방교회의 옹호자들은 이슬람의 소유로 넘어간 제2의 영적 고향이었던 콘스탄티노폴리스에 대해, 그리고 그로 인해 그리스도 교회가 처한 곤경과 자신들의 문 앞까지 쳐들어온 오스만 세력에 대해 숙고할 수 있게 되었다.[52]

Florence, 1989, pp. 179~80을 보라.

V

우리가 특별히 상징적 차원에서 주목해왔던 동양-서양, 그리고 서양-동양 사이의 문화적 교환은 피렌체 공의회가 저지하려 했던 콘스탄티노폴리스의 함락 이후에 제작된 두 기념비적인 작품을 통해 생생하게 발전했으며, 그 작품들을 통해 동양과 서양에서 제각기 지역적으로 특수하게 발전하던 통합적 계기가 두 세계의 경계 너머에까지 퍼져나갔다. 한 작품은 코스탄초 다 페라라가 제작한 메흐메트 2세의 초상메달이고(그림 10, 78), 다른 작품은 베노초 고촐리(Benozzo Gozzoli)가 피렌체의 메디치 채플에 그린 프레스코화 「동방박사의 행렬」(Adoration of the Magi)이다.

동방교회와 서방교회 사이의 팽팽한 긴장과 콘스탄티노폴리스 함락 이후 메흐메트 2세와 서유럽 사이에서 벌어진 정치적 힘겨루기에도 불구하고, 1460년대와 1470년대에는 동양과 서양 사이에 활발한 문화적 교류가 이루어지고 있었다.[53] 코스탄초 다 페라라는 오스만의 궁정에서 '여러 해'

그림 10 코스탄초 다 페라라, 메흐메트 2세의 초상메달(앞면과 뒷면), 1481년경, bronze. National Gallery of Art, Washington, DC.

52 긴즈부르그는 설득력 있게 피에로의 「예수의 세례」(Baptism of Christ)와 아레초 연작물이 1438/39년의 동·서양 교회의 통합을 다루고 있다고 주장한다.

그림 11 안토니오 피사넬로, 「성 에우스타키우스의 비전」, 1436~38년경, tempera on wood. National Gallery, London.

그림 12 피에로 델라 프란체스카, 「예수의 책형」, 1445~49?, oil on panel Palazzo Ducale, Urbino.

그림 13 베르나르디노 핀투리키오, 「성 카테리나의 논쟁」, 1492~94년경, fresco. Sala dei Santi, Appartamento Borgia, Vatican.

그림 14 베노초 고촐리, 「동방박사의 행렬」, 1459, fresco. Chapel of Palazzo di Medici-Riccardi, Florence.

그림 15 베노초 고촐리, 「동방박사의 행렬」, 1459, fresco. Chapel of Palazzo di Medici-Riccardi, Florence.

그림 16, 17

벤베누토 첼리니, 프랑수아 1세의 초상메달(앞면과 'Fortunam virtute devicit'라는 문구가 새겨져 있는 뒷면), 1537, bronze. Museo Nazionale del Bargello, Florence.

그림 18 티치아노, 「프랑수아 1세의 초상」, 1538, oil on canvas. Musée du Louvre, Paris.

그림 19 코스탄초 다 페라라, 「앉아 있는 필경사」, 1470~80년경, pen and gouache on parchment. Isabella Stewart Gardner Museum, Boston.

를 지냈던 유럽인 가운데 한 사람이었다. 젠틸레 벨리니는 베네치아의 도제(Doge)에 의해 일종의 대여 형식으로 한동안 메흐메트에게 파견되었다. 아마 코스탄초도 이 관례에 따라 나폴리의 페란테 1세의 직접적인 요구에 대한 응답으로 파견되었을 것이다. 당시 페란테는 건축 중이던 메흐메트의 새 궁전의 장식을 도울 수 있는 능력 있는 예술가를 찾고 있었다.[54] 한때 벨리니의 작품으로 간주되던 오스만적 주제를 다룬 많은 그림들이 최근 들어 코스탄초에 의해 제작된 것으로 판명되고 있다. 그 가운데 하나가 서 있는 한 인물을 묘사한 작품(그림 20)인데, 후일 베르나르디노 핀투리키오(Bernardino Pinturicchio)는 바티칸의 살라 데이 산티(Sala dei Santi)의 프레스코화 「성 카테리나의 논쟁」(Disputation of St Catherine)(그림 13)을 제작하면서 코스탄초의 이 그림을 차용했다.[55]

1481년경의 어느 시점에 코스탄초가 제작한 메흐메트 2세의 초상메달은 분명 오스만적 예술품이다. 그렇지만 여기에는 서유럽의 예술적 전통이 강하게 배어들어 있다. '오스만의 술탄 무함마드, 튀르크인들의 황제'라는 위압적인 라틴어 문구로 둘러싸인 메흐메트의 측면 모습은 마치 피사넬로가 제작한 요하네스 팔라이올로고스의 측면 초상처럼 오스만의 통치자들에 대한 재현으로 여러 세대에 걸쳐 변주되면서 그 정복자의 모습을 실제

53 이 시기 끊이지 않고 전개되던 문화적 교환이라는 일반적인 현상에 대해서는 Jardine, *Worldly Goods*를 보라. 특히 메달 제작자였던 마테오 데 파스티를 대여하는 문제와 관련하여 1461년 메흐메트와 리미니(Rimini)의 시지스몬도 말라테스타(Sigismondo Malatesta) 사이에 이루어진 편지 교환에 대해서는 *Worldly Goods*, chap. 5를 참조하라.

54 J. Raby, "Costanzo da Ferrara", in Scher, *The Currency of Fame*, pp. 87~89와 J. A. Levenson, ed., *Circa 1492: Art in the Age of Exploration*, New Haven, 1991, pp. 210~13에 쓴 그의 글, 그리고 그의 "Pride and Prejudice: Mehmed the Conqueror and the Italian Portrait Medal", in J. G. Pollard, ed., *Italian Medals: Studies in the History of Art*, Washington, DC., 1987, pp. 171~94를 보라.

55 Raby, in Levenson, *Circa 1492*, pp. 212, 78을 보라.

그림 20 코스탄초 다 페라라, 「서 있는 한 오스만인」, 1470~80년경, ink on paper. Musée du Louvre, Paris.

와 닮게 묘사하기 위한 불변의 선례가 되었다.[56]

하지만 보다 커다란 영향을 끼친 것은 코스탄초 메달의 뒷면이었는데, 여기에는 말을 타고 동양과 서양 모두를 향해 가공할 만한 힘을 보여주는

56 예를 들어, 베르톨도 디 조반니가 1490년대에 제작한 메흐메트의 메달을 보라(Scher, *The Currency of Fame*, p. 127). 톱카프(Topkapi) 궁의 한 파빌리온에 제작된 프레스코화는 그곳에 그려진 메흐메트의 모습이 이 메달에 나타난 측면 초상에 기초하고 있음을 암시한다. G. Necipoğlu, *Architecture, Ceremonial, and Power: The Topkapi Palace in the Fifteenth and Sixteenth Centuries*, Cambridge, MA, 1991, p. 224.

술탄의 모습이 형상화되어 있다(그림 10, 78). 1495년 처음 이탈리아를 방문했을 때, 알브레히트 뒤러(Albrecht Dürer)는 광범위한 이탈리아의 그림들을 복사해 이를 자신의 도상목록집에 포함시켰다. 래비(J. Raby)가 잘 입증했던 것처럼 여기에는 1470년대와 1480년대 베네치아와 피렌체의 '실제 경험으로부터' 모사한 많은 동양인들의 초상이 포함되어 있다. 훗날 뒤러는 대규모의 작품들을 제작하면서 그 가운데 일부를 이용했다. 뒤러의 예술적 권위에 힘입어 그것들의 복사품들이 널리 유포되었고, 결과적으로 이들은 다른 예술가들의 동양에 관한 작품에도 등장하게 되었다.[57]

이러한 그림들 가운데 하나인 뒤러의 「오스만 기사」(Ottoman Rider)(그림 21)는 벨리니나 코스탄초 다 페라라의 그림이 아니라 메흐메트 메달의 뒷면에 기초한 작품이다. 아마도 이 점이 이 작품에 호기심을 유발할 정도로 서투르게 묘사된 말과 기사의 자세를 설명하는 데 약간의 도움을 줄 수 있을지도 모른다. 아무튼 그 이미지는 얼마 지나지 않아 동양의 권력을 재현하는 하나의 규범으로 자리 잡았다. 예를 들어 대(大) 술레이만(Süleyman the Magnificent) 시대에 영향력이 컸던 이슬람 대신 이브라힘 파샤(Ibrahim Pasha)를 재현한 1529년의 독일 목판화는 기사의 모습을 변형—특히 그가 쓰고 있는 모자를 변형—했음에도 불구하고, 분명하게 바로 그 이미지를 떠올리게 한다.[58]

지금 우리는 서양의 예술적 관행에 대한 직접적인 모방의 일환으로 술탄에 의해 혹은 술탄을 위해 의뢰되어 콘스탄티노폴리스에서 제작된 한 초상메달에 대해 논의하고 있다. 서양에서 초빙되어 온 한 예술가가 동·서

57 J. Raby, *Venice, Dürer and the Oriental Mode*, London, 1982를 보라.

58 이 이미지에 대해서는 G. Necipoğlu, "Süleyman the Magnificent and the Representation of Power in the Context of Ottoman-Hapsburg Rivalry", *Art Bulletin*, 1989, pp. 401~27을 보라. 16세기 중반 만토바의 필리포 오르소가 말의 유형에 관해 기술한 필사본 책에 등장하는 그림, 즉 '튀르크'(alla turchesca) 말과 말 탄 기사(Victoria and Albert Museum, London)의 모습은 뒤러의 그림 및 그것에 기초한 이브라힘 파샤의 그림과 밀접한 관련이 있다.

그림 21 알브레히트 뒤러, 「오스만 기사」, 1495년경, brush and watercolor. Graphische Sammlung Albertina, Vienna.

양 세계 모두에서 동일하게 인식될 수 있는 문화적·정치적 가치를 지닌 뛰어난 예술품을 제작하기 위해 고용되었던 것이다. 그것이 구현한 이미지는 서양에서 제국적 권력을 시각적으로 표현했던 관용적 양식에 부합되도록 주의 깊게 선택되었고, 그 후 서양 세계에 다시 유포되어 한때는 서양의 고정관념이면서도 그와 동시에 동양적 기원을 지닌 오리엔트 세계 권력가의 이미지의 원형을 제공하기에 이르렀다. 우리는 이것이야말로 분리되지 않고 솔기 없이 이어진 문화 영역을 창조한 전형적인 문화적 통화의 움직임이라고 주장한다. 이러한 움직임 속에서 개별적인 권력의 중심부는 유통되던 대상들에 대해 잘 알고 있었고 또 그것들에 적절히 대응했다.[59]

59 "Süleyman the Magnificent and the Representation of Power"에서 네키포글루는 직접적으로 비교할 수 있는 장식 헬멧의 순환에 관해 이야기한다. 이것은 6세기의 비잔티움 황제 헤라클리우스의 초상메달에 기초한 모델로 술레이만을 위해 이브라힘 파샤가 베네치아의 금세공업자에게 주문한 것이었다. 1532년 빈을 포위하고 있었을 때, 술레이만은 이 헬멧을 빈의 정문에 전시하도록 했다. Jardine, *Worldly Goods*, chap. 8을 보라.

비록 이 연구의 범위를 약간 넘어선다고 해도, 지금 우리가 추적하고 있는 그런 유형의 이미지들이 실제로는 오스만 제국 너머에까지 유통되었다는 점 역시 지적되어야 한다. 이러한 침투 과정을 통해 보다 먼 곳에서도 의미 있는 예술품들을 이해하고 유포할 수 있게 되었다. 최근 코스탄초 다 페라라의 작품으로 분명히 인정되고 있는 '실제 경험으로부터' 제작된 오리엔트의 그림 가운데 하나는, 의심의 여지 없이 「앉아 있는 필경사」(그림 19)의 모습을 보여준다.[60] 15세기 말 페르시아의 예술가 비흐자드(Bihzad)는 눈에 띌 정도로 충실하게 이 작품을 모사해 페르시아의 의복을 입고 앉아 작업하는 한 필경사의 모습을 그렸다(그림 22).[61] 페르시아에서 크게 유행했던 이러한 장르의 후대 그림들은 한 유럽인을 그리고 있는 미술가의 모습을 보여준다.[62] 이처럼 서양의 이미지가 오리엔트의 전통 속으로 흡수되는 보다 좋은 실례는 뒤러의 사도 요한을 모사한 아불-하산(Abu'l-Hasan)의 작품에서도 확인할 수 있다(그림 23). 아불-하산은 독일 미술가, 즉 뒤러가 1511년에 제작한 연작 판화 「수난」(Passion)의 십자가에 매달린 예수로부터 이 이미지를 차용했다.

두 번째 사례는 1438~39년의 피렌체 공의회 기간에 이루어진 동양과 서양의 접촉에서 직접적으로 유래한 작품이다. 피렌체 공의회는 그것의 생생한 이미지들을 동양과 서양 모두에 유포했는데, 그 가운데 하나가 바로 1459년 베노초 고촐리가 메디치 채플에 제작한 프레스코화다(그림 14, 15).

고촐리의 프레스코화는 동방박사의 경배를 묘사한 그림으로 채플 벽 모두를 가득 채우고 있다. 가장 설득력 있고 간결하게 이 작품을 설명

---

60 래비에 따르면, 페르시아어로 쓰인 비문이 코스탄초가 이 그림을 그렸다는 점을 확인해준다(in Levenson, *Circa 1492*, p. 212).

61 이 그림에 대해서는 D. T. Rice, *Islamic Art*, London, 1975, pp. 224~26을 보라.

62 예를 들어 그의 동료였던 무인 무자파(Muin Muzaffar)가 1676년 그린 리자이 압바시(Riza-i Abbasi)의 초상화를 보라(in Rice, *Islamic Art*, p. 253).

그림 22 비흐자드, 「튀르크 복장을 한 화가의 초상」, 15세기 후반, color and gold. Freer Gallery of Art, Smithsonian Institution, Washington, DC.

그림 23 뒤러의 1511년 작품을 모방한 아불-하산, 「사도 요한」, 1600년경, drawing with gold and tint. Ashmolean Museum, Oxford.

할 수 있는 방법은 피렌체 공의회를 이 그림에 나타난 알레고리적 순간으로 간주하는 것이다.[63] 긴즈부르그의 용어를 빌려 말하자면, 이 작품에는 1430년대와 1450년대를 살았던 '실제의' 역사적 인물들이 성서적 상황 속에 표현되어 있다. 그리고 이를 통해 이 작품은 이교도 불신자인 튀르크에 대항한 동·서양 교회의 통합이라는 대규모의 기획에서 메디치 가문이 담당했던 핵심적인 지위를 강조한다. 동방박사를 인도하고 있는 금발의 젊은 남성은 하인의 마구에서 보이는 메디치 가문의 기장과 천사의 왕관처

63 하지만 미술사가들은 계속해서 이 프레스코가 관습적이고 단순한 종교적 프로그램에 기초해 제작되었다고 주장한다. 이와 관련된 가장 최근의 사례로는 C. A. Luchinat, ed., *The Chapel of Magi: Benozzo Gozzoli's Frescoes in the Palazzo Medici-Riccardi Florence*, London, 1994를 보라.

럼 그가 머리에 두르고 있는 화관을 통해 메디치 가문의 구성원으로 확인된다. 그가 '로렌초 데 메디치'(Lorenzo de' Medici), 즉 성장하고 있던 메디치 상업 제국의 상속자를 상징하며, 그가 이끄는 행렬에는 그림을 그릴 당시의 모습 그대로 표현된 가문 내의 연장자들이 포함되어 있다. 로렌초 뒤에 등장한 말 탄 사람은 비잔티움의 대주교 요세푸스다. 교회의 연장자에게 걸맞은 모습으로 그는 하얀 노새 위에 같은 방향으로 두 다리를 가지런히 내려놓은 채 앉아 있다. 그 뒤의 인물이 황제 요하네스 팔라이올로고스인데, 그는 비잔티움 황제의 지위에 어울리는 말, 다시 말해 크고 육중하며 수컷임이 분명한 하얀 준마를 타고 있다. 그는 또한 말의 혈통에 일가견을 지니고 있는 것처럼 보이도록 표현되어 있다.

세 명의 박사 사이와 그들 주위에는 활과 화살 그리고 창을 들고 여러 단계의 사냥을 준비하는 사냥꾼들의 모습이 배치되어 있는데, 그들은 여러 마리의 치타, 매, 사냥개 등의 이국적인 사냥 동물과 함께 등장한다. 멀리 보이는 배경 장면에서는, 실제 사냥에서 볼 수 있는 추격 장면이 다양한 형태로 묘사되어 있다. 길고 때론 지루하기까지 했던 수개월의 공의회 기간 동안, 유럽과 비잔티움의 귀족들을 한데 묶었던 것은 사냥이라는 피 냄새 나는 오락거리에 대한 열정적인 관심이었으며, 또 사냥의 즐거움을 공유하면서 그 열정 또한 계속 기억되었다. 이 점을 이보다 더 적절하게 상기시키는 그림은 아마 없을 것이다. 또한 실제로도 고촐리의 프레스코화는 개별적인 수행원들을 하나로 묶고 있던 바로 그 사냥 장면을 통해 생동감을 얻는다.

말을 타거나 걷고 있는 가족이 로렌초 데 메디치의 뒤를 따르고 있다. 그리고 그들 뒤에는 편의상 고촐리 자신으로 간주되어온 인물 주위로 이국적인 한 무리의 사람들 두상이 배치되어 있다. 이들 가운데 몇몇은, 실제로 많은 동물과 새들이 그렇듯이, 피사넬로의 그림에 등장한 인물들을 강하게 연상시킨다.[64] 배경 장면을 통해 뱀처럼 구불구불 이어진 여행객들의 행렬이 나타난다. 그들은 낙타를 포함해 많은 상자를 실은 노새를 몰고 있으며, 그들 가운데 말 탄 두 사람은 아프리카인이다.

1458년 교황으로 선출된 피우스 2세는 이듬해인 1459년 오스만에 맞서 십자군을 규합하고 콘스탄티노폴리스를 재정복하기 위한 기금과 군대를 모으려는 목적에서 새로운 공의회를 개최해 이탈리아의 국가들과 그리스도교 군주들을 불러 모았다. 만토바에서 개최된 이번 공의회의 경우, 관대하게 고위 인사들을 초빙했던 실력자는 그곳의 후작 루도비코 곤차가(Ludovico Gonzaga)였다. 황제 프리드리히 3세를 공의회에 참석하도록 만들겠다고 약속하면서 루도비코는 신성로마제국과 자신의 친분 관계를 이용해 만토바에서 공의회가 개최될 수 있도록 교황을 설득했다. 비록 황제는 참석하지 않았지만 교황청이 이 도시에서 9개월을 보냈다.[65] 다시 한 번 베사리온은 열정적으로 그리스도교 세계를 위해 서방 세계가 자신의 고향 콘스탄티노폴리스의 탈환에 개입해야 한다고 호소했다.[66]

하지만 만토바 공의회는 정치적 실패작이었다. 학자 그리고 웅변가로서의 남다른 재능에도 불구하고 피우스 2세는 자신과 베사리온의 대의로 유럽의 군주들을 결집하는 데 실패했고, 2년 후 비잔티움 세계에 남아 있던 마지막 그리스도교 요새 트레비존드가 튀르크인들에게 함락되었다. 하지만 군대 소집이라는 교황의 요구에는 주저했을지라도, 이탈리아 도시국가의 지도자들은 당시 전개되던 사건들의 중요성에 영속적인 문화적 의미를 부여하는 일에는 정력적이고 열정적인 노력을 기울였다. 특히 눈에 띄는 재정적 후원자로 피렌체 공의회에 참가하면서 저명한 상인-금융 가문에서 국제정치계의 권력 실세로 스스로의 위상을 끌어올렸던 메디치 가

64 최근의 피사넬로 연구자들은 일종의 패턴-북(pattern-book)이 피사넬로와 고촐리가 활동하던 모임에서 공유되었다고 주장하면서 피사넬로가 그린 말과 동양인, 동물의 그림과 고촐리의 프레스코 사이에는 모종의 연관 관계가 있다는 점을 만족스럽게 강조한다.

65 M. Hollingsworth, *Patronage in Renaissance Italy from 1400 to the Early Sixteenth Century*, London, 1994, p. 211.

66 Gill, *Personalities*, p. 51.

문은 상징적인 양식으로 그리스도교 세계에 대한 헌신과 자신들에게 왕조적 특권을 가져다준 상업적 재능을 더욱 공고하게 결합할 수 있는 기회를 잡았다. 메디치의 군주적 후원 아래 이루어진 예술적 생산은 과거 그들이 주었던 선물과 그들이 성취했던 상징적 성공을 재확인했다. 또한 당시 정치적인 위험에 처해 있던 피우스 2세는 그것을 통해 보다 커다란 물질적인 도움을 받았다.

1459년 4월 코시모 데 메디치는 얼마 전 완공된 가족 채플을 기념하기 위한 자리에서 피우스 2세를 접견했다. 이것이 교황과 밀라노 공작의 아들 갈레아초 마리아 스포르차(Galeazzo Maria Sforza)가 만나게 된 계기였다. 갈레아초는 교황을 접견하고 호위해 아펜니노산맥을 넘어 만토바로 가기 위해 피렌체에 와 있었다.[67] 젊은 갈레아초가 교황의 호위자로 선택된 것은 우연이 아니었다. 아마도 코시모가 중요한 국제 업무를 수행하던 교황과 동행하기에 적합한 뛰어난 수행단을 조직하려 했을 터이고, 이를 위해 갈레아초를 피렌체로 불렀을 것이다. 1459년에서 1460년 사이의 메디치 회계 장부는 메디치 금융 수입의 42퍼센트가 스포르차 궁전에 판매한 실크, 능라, 보석류에 기초하고 있었다는 점을 보여준다. 53,000두카토(ducat)의 스포르차 대부 이자가 수입의 35퍼센트에 이르렀다. 1467년에 이르면 스포르차 가문은 무려 179,000두카토를 메디치 가문에 빚지고 있었다.[68] 열다섯 살의 갈레아초는 팔라초 메디치(Palazzo Medici)의 규모와 화려함, 코시모가 소유한 값비싼 태피스트리와 은제품, 그리고 뛰어난 기술로 제작된 목조 수납함 따위를 묘사한 편지를 집으로 보냈다. 당시의 순간을 기념하기 위해 메디치와 스포르차 가문의 문장이 당당하고 상상력이 넘치는 모습으로 궁전 정원의 잔디 위에 배치되었다.[69] 하지만 항상 그랬듯이 코시

67 Luchinat, *The Chapel of the Magi*, p. 7.

68 Hollingsworth, *Patronage in Renaissance Italy*, p. 168.

69 *Ibid.*, pp. 53~54.

모가 배후의 후원자였다면, 이번 경우에는 만토바의 후작이 그에 앞서 공의회의 주최자라는 특권적인 지위를 차지했다.[70]

건축가 미켈로초 바르톨로메오(Michelozzo Bartolomeo)가 설계한 메디치 채플은, 건물의 구조적 측면에서 본다면, 피우스 2세가 그 화려함에 경탄했을 때 이미 완공된 상태나 다름없었다. 장식적인 측면에서도, 일련의 벽화를 제외하고는 거의 마무리 단계였다. 어떻든지 간에, 메디치 채플은 팔라초 메디치 내의 핵심 공간이 되었다. 교황이 떠나고 난 뒤 2개월 후에 고촐리가 메디치 저택의 중심 공간을 화려하게 장식함으로써 가문의 영예를 기리기 위한 일환으로 벽화를 그리기 시작했고, 이 작업은 같은 해 말에 완료되었다.

그때에 이르기까지 동·서양이 정치적 경합을 벌이던 각축장은 다른 곳에서 움직이고 있었다. 교황은 곤차가의 팔라초 두칼레(the Gonzaga Palazzo Ducale)로 떠났고, 그곳에서 그는 주 접견실의 벽에 아서왕의 전설에서 유래한 인물들을 뛰어나게 묘사한 피사넬로의 프레스코화를 보고 경탄하지 않을 수 없었을 것이다. 고촐리가 메디치 채플을 장식하기 위해 피사넬로에게서 영감을 받은 일련의 그림을 그리기 시작했던 것이 바로 그즈음이었다.[71] 그들의 예술적 프로그램에서 군주의 장엄함과 과장된 듯한 화려함은 중대한 국제정치의 문제들과 결합된다. 고가의 선물을 주는 일이 구세주에 대한 영적 추구와 하나로 결합되는 종교적 순간에, 일개 금융업자는 이제 한 명의 군주로 격상된다. 비잔티움인들과 유럽인들 모두가 인식할 수 있는 교리적·정치적 의미를 담아내면서 고촐리의 프레스코화는 메디치 가문의 과거 투자를 고귀한 것으로 만들었다. 또한 그것은 이슬람과 마주한 그리스도교 세계를 문화적으로 재현하는 데 메디치 가문이

70 1461년 열일곱 살이던 루도비코 곤차가(Ludovico Gonzaga)의 아들은 이 환대에 대한 감사의 표시로 교황에 의해 추기경으로 임명되었다. Jardine, *Worldly Goods*, chap. 1을 보라.

71 Hollingsworth, *Patronage in Renaissance Italy*, pp. 212~13.

영구적인 중심 무대로 남게 되리라는 점을 분명하게 표현했다.

VI

지금까지 우리가 논의해온 각각의 예술품들은 하나의 거래를 통해 교환되고 있었다. 그리고 이를 통해 그것들의 제작을 의뢰했던 사람들은 서유럽에서 콘스탄티노폴리스와 그 너머에 이르는 권력 관계의 네트워크 내에서 서로 간에 공유되던 도상학적 맥락에서 스스로의 위치를 조율했다. 우리가 주장하려는 것이 바로 이 점이다. 지금의 우리에게는 이러한 예술적 재현이 '보편적'이고 '초시간적'인 것으로 보일지라도, 그것들은 한때 논쟁적인 의미로 가득 차 있었다. 피상적으로만 생각한다면 많은 복사품으로 유통된 초상메달은 그저 외양적인 유사성만을 보여주는 것에 그칠지도 모른다. 하지만 더욱 중요한 점은 그것에 권력과 권위가 부가됨으로써 실제로는 초상메달들이 그에 상응하는 지위를 표현하고 있다는 사실이다. 우리가 주장하려는 바는 16세기 초에 메달을 주문하고 구입할 만한 위치에 있었던 사람들이 그것이 제공하는 선전적인 능력을 깨닫고 있었다는 점이다. 오스만 제국의 대 술레이만과 합스부르크 가문의 카를 5세가 주요한 제국주의적 권력을 장악하고 있던 시대에 우리는 국제무대에서 '작은 역할을 담당했던' 프랑스 발루아 왕조의 왕 프랑수아 1세가 주문한 한 초상메달로 우리의 시선을 돌려보고자 한다.

자신이 의뢰한 메달을 통해 기존의 도상학적 의미를 조작하려 했다는 점에서 프랑수아 1세는 그린블랫이 주장한 '셀프-패셔닝' 개념을 적용해 볼 만한 인물이다. 이와 관련된 하나의 사례로서 프랑수아가 왕위에 오른 1515년에 한 이름 모를 예술가가 제작한 초상메달의 뒷면을 살펴보자(그림 24). 여기에는 받침대 위에 나란히 서 있는 천구의와 지구의, 그리고 그 위로 프랑스의 왕관이 묘사되어 있다. 아울러 유베날리스(Juvenal)의 열 번째

그림 24 프랑수아 1세의 초상메달(뒷면), inscribed *unus non sufficit orbis*, 1515, silver. Bibliothèque Nationale de France, Paris.

풍자시에서 인용한 "하나의 세계는 충분하지 않다"(unus non sufficit orbis)는 글귀가 새겨져 있는데,[72] 이 문구에서 새로운 왕의 제국주의적 야망이 명백히 드러난다. 축약되지 않은 유베날리스의 원문에는 "펠라(Pella)의 젊은이[알렉산드로스 대제]에게 하나의 세계는 충분하지 않다"고 적혀 있기 때문이다. 유베날리스는 이어 "그는 세계의 좁은 경계 안에서 불편함을 느낄 정도로 짜증스러워한다"고 적었다.[73] 알렉산드로스와 콘스탄티누스 대제가 바로 카를 5세와 술레이만이 정확히 같은 기간 도상학적인 차원에서 자신들의 모델로 삼고자 경쟁을 벌였던 두 핵심 인물이었다. 그렇다면 이 메달에 상징적인 형태로 간결하게 표현된 것은 바로 세계적 열망에 대한 선언이다.[74]

72 J. Cox-Rearick, *The Collection of Francis I: Royal Treasures*, New York, 1995, p. 5.

73 *Juvenal and Persius* (Loeb edn), p. 206.

74 공적 이미지를 이용한 또 다른 프랑스 왕의 '셀프-패셔닝'을 검토한 주목할 만한 연구로는 P. Burke, *The Fabrication of Louis XIV*, New Haven, 1992를 보라. 지금 우리의 논점과 관련하여 버크의 논의를 다음과 같이 정리할 수 있다. 버크에 따르면 17세기 말 루이 14세와 그의 조언자들이 메달, 그림, 태피스트리에서 그의 권력 이

계속된 일련의 외교적·군사적 실패에도 불구하고, 1530년대의 프랑수아는 도상학을 정치적 목적에 이용하려는 열정적 시도를 결코 단념하지 않았다. 우리는 국제정치계에서 자신의 운이 쇠퇴해가는 동안에 오히려 마치 1459년의 코시모 데 메디치처럼 프랑수아의 승리지상주의적 도상학에 대한 열정이 더 커져갔다고 생각할 수도 있을 것이다. 1537년의 첫 번째 프랑스 방문 기간 동안 벤베누토 첼리니(Benvenuto Cellini)는 훌륭하게 조각된 프랑수아 1세의 초상메달을 제작했다(그림 16, 17). 첼리니 메달의 앞면에는 월계수 화관을 쓰고 붓꽃 장식의 홀을 쥐고 있는 고전적 형태의 프랑수아 1세의 모습이 '프랑수아 1세, 프랑스의 왕'이라는 문구와 함께 묘사되어 있다. 뒷면은 거의 근육질 몸매에 알몸에 가까운 모습으로 표현된 한 기사가 앞발을 들고 서 있는 말에 올라타 곤봉을 휘두르고 있는 장면을 보여준다. 그의 말발굽 아래에는 벌거벗은 한 여인이 누워 있다. 또한 뒷면에는 운명(Fortune)의 상징인 방향타와 구가 말 뒤편 바닥에 나뒹구는 모습이 "덕은 운을 무찌른다"(Fortunam virtute devicit)라는 글귀와 함께 나타난다.[75] 여기에서도 다시 한 번 우리는 메달의 앞면에서는 로마의 영웅적 지위에 대한 갈망을, 뒷면에서는 도덕적 승리에 대한 고전적 영감을 느낄 수 있다.

의식적으로 고안되었다고 간주될 수 있는 몇몇 특징에도 불구하고, 첼리니 메달은 우리가 이 장에서 검토하고 있는 패턴에 맞춰 유통되었다. 티치아노(Tiziano Vecellio)는 1538년 제작한 프랑수아 초상화의 모델로 이 메달의 앞면에 나타난 측면 윤곽 초상을 이용했다(그림 18). 이 그림은 피에트로 아레티노(Pietro Aretino)가 프랑스 왕에게 바친 호사스러운 개인적 선물이었다. 결코 프랑스를 방문한 적이 없었기 때문에 티치아노는

미지를 조작하고 있었을 때, '명예의 통화'의 수준은 그저 이기적인 고안물에 지나지 않는 것으로 추락하고 있었다. 하지만 설사 그렇다고 해도 그러한 관행이 15세기와 16세기의 보다 생명력 있는 거래에서 유래한 것이라는 점에는 변함이 없다.

75 Cox-Rearick, *The Collection of Francis I*, pp. 14~16.

1538년의 실제 경험으로부터 이 그림을 제작할 수 없었다. 그러므로 이 메달은 왕의 모습과 권력이 어떠했는가와 관련해서 받아들여질 수 있고 또 인식될 수 있는 한 '유형'(type)을 제공한다. 게다가 이러한 권력의 이미지를 보다 높은 차원으로 고양하기 위해 티치아노는 프랑수아의 목 주위에 그의 개인적 수도회였던 성 미카엘 수도회(the Order of St Michael)의 기장을 추가해 넣었다.[76]

아마도 아레티노는 첼리니의 프랑수아 메달의 복사품을 소유하고 있었을 것이다. 또한 단지 티치아노에게 도움을 주기 위해 그가 누군가로부터 그것을 빌렸을 가능성도 있다. 하지만 어떤 경우라도 상황은 마찬가지다. 수중에 메달을 소유하고 또 그것을 앞뒤로 뒤집어 보면서 티치아노는 첼리니가 정교하게 조각한 말과 기사의 모습을 예찬할 수 있었을 것이기 때문이다. 그것은 바로 자신의 발 아래로 적을 굴복시키는 프랑수아의 이미지였다. 10년이 지난 후 뮐베르크(Mühlberg) 전투에서 승리한 후의 카를 5세의 기마 초상을 그리게 되었을 때, 티치아노는 자신의 친구이자 조언자인 아레티노가 실제로 그랬던 것처럼 바로 그 이미지로 되돌아올 터였다.[77]

VII

마지막으로 우리 연구의 핵심에 더 가까이 다가가기 위해, 이제 우리는 예술품의 아름다움과 정갈함 그리고 질서 속에 존재하는 문명화된 가치로 논의의 방향을 전환하고자 한다. 1980년 그린블랫은 바로 그것들을 통

76 이 그림과 그것의 역사적 부침에 관한 만족할 만한 논의로는 *ibid.*, pp. 248~51을 보라.

77 이 책의 제3장을 보라.

해 역사적으로 만들어진 자아(the historically fashioned self)라는 개념에 관한 선구적인 연구에 착수했더랬다. 그에 따르면, 자아는 그 자체로, 이전에도 이후에도 정신적인 측면에서 르네상스의 본질로 많이 해석된 하나의 인공물이었다.[78]

한스 홀바인(Hans Holbein)의 「대사들」(The Ambassadors)(그림 25)은 1533년 봄 런던에 체류 중이던 프랑수아 1세의 대사 장 드 댕트빌(Jean de Dinteville)을 그린 초상화다. 헨리 8세와 앤 불린(Anne Boleyn)의 비밀 결혼이 있었던 직후인 그해 2월 초, 댕트빌은 헨리의 궁정에서 프랑스 주재 대사로서의 업무를 수행하고 있었다.[79] 새로운 프랑스의 대사가 영국에 주재했다는 사실은 중요한 정치적 의미를 지니는 일이었다. 왜냐하면 그것이 헨리의 이혼을 어느 정도 인정하고 또 그럼으로써 발루아 가문의 왕이 합스부르크가 아닌 영국의 이해관계에 동조하고 있음을 의미하는 것이었기 때문이다.

설령 런던국립미술관에 소장되어 있고 또 영국 왕이 고용한 독일 미술가의 손으로 제작된 작품이라고 해도, 「대사들」은 철저히 프랑스적인 그림이다. 곧 논의하겠지만 프랑스의 대사는 자신의 국제적 지위를 확고히 다지기 위해 이 그림의 제작을 의뢰했으며, 댕트빌이 1533년 11월 프랑스로 돌아왔을 때 이 그림 역시 영국을 떠나 결국 폴리시(Polisy)에 있는 그의 성에 걸리게 되었다.[80] 이 이중 초상화는 댕트빌과 함께 그의 친구 한 명을

78 지금 여기에서 핵심적인 문제는, 예술사적 탐구나 그와 유사한 어떤 목적을 위해서가 아니라 덜 친숙한 자료와 방법론을 활용해 우리가 대답하기 시작한 문제들을 더욱 도발적으로 검토하기 위해, 익숙한 유형의 고급문화에 대한 중요한 분석 방법을 이용하는 것이다. 따라서 우리는 홀바인의 「대사들」에 대해 논의한 상당히 전문적인 문학적 연구의 가치와 내용을 인정하면서도 그것에 의존하지는 않는다.

79 James Gairdner, ed., *Letters and Papers, foreign and domestic, of the reign of Henry VIII*, London, 1880, vi [1531-32]. #110. 주재 대사에 대해서는 K. Hamilton and R. Langhorne, *The Practice of Diplomacy: Its Evolution, Theory and Administration*, London, 1995, chap. 2를 보라.

80 프랑수아는 1533년 9월 6일 댕트빌의 귀환을 허락했고(*Letters and Papers*, vi,

그림 25 한스 홀바인, 「대사들」, 1533, oil on canvas. National Gallery, London.

같이 그리고 있는데, 그가 바로 은밀한 사절의 임무를 맡고 프랑스 왕에 의해 파견되어 4월과 5월 잠시 영국에 체류했던 방문특사 조르주 드 셀브(Georges de Selve)였다. 그는 헨리의 결혼이 공식 발표되기 직전 영국에 도착해 5~6월에 거행된 앤의 성대한 대관식 전에 그곳을 떠났다.[81]

헨리는 바젤 출신의 독일인 홀바인을 기술자, 여러 목적의 설계자, 그리고 화가로서 자신의 궁정에 고용하고 있었다. 궁정 밖의 런던에서 홀바인이 그린 대부분의 초상화는 그 도시에 거주하던 독일 상인들이 주문한 것이었다. 두 인물이 서 있는 바닥장식을 통해 확인할 수 있는 것처럼 이 특별한 그림의 배경이 된 곳은 웨스트민스터 사원의 성당이다. 바로 그곳에서 아주 화려한 의식을 통해 앤 불린의 대관식이 거행되었다.[82]

#1086), 그는 11월 18일 영국을 떠났다(*Letters and Papers*, vi, #1435, 1445, 1481/10).

81 조르주 드 셀브는 5월 23일 이전에 영국을 떠났고, 앤은 1533년 6월 1일 웨스트민스터에서 여왕의 관을 받았다.

82 Eric W. Ives, "The Queen and the Painters: Anne Boleyn, Holbein and Tudor Royal Portraits", *Apollo*, July 1994, p. 39. 우리는 이 논문에 직접적으로 주목할 수 있도록 조언해준 글렌 리처드슨(Glen Richardson)에게 감사의 뜻을 전한다. 베

이 그림이 제작되는 동안에 영국과 프랑스 사이에서는 활발한 외교 활동이 벌어졌다. 당시 앤은 임신 중이었고, 헨리 8세는 그녀를 합법적인 배우자로 인정하는 것을 미룰 경우 앤의 배 속에 있는 자신의 아들이 서자로 태어날지도 모를 위험을 피하려 했다. 그러는 동안 프랑수아 1세는 자신이 메디치 출신의 교황 클레멘스 7세와 이혼과 재혼의 문제를 순조롭게 처리할 때까지 결혼 사실을 공표하지 말도록 헨리를 설득하려고 시도했다.[83] 한편 장 드 댕트빌의 형제였던 오세르(Auxerre)의 주교 프랑수아는 당시 프랑수아 1세의 로마 대사였다. 대관식이 거행되기 일주일 전, 장은 분명치 않은 경고의 말로 프랑스가 교황과 함께 이 문제에 개입할 필요

네치아를 제외한 유일한 주요 외국 권력으로서 장 드 댕트빌은 프랑스 왕을 대신하여 행진과 의식 그리고 과도하게 사치스러운 장관을 연출하는 데 기여하면서 앤의 대관식에서 중요한 역할을 담당했다. E. W. Ives, *Anne Boleyn*, Oxford, 1986, p. 22를 보라. 여기에서 아이브스는, "대관 행렬을 선도한 사람은 새로운 프랑스 대사의 12명의 하인이었다. 새 대사는 장 드 댕트빌, 프랑수아 1세의 고관이었다. 그들은 노란색과 푸른색 소매가 달린 [프랑스의 색인] 푸른 벨벳을 입고 있었고 그들의 모자에는 하얀 깃털이 달려 있었다. 한편 그들의 말에는 하얀 십자 기호들이 뿌려진 푸른색 견직물로 제작된 장식이 달려 있었다. 12월 프랑수아는 이를 위해 대사가 지출했던 비용에 대해 500황금 에쿠[100파운드]를 변상했다"고 적는다. 프랑스 왕이 앤의 대관을 인정했다는 점은 헨리에게 상당한 정치적 중요성을 지니는 일이었다. 하지만 우리는 이와 달리 헨리의 신민들의 태도가 이와는 전적으로 달랐다는 점 또한 기억해야 한다. 합스부르크의 시각에서 왕의 이혼과 재혼을 면밀히 바라보았던 카를 5세의 대사 차푸이스(Chapuys)의 기록에 따르면, 캔터베리 대주교 그리고 대관 행렬을 이끄는 동안의 댕트빌과 그의 수행원들(*Letters and Papers*, vi, #584)은 군중의 야유와 모욕을 받았다(#585).

83 5월 23일 프랑수아 1세에게 보낸 편지에서 댕트빌은, 캔터베리의 대주교가 뒤이은 3일 안에 헨리와 앤의 결혼이 적법하다는 점을 공표하게 될 것이라고 보고했다. 댕트빌은 교황과 프랑스 왕이 만날 때까지 이를 연기할 것을 요구했다. 하지만 헨리는 대관식을 성신강림절(Whitsuntide)에 거행하기로 했으므로 단호하게 적법성 선포가 이루어져야 한다고 했으며, 만약 아기가 남자라면 자신의 유일한 후계자가 될 것이라고 주장했다(*Letters and Papers*, v, #524). 남자라면 프랑스 왕이 그 아이의 대부가 될 것이었다(Mary F. S. Hervey, *Holbein's Ambassadors, The Picture and the Men: An Historical Study*, London, 1900, p. 94). 댕트빌은 성수반에서 아기를 잡고 있을 것이었다(State Papers, vi, #1076, #1135).

가 있다는 내용의 편지를 프랑수아에게 보냈다. 애매모호한 문구로 썼다는 점에서 이 편지는, 편지가 가로채일 수도 있다는 점을 그가 예상하고 있었음을 분명히 보여준다. 런던에서의 상황이 절정에 다다르고 있었다.[84] 이 편지에서 그는 다음과 같은 이야기를 덧붙이며 자신의 마음 상태를 전했다.

> 이 나라는, 내가 6개월간의 임기가 만료되는 7월 22일을 기다리는 동안, 나를 불쾌하게 만들기 시작했네. 나는 내가 정해진 임기 이상 이곳에 머무르지 않게 될 것이라고 지부장(Grand Master)으로부터 약속을 받았네. 이제 나는 그가 그 약속을 지켜주기를 신께 기도하고 있네. 나는 지금 치료에 많은 시간이 요구되는 삼일열로 고생하고 있다네. 제발 나를 위해 나의 소환에 관해 파리에 있는 그와 이야기를 나누어주게. 내가 자네에게 말하려는 바는, 나야말로 지금껏 존재했던 가장 심각한 우울증에 빠진 고통받고 지쳐 있는 대사라는 점이네.[85]

홀바인의 그림에 나타난 두 해골은 분명히 의뢰인과 이 초상화의 모델들의 음울한 감정 상태를 뚜렷이 반영하고 있다.[86]

---

84 앞에서 언급한 보다 명백한 대사의 업무와 관련되어 프랑수아 1세에게 보낸 5월 23일자 편지. 실제 헨리의 결혼이 적법하다는 공표는 바로 그날, 아마도 댕트빌의 전령이 그의 편지를 가지고 떠난 후에 이루어졌을 것이다. 이것은 아마도 곧 있을 결정이 로마에서 이루어지고 있던 프랑스 주도의 중재 협상에 심각한 손상을 끼칠 것이라는 점을 댕트빌이 알고 있었기 때문이다. 그래서 그는 그곳에서 왕가의 이혼과 관련된 문제를 클레멘스 7세와 협상하기 위한 누군가를 찾아야 한다고 그의 아우에게 넌지시 알렸다. R. J. Knecht, *Renaissance Warrior and Patron: The Reign of Francis I*, Cambridge, 1994, p. 299.

85 Hervey, *Holbein's Ambassadors*, p. 80.

86 또 다른 편지에서, 다시 한 번 소환을 간청하며 댕트빌은 다음과 같이 적었다. "내가 이곳에 더 이상 머무른다면, 내 살과 뼈를 이곳에 묻게 될 수도 있다고 나는 크게 걱정하고 있네. 이곳에 머물던 전체 시간 동안 나는 오직 일주일 동안만 건강할 수 있었네"(Hervey, *Holbein's Ambassadors*, p. 90). 상징적인 의미에 쉽게 다가갈

그림 26 탁자 위의 대상들을 보여주는 「대사들」(그림 25)의 세부묘사.

그림 속 댕트빌은 탁자에 기대서 있다. 그리고 그가 서 있는 탁자의 아래 쪽 선반에는 세속 생활과 관련된 몇몇 사물들이 묘사되어 있는데, 영국에 파견된 프랑스 대사의 임무와 관련해 이 그림에 숨어 있는 몇몇 주제들은 분명 잘 짜인 계획에 맞추어 묘사된 바로 이 사물들 속에 형상화되어 있다(그림 26). 뚜렷이 잘려나간 현과 함께 짧게 단축된 형태로 그려진 류트는 심지어 깨져버린 조화 혹은 불화의 상징물로도 확인될 수 있다. 또한 댕트빌이 서 있는 쪽의 탁자 아래에는 이 류트의 케이스가 버려진 채 놓여 있다. 류트의 목 아래 부분에는 찬송가집이 펼쳐져 있고, 우리는 지금도

수 있기 때문에, 「대사들」에 관한 2차적인 문학작품에서는 그림에 나타난 두 해골이 허영(vanitas)의 상징적 표상 혹은 심지어 영광의 순간에도 죽음을 상기하는 겸손이라는 주제의 한 변형으로 광범위하게 설명되고 있다. 고도의 암호처럼 이 그림에 묘사된 다른 대상들은 상징적 통화를 잃어버린 채 실제적인 것으로 취급된다. 여기에서 우리의 관심을 끄는 것은, 이른바 실제적인 이 대상들이다.

이 책의 왼쪽 지면에서 독일어로 쓰인 루터의 "Kom Heiliger Geyst"(성령이여 오소서)라는 시작 구절과 테너 악보로 쓰인 "Mensch wiltu leben seliglich"(당신은 인간을 지복 속에 살게 할 것입니다)라는 가사를 판독할 수 있다. 그러므로 여기에 구체적으로 명기된 불화는 분명 교회 내의 불화를 뜻한다. 이것은 적절한 상징적 표현으로 보인다. 왜냐하면 잘 알려진 앤 불린의 종교개혁에 대한 공감에도 불구하고, 장 드 댕트빌과 그의 형제가 교황과 헨리 사이의 정치적 합의를 중재하는 일에 활발하게 개입했기 때문이다. 헨리 또한 교황청이 아라곤의 캐서린과의 이혼에 동의하기 전에 재혼함으로써 파문의 위험을 감수했다. 찬송가집 아래에는 가지런히 묶인 한 다발의 플루트가 비록 케이스에 담겨 있을지라도, 사용될 준비를 갖추고 류트 옆에 놓여 있다. 만약 임무를 성공적으로 완수하면 이것이 사용될 것이다.

이 아래 선반의 좌측에는 지구의와 측량용 직각자 사이로 펼쳐져 있는 독일어 부기책이 놓여 있으며, 한 쌍의 컴퍼스가 탁자 위에 놓인 지구의와 류트 사이에 펼쳐져 있다. 지구의에 나타난 표지들은 현세적 문제에서 발생한(terrestrial) 불화, 이 경우에는 영토적인(territorial) 불화를 지속적으로 보여준다.[87] 보는 사람의 시선으로부터 뒤집혀져 있어, 예를 들어 AFFRICA처럼 그 위에 적혀 있는 글씨의 위아래가 반대의 모습으로 지구의에 나타난다. 하지만 중요한 이름들이 보는 사람들이 읽을 수 있도록 쓰여 있어 여기에 나타난 유럽 내의 모든 지명을 온전히 판독할 수 있다. 또한 여기에는 장 드 댕트빌의 고향인 폴리시를 포함해서 그 밖의 많은 지명들이 추가되어 있다. 놀랍게도 이 지구의를 보는 사람들은 신세계에서 브라질이라는 지명(Brisilici R.)이 적혀 있는 것을 확인할 수 있다. 이것은

87 이 지구의의 재생산과, 이것에 표시된 장소와 다른 표지가 과연 어떤 점에서 그것이 모사했던 뉘렘베르크 지구의와 차이를 보이는지에 관한 자세한 논의로는 Hervey, *Holbein's Ambassadors*, pp. 210~18을 보라.

스페인과 포르투갈의 영역을 명확히 나누던 분할선, 즉 신세계의 동쪽을 포르투갈의 영역으로 그리고 그 외의 모든 서쪽 지역을 스페인의 영역으로 나누었던 1494년의 토르데실라스 조약(the 1494 Treaty of Tordesillas)에 의해 합의된 경계선을 보완하고 있다. 1529년 그와 유사한 또 다른 경계선이 사라고사 조약(The Treaty of Saragossa)에 따라 스페인과 포르투갈 사이에 합의되었다. 이 조약은 두 국가의 상인과 탐험가들 사이에 벌어진 오랜 기간의 경쟁적인 모험과 새로운 지역에 대한 지배권을 두고 벌어진 수많은 폭력적이고 피비린내 나는 경쟁을 거친 후 조인되었다. 그리고 결과적으로 이 조약을 통해 지구의의 반대편이 동등하게 분할되었고, 아울러 향료제도로 불리는 말루쿠(Molucass) 제도가 포르투갈에 할당되었다.[88] 홀바인이 정교하게 제작한 지구의는 경쟁 국가 사이의 상업적 이해관계 속에서 영토의 소유를 둘러싸고 발생했던 당시의 경쟁을 형상화하고 있다. 우리는 뒤에서 이 문제를 다시 검토할 것이다.

지구의 앞에는 독일의 천문학자 아피아누스(Peter Apian)가 쓴 산수책 『신(新) 기초 상인 산수 교습』(*Eyn Newe unnd wolgegründte underweysung aller Kauffmannss Rechnung*)이 놓여 있다. 손익을 가늠하기 위한 책들 그리고 항로와 무역권을 기록하기 위한 지도들은 모두 16세기 전반에 나타났던 시장의 팽창에 어울리는 물품들이었다. 지구의와 나란히 놓여 있는 상업 산수책은 스페인과 포르투갈 사이에서 이루어진 명백한 소유권 분할과 함께 16세기 초기에 상업적 기회를 둘러싸고 발전하던 동·서양의 권력, 특히 재정 문제에 개입하여 이를 중재하려던 권력의 모습을 함축하고 있다.[89]

88 말루쿠 제도를 두고 벌어진 포르투갈과 스페인의 갈등에 대해서는 B. L. de Argensola, *The Discovery and Conquest of the Molucco Islands*, London, 1708을 보라. 이와 함께 Jerry Brotton, *Trading Territories*, London, 1997, chap. 4 역시 참조하라.

89 제작의 토대가 되었던 상업적·영토적 문제를 둘러싸고 당시의 산수 교재가 얼마나 정확하게 구성되었는가에 대해서는 예를 들어 F. J. Swetz, *Capitalism and Arithmetic: The New Math of the 15th Century, Including the Full Text of the*

댕트빌과 셀브 사이에 있는 위쪽 선반에는 천구의와 과학적·천문학적 도구들, 그리고 덮여 있는 한 권의 책이 놓여 있다. 우리는 이 천구의 역시 확인할 수 있다. 당시 통용되던 최신의 천구의였던 이것은, 1532~33년 요하네스 쇠너(Johannes Schöner)가 제작한 것이었다. 과학 도구들은 홀바인이 초기에 그린 니콜라우스 크라처(Nicolaus Kratzer)의 초상화에도 나타난다. 아마도 홀바인은 크라처로부터 그것들을 빌려 「대사들」을 그리는 데 이용했을 것이다.[90] 위쪽 선반에 나타난 물체들은 탐험 및 팽창과 관련된 유형의 지식에 대한 열정적인 추구를 상징한다. 우리는 천문학, 달력, 시·공간에 대한 계산 등이 항해와 여행의 핵심적인 구성요소였다는 점에서 이를 확인할 수 있다.[91] 이 때문에 아래쪽 선반에 나타난 사물들이 지역적

Treviso Arithmetic of 1478 Translated by David Eugene Smith, La Salle, IL, 1987에 실린 1478년 *Treviso Arithmetic*의 번역본을 참조하라.

90 John D. North, "Nicolaus Kratzer—The King's astronomer", *Studia Copernicana XVI: Science and History: Studies in Honor of Edward Rosen, Warsaw,* 1978, p. 228을 보라. 노스는 실린더 다이얼(C)이 춘분점에 맞춰져 있고, 떠오르는 전갈좌의 기호와 함께 천구의가 아주 개략적으로 추분점에 맞춰져 있다고 주장한다. 미래의 여왕 엘리자베스는 추분이 지난 며칠 후인 1533년 9월 7일에 태어났다. 아이브스는 지구의와 나란히 있는 기둥 다이얼에 나타난 날짜가 1533년 4월 11일의 성 금요일(Good Friday)이라고 계산하고("The Queen and the Painters", p. 40), 이날이 바로 앤 불린에게 왕조적 영예가 완전히 부여된 날이었다고 믿는다. 하지만 최근의 X-레이 분석은, 홀바인이 첫 번째로 영국을 방문했던 5년 전에 그려진 기존의 그림에서 실제의 도구들이 전달되어, 그가 크라처의 초상화를 그렸던 바로 그해에 그 도구가 그림의 일부로 제작되었다는 점을 암시한다. 복원 중인 그림과 X-레이 투시도를 볼 수 있게 해준 수전 포이스터(Susan Foister)와 런던국립미술관에 커다란 감사의 뜻을 전한다.

91 허비와 그 외의 다른 연구자들은 「대사들」에서 확인할 수 있는 도구들이 크라처의 초상화에 나타난 것과 동일해 보인다고 지적한다. 크라처는 런던에 거주하던 독일 상인 공동체와 연관되어 있던 천문학자, 상인, 도구 제작자였다. "땅을 측량하고 지도를 제작하는 것에 대한 크라처의 관심은 문서로 잘 기록되어 있다. 그리고 그는 남부 독일 출신인데, 그곳은 1480년대 이래 상대적으로 정교한 지도의 생산 및 출판과 관련된 지역이었다. …… 모어(More)와 관련된 모임에서 그리고 왕[헨리 8세] 자신에게 지도의 유용성을 일깨워주었던 사람이 바로 크라처였을 것이다"(P. Barber, "England I: Pageantry, Defense, and Government: Maps at Court

이고 특수한 경쟁 관계를 보여주는 반면, 위쪽 선반의 대상들은 보다 세계적인 관심사를 함의한다고 볼 수 있다.

시각적인 차원에서 「대사들」의 중앙 부분에 위치한 위쪽 선반 위에는 보는 이들의 주의를 요구하는 도구들과 장치들이 배치되어 있다. 그것들은 하늘을 통제하고 시간과 공간에 관한 정확한 지식을 얻기 위한, 그리고 지구를 항해하고 지리적 발견물들을 지도상에 표시하고 기록하기 위한 것들이다.[92] 우리는 여기에서 영향력 있는 한 사회인류학적 연구에 주목하고자 한다. 그에 따르면, 많은 문화 속에서 은밀한 지식과 그것이 한 사회 내에서 엘리트 계층에게 부여하는 통제권은 지리적으로 먼 곳으로의 여행, 거리감, 경험 등과 밀접하게 연결된다.

> 직접적이든지 아니면 어느 정도는 추론에 의한 것이든지 간에, 지리적으로 멀리 떨어진 공간과 그곳의 사람들 그리고 그곳에서의 경험들은 본질적으로 초자연적이거나 우주론적 맥락에서 인지된다. 그러고 나서 지리적으로 멀리 떨어진 공간과 그곳의 사람들 그리고 그곳에서의 경험들에 대한 지식 혹은 그들에 대한 이해는, 정확히 미스터리를 다루는 정치적-종교적 전문가의 영역에 해당하게 된다. 직접적으로 얻었든 간접적으로 얻었든 간에 지리적으로 먼 현상에 대한 지식이, 이 전통적인 전문가들이 통제하는 비밀스러운 지식의 한 부분을 구성한다고 생각될 수 있다. 이것은 심지어 신성한 것들에 대한 수직적 혹은 다른 차원에서의 비교(秘教)적 지식이 그들의 영역에 속하는 것과 마찬가지다. 약간 달리 표현하자면, 지리적으로 먼 곳에

---

to 1550", in D. Buisseret, ed., *Monarchs Ministers and Maps: The Emergence of Cartography as a Tool of Government in Early Modern England*, Chicago, 1992, p. 29).

92 도구들은 정확히 두 모델의 시선과 그들이 주도면밀하게 자세를 취하고 있는 손 사이, 즉 댕트빌의 좌측과 셀브의 우측에 배치되어 있다. 그들이 늘어뜨린 손은 아래 선반의 세속적인 물체들로 우리의 시선을 이끈다.

서 벌어지는 현상에 친숙할 수 있거나 또 그럴 수 있으리라고 기대되는 소수의 일부 선택된 사람들만이, 비록 언제나 동일한 규모는 아닐지라도, 일반적으로 정치적-종교적 전문가나 엘리트에게 부여되는 것과 동일한 특권과 경외의 후광을 얻을 수 있다. 사실 그토록 멀리 떨어진 곳의 현상을 직접 경험한 사람들은 그 자체로 정치적-종교적 전문가나 엘리트 혹은 그들의 대리인이 될 수 있고, 만약 사회의 다른 영역에서 출현했다면 그들에게는 그에 필적할 만한 명예가 부여될 수 있다. 설사 분명 낯선 경험의 본질과 맥락에 따라 그러한 보상이 다양할지라도, 이 점은 분명하다.[93]

대사들은 다른 누구보다 엘리트 여행가들이다. 댕트빌은 비밀스러운 지식을 소유한 여행가-학자였으며, 그가 소유한 이 지식이 그에게 일상의 문제를 넘어서는 보다 큰 권력을 부여했다. 그리고 이 같은 그의 지위는 그가 목에 걸고 있는 성 미카엘 훈장에서 상징적으로 간명하게 나타난다.[94] 이 단일한 명예가 한번 주어지면, 그것의 수혜자는 언제나 그것을 착용하도록 요구받았다. 하지만 특별한 상황에서, 수혜자는 대천사 성 미카엘의 이미지가 달려 있는 새조가비들을 정교하게 연결하여 세공한 줄, 즉 정교하고 무거운 대 수장(首章)을 착용하지 않을 수도 있었다. 예를 들어,

무기를 소지하고 있을 때, 성 미카엘의 이미지가 단순히 가는 황금 줄이나

93 Mary W. Helms, *Ulysses' Sail: An Ethnographic Odyssey of Power, Knowledge, and Geographical Distance*, Princeton, 1988, p. 5.

94 성 미카엘 훈장은 프랑스 판 가터 훈장이었다. 비록 모든 이들이 왕의 선물로 주어지는 이 영예를 원했지만, 그 수혜자는 한 번에 36명으로 제한되었다. 프랑수아 1세는 1532년 10월 칼레 조약의 조인과 관련된 의식의 일부로, 이것을 노퍽과 서퍽의 공작에게 수여했다. 당대의 기록은 프랑스인이 아닌 다른 이가 이 영예를 얻은 것에 대해 많은 사람들이 놀라워했다고 증언하고 있다. 노퍽과 서퍽의 공작은 프랑스의 대사와 함께 1533년 5~6월 앤 불린의 대관식에서 중요한 역할을 담당했다. 이는 두 번째 결혼에 대한 프랑스 왕의 동의와 협조를 상징적으로 확인해주는 것이라고 할 수 있다.

> 비단 레이스에 달려 있을 때에는, 비록 그가 원하더라도 대 수장을 착용하지 말아야 한다. 그리고 이와 유사하게 왕이나 그 훈장을 수여받은 기사가 여행을 할 경우, 혹은 자신의 사저에 있을 때, 혹은 사냥할 때, 혹은 지위 높은 사람들끼리의 회합이나 모임이 아닌 다른 경우에는, 지적한 것처럼 단지 훈장의 표지만을 착용하도록 요구받는다.[95]

댕트빌은 지위 높은 다른 사람과 함께 완전히 공적인 모습으로 재현되어 있다. 이러한 이들에게 허용된 것처럼 그는 가는 황금 줄 위에 훈장을 착용하고 있다. 왜냐하면 외국 땅을 여행하는 사람으로서 댕트빌은 이동 중이었기 때문이다. 홀바인이 의도한 회화적 계획 속에서 천문 연구, 항해, 그리고 여행을 위한 도구들은 댕트빌이 지니고 있던 지식의 정도 그리고 대사로서의 그의 특권과 권력을 암호화하여 표현하고 있다.[96]

이와 동시에 성 미카엘 훈장은 댕트빌 스스로 자신이 속해 있다고 선전하는 국제적인 공동체에 잠재된 약간의 편협성을 우리에게 상기시킨다. 이 훈장이 프랑수아 1세의 개인적 선호도의 표시였기 때문이다. 프랑수아 1세는 티치아노의 위대한 그림에서 바로 이것을 통해 자기 자신이 묘사되도록 만들었다. 티치아노는 카를 5세를 그린 직립 초상화에서 황금양털훈장을 착용한 황제의 모습을 눈에 두드러지게 표현한 바 있다. 그렇다면 아마도 프랑수아가 성 미카엘 훈장을 카를의 이 훈장에 비견할 만한 것으로

---

95 Hervey, *Holbein's Ambassadors*, p. 208.

96 헬름스(Helms)는 "많은" 문화에서 일반화된 리더십 능력의 형상적 재현으로 여행가를 이용한다고, 달리 말해 다른 낯선 곳에 대한 비밀스러운 지식이 곧 권력을 의미하게 된다고 지적한다(p. 152). 홀바인은 식민적 타자를 억압하는 중심적 인물이라기보다 전형적인 대사의 모습으로 댕트빌을 보여준다. 외교적 틀과 문제라는 지평 위에서 「대사들」이 현대적 국제 관계와 어떻게 관련을 맺고 있는가에 주목하여 그것을 해석한 연구로는 Costas Constantinou, "Diplomatic Representations …… or Who Framed the Ambassadors?", *Millennium: Journal of International Studies* 23, 1994, pp. 1~23을 보라.

생각했을지도 모른다. 하지만 설령 그렇다 해도, 권력이라는 의미에서 그것은 합스부르크 황제의 개인적 선호의 표시인 그 훈장에 필적할 수는 없었다. 그러므로 이것은, 프랑스와 영국이 상대적으로 미약한 역할을 담당하던 시기에, 특히 프랑스적인 명예의 이미지를 듬뿍 담고 있던 상징이었다.

VIII

홀바인의 「대사들」을 '읽을' 때 우리는 몇 가지 어려움에 봉착하게 된다. 무엇보다 이 그림이 당시 프랑스의 제국주의적 권력과 관련된 작품이기 때문이다. 그리고 이로 인해 댕트빌이 의도한 회화적 기획 속에는 당시의 외교적 사고 내에서 무엇인가를 바라는 듯한 요소들이 포함되어 있다. 이것이 바로 지금 우리가 주장하려는 점이다. 이를 보다 자세히 설명하기 위해 우리는 아래쪽 선반 위에 재현된 사물들, 그 가운데 특히 지구의에 주목하고자 한다.

홀바인이 정확하게 윤곽을 그린 지구의는 1526년경 남부 독일에서 제작된 현존 인쇄 지구의(그림 27)를 모사한 것이다. 아마도 이 지구의는 1520~30년대 유럽 인쇄 지구본 산업의 고향이었던 뉘렘베르크에서 제작되었을 가능성이 매우 높다.[97] 「대사들의 지구의」로 알려진 이 지구의는

97 뉘렘베르크는 지리학자 쇠너의 고향이었다. 그는 1520년대 말 인쇄 지구의의 생산과 종이에 인쇄되고 단단한 나무공에 설치된 삼각 목판의 생산을 거의 독점하고 있었다. 초기의 해석에 따르면, 이른바 「대사의 지구의」 제작의 직접적인 책임자가 바로 쇠너였다(Herbey를 보라). 하지만 지도 제작에 관해 연구하는 보다 최근의 역사가들은 이 주장에 문제를 제기하고 있다. 이에 대해서는 Rodney Shirley, *The Mapping of the World: Early Printed Maps, 1472-1700*, London, 1983; Peter van der Krogt, *Globi Neerlandici: The Production of Globes in the Low Countries*, Utrecht, 1993을 보라. 하지만 크라처에게서 빌린 도구들과 쇠너가 제작한 천구의를 재생산하고 있다는 분명한 사실로 미루어 볼 때, 「대사들」이 학문과 과학 그리고 탐사의 측면에서 남부 독일로부터 영향을 받았다는 점은 분명하다.

그림 27 「대사들의 지구의」, 1526년경, Beinecke Rare Book and Manuscript Library, Yale University, New Haven, CT.

1522년 마젤란이 자신의 항해에서 채택했던 항해 경로를 지도 제작에 재현한 가장 초기의 작품이었다.[98] 마젤란의 항해는 지리적·상업적 차원에서 아주 커다란 영향을 끼쳤던 사건이었으며, 지도 제작 분야에서도 그것이 끼친 영향은 결코 작지 않았다. 1494년 토르데실라스 조약의 경우에서처럼 스페인과 포르투갈의 국왕들이 생각했던 해외 항해와 관련된 초기의 개념들은 그저 평면 지도에 나타난 표면 위를 가로질러 항해하는 것에 지나지 않았다. 이와 달리 마젤란의 항해는 지구의가 지니는 정치적 지배력을 신속하게 이끌어냈고, 그것을 재현한 지구의는 정치권력을 외부에 선전하고 영토 분쟁과 관련된 문제를 협상하기 위한 대상이 되었다.[99]

마젤란 항해의 여파로 벌어진 영토적 소유를 둘러싼 경쟁으로 말미암아 비록 이름뿐이고 비현실적이었을지라도, 결과적으로 1520년대에는 세계적

98 R. A. Skelton, ed., *Magellan's Voyage: A Narrative Account of the First Circumnavigation*, New York, 1969, pp. 30~31.

99 1520년대에 줄곧 지속되었던 말루쿠 제도의 소유를 둘러싼 경쟁으로 인해 외교적 협상이 계속되었고, 이는 주로 평면 지도보다 지구의에 의존하면서 이루어졌다. 이에 대해서는 Jerry Brotton, "Terrestrial Globalism: Mapping the Globe in Early Modern Europe", in Denis Cosgrove, ed., *Mappings*, London, 1999, pp. 71~89를 보라.

차원에서의 괄목할 만한 지리정치학의 발전이 이루어졌다. 하지만 프랑스의 궁정은 마젤란의 항해를 둘러싼 사건들 속에서 그 주변부에 머물러 있었다. 탐험을 재정적으로 뒷받침한 것은 주로 포르투갈로부터 벗어나 원거리 상업의 주도권을 장악하려고 열망했던 카를 5세와 그의 후원자였던 푸거 가문(the Fuggers)이었다. 마젤란은 남아메리카를 경유하여 서진하면 말루쿠 제도에 도달할 수 있으리라고 예상했으며, 이 향료제도가 토르데실라스 조약의 협정 아래 명기되었던 것처럼 기존 세계에서 스페인이 차지하던 절반의 영역 내에 자리하고 있다고 생각했다. 항해를 시작하기 전인 1519년, 마젤란은 지구의를 이용하여 카를 5세에게 자신의 대담한 계획을 개략적으로 설명했다. 또한 살아남은 마젤란의 선원들이 귀환한 후 몇 달이 지나서 카를은 마젤란의 항해를 표시한 지구의를 선물로 받았다.[100]

홀바인이 「대사들」을 그린 지 정확히 2년 후인 1535년, 카를은 젬마 프리지우스(Gemma Frisius)의 지구의 제작을 후원했다. 그 지구의에는 합스부르크 가문의 기장인 제국의 독수리가 그해 여름 황제에게 함락된 도시 튀니스(Tunis)의 상공을 마치 허세를 부리듯이 날고 있는 모습으로 표현되어 있다.[101] 16세기 초 지구의가 형태를 갖추기 시작하자, 포르투갈 및 오스만 제국과의 경쟁에서 성공을 거둔 합스부르크 제국은 자신의 영토를 뚜렷이 명기하고 그것에 이름을 붙임으로써 3차원적으로 세계를 재현한 지구의라는 이 인공물 위에 제국의 흔적을 남겼다. 여러 지구의들과 그것들에 나타난 표지들이 매우 비슷하기 때문에, 비록 지금의 우리에게는 침묵하고 있지만, 홀바인의 그림에 나타난 지구의는 해외 모험과 세계를 표현하려는 지도 제작과 관련된 사안에서 합스부르크가 차지했던 우월성을

---

100 1523년 1월 카를의 조언가 가운데 한 사람은, 자신이 "전체적인 항해가 그려져 있는 지구의"를 교황에게 선물했다고 언급했다(Carlos Quirino, ed., *First Voyage Around the World by Antonio Pigafetta*, Manila, 1969, p. 43).

101 Robert Haardt, "The Globe of Gemma Frisius", *Imago Mundi* 9, 1952, pp. 109~10.

잘 보여준다.

의미심장하게도 그림 속의 지구의에는 1529년의 사라고사 조약으로 카를 5세와 포르투갈의 동 주앙 3세(John III) 사이에서 합의된 바대로 토르데실라스 조약에 의해 만들어진 분할선이 지구의의 우측으로 확장되지 않았다. 프랑스 국왕의 신하로서 댕트빌은 아마도, 비록 수동적이나마, 제국적 권력을 둘러싸고 프랑스와 가장 가까이에서 경쟁하던 두 국가가 주장하던 세계적 권위를 수용할 수 없었을 것이다. 비슷한 이유에서 홀바인의 지구의는, 그것의 모델이었던 「대사들의 지구의」가 그 표면에 합스부르크 가문이 후원했던 탐험을 생생하게 재현했음에도 불구하고, 마젤란의 항해 경로를 담지 않았다. 편협하게도 그 대신 홀바인의 지구의에는 댕트빌의 고향 폴리시가 표시되어 있다.

그림 속의 지구의는 반대로 돌려져 있다. 그리고 이 때문에 주의 깊게 표시된 브라질 지역 또한 그곳에서 확인할 수 있다. 프랑스는 1450년대부터 공식적으로 인정되고 있던 포르투갈의 아프리카 상업 활동에 개입하기 시작했다. 그리고 이미 이때부터 프랑스와 포르투갈 사이의 대륙 간 상업 경쟁이 시작되었다. 1520년대에 이르러 이 갈등은 조반니 다 베라차노(Giovanni da Verrazzano)의 항해의 결과로 더욱 악화되었다.[102] 마젤란의 탐험대가 귀환한 후인 1522년 프랑스 왕실의 허가를 받은 베라차노는 북아메리카의 해안선을 따라 남하하여 항해했으며, 결국 그는 태평양으로 가는 경로를 발견했다고 주장했다. 1528년 그는 북아메리카 지역으로 돌아왔고, 1529년 3월 실종될 때까지 브라질 해안을 따라 무역 활동을 했다. 여러 다른 문제로 시달리고 있던 포르투갈 궁정에, 베라차노와 관련된 프랑스의 여러 주장들은 잠재적인 위험을 담고 있는 것이었다. 마젤란 항해의 결과로 합스부르크 가문에서 말루쿠 제도에 대한 소유권을 주장하

---

102 Lawrence Worth, ed., *The Voyages of Giovanni da Verrazzano*, New Haven, 1970.

면서 이미 수세적 입장에 처하게 되었던 포르투갈 궁정은, 이제 신대륙 특히 브라질에 대한 프랑스의 영토권 주장에 대해서도 역시 무언가 응답을 내놓아야 할 처지에 놓이게 되었던 것이다. 그 지역에서 상업 거점을 건설하려던 프랑스의 계속된 시도로 인해 결국 1527년 바이아(Bahia) 지역에서 브르타뉴 상인들이 학살되는 사건이 발생했고, 이에 대해 프랑스 정부는 프랑스 그리고 암묵적으로는 플랑드르의 항구에서 포르투갈 상선을 봉쇄하는 방식으로 대응했다.[103]

홀바인이 「대사들」을 그릴 무렵, 프랑수아는 세계를 단순히 카스티야와 포르투갈 사이의 둘로 나누었던 1493년의 교황칙서를 새롭게 해석하도록 교황 클레멘스 7세를 설득했고, 이로 인해 프랑스와 포르투갈 사이의 경쟁관계는 특히 민감한 단계에 접어들었다. 1533년 10월 클레멘스는 과거 교황이 내렸던 교서가 "기존의 알려진 대륙에 한정된 것이었으며, 이후 다른 이들에 의해 발견된 영토에 관한 것은 아니다"라는 점을 공표했다.[104] 이것은 교황의 축복과 함께 프랑수아가 신대륙에 대한 영토권을 주장할 수 있게 되었다는 것을 의미했다. 그러므로 홀바인의 지구의에서 브라질이 강조된 것은 우연이 아니다. 프랑스와 비교할 때, 포르투갈과 합스부르크의 신대륙에 대한 주장은 훨씬 더 권위 있고 설득력 있는 것이었다. 홀바인의 지구의에 표현된 브라질은 이러한 두 경쟁국에 맞서 절실하게 강조된 것이었다. 그리고 그것은 앞으로 전개될 신대륙에서의 프랑스의 제국주의적 팽창이라는 낙관적 주장을 공표하고 있다. 이 점에서 지구의의 출현은 회화에 나타난 세계적 열망과 그것이 구성하는 제국주의적 권력의 지평을 정확히 보여준다.

---

103 Knecht, *Francis I*, pp. 332~33을 보라.

104 *Ibid.*, p. 333.

IX

우리는 「대사들」의 중앙 부분이 엘리트 계층, 비밀스러운 지식, 그리고 권력이 서로 동등한 것이라는 점을 계속해서 확인해주는 허구적인 재현이라고 생각한다. 하지만 만약 이 그림이 장 드 댕트빌이 프랑스 왕과 영국 왕 사이에서 활동하던 일종의 외교 협상을 조심스럽게 표현한 것이라면, 그리고 이 외교 협상이 다른 제국의 힘이 강대해지는 것을 막기 위해 그에 의해 조금씩 계획된 것이라면, 그가 살던 시대의 미학적 문화 자체를 제국주의적(imperialist)이라고 부르는 것이 타당하지 않겠는가? 홀바인과 그의 그림 속 모델들에게 실제로 제국은 핵심적인 주제였다. 하지만 우리는 이 그림에서 그리고 영국과 프랑스의 문화에서 제국이라는 주제가 어떤 '문제'(problem)로 나타나고 있다는 점을 제시하고자 한다. 즉 이 작품의 전체적인 구성이 권력의 부재라는 문제를 중심으로 이루어지고 있다는 점이다. 달리 말하자면 이 그림 자체는 제국주의적이라고 할 수 없다. 오히려 이것은 자신은 가지고 있지 못하지만 다른 이가 소유한 제국주의적 패권에 대한 하나의 반향이다.[105]

1532년 말과 1533년 초에 프랑수아 1세와 그의 대사들이 협상했던 문제는 합스부르크 황제 카를 5세의 권력이 점차 증대되어가는 것과 관련되어 있었다. 프랑수아가 헨리의 이혼에 관여하고 앤의 대관식에 참석했던 것은 반(反)합스부르크 연대의 일환으로서 영국의 공고한 지원을 얻으려던 프랑스의 열망과 밀접하게 연결되어 있었다. 카를은 친조부였던 막시밀리

---

105 이 이중 초상화는 댕트빌의 업무가 지니고 있던 협상적 성격에 완전히 초점을 맞추고 있다. 셀브의 초상화는 댕트빌보다 그 세밀함이 덜하다. 우리는 실제로 셀브가 여기에 나타나지 않은 장의 형제, 즉 당시 진행 중이던 다른 협상의 파트너를 재현하고 있을 가능성도 생각해볼 수 있다. 폴리시의 댕트빌 성에 「대사들」과 나란히 걸려 있는 그림에는 두 형제가 재현되어 있다(Constantinou, "Diplomatic Representations").

안(Maximilian)으로부터 오스트리아 제국과 부르고뉴의 영토를, 그리고 외조부모인 아라곤의 페르디난드(Ferdinand of Aragon)와 카스티야의 이사벨라(Isabella of Castile)로부터 나폴리, 시칠리아, 사르데냐를 포함한 스페인의 영토를 상속받았다. 1519년 6월 독일의 선제후들은 카를을 신성로마제국의 황제로 선출했다. 실제 뇌물을 통해 이루어진 이 선거에 자금을 제공한 이는 푸거의 은행가들이었고, 그 결과 한 명의 군주 손에 예기치 못한 많은 영토가 집중되었다.[106] 1519년에서 1559년에 이르기까지 프랑수아 1세는 협상과 외교를 통해 끊임없이 카를 제국의 팽창주의적 경향에 맞선 국제적 동맹을 결성하려고 노력했다. 능력이 닿는 데까지 최대한 가톨릭을 지원할 것이라는 카를의 서약으로 인해 결국 이러한 프랑수아의 노력은 북방의 종교개혁가들, 특히 중립적인 독일의 여러 공국들과 영국에 손을 내미는 것을 의미했다. 또한 그것은 카를의 영역 밖에 있던 다른 두 권력, 즉 교황청과 대(大) 술레이만의 오스만 제국과 우호적인 관계를 촉진하는 것을 의미하기도 했다.[107]

「대사들」에는 테이블의 위쪽 선반을 덮고 있는 카펫이 등장한다. 댕트빌과 셀브가 제각각 그 위에 팔을 걸쳐 올려놓은 이 오스만 카펫은 아마도 둘이 공모하고 있는 정치적 계략을 표현한 것으로 보인다. 그림 속 오스만 카펫의 등장은 1530년대에 고려될 수 있던 유일한 다른 제국이 튀르크 제국이었다는 점을 상기시킨다.[108] 1529년경 오스만 제국은 튀니스에서 보

106 Eugene Rice Jr. and A. Grafton, *The Foundations of Early Modern Europe, 1460-1559*, second edn., New York, 1994, p. 125.

107 비록 프랑스가 1535년이 되어서야 오스만 제국과 공식적인 동맹을 맺게 되지만, 우리가 관심을 가지고 있는 시기 동안 프랑스의 특별 대사 안토니오 링콘은 이스탄불에서 술레이만과 그리고 베네치아에서는 그의 통역가 유누스 벡과 외교 협상을 벌이고 있었다. Knecht, *Renaissance Warrior and Patron*, pp. 295~305를 보라. 링콘의 활동을 자세히 이해하기 위해서는 Setton, *The Papacy and the Levant*, chap. III를 참조하라.

108 홀바인의 세밀한 재현으로 인해 전문가들은 그것을 지금은 홀바인 카펫으로 알려진, 특히 가치 있는 튀르크 카펫으로 확인한다. 그러한 카펫의 일부가 현재 이

스니아에 이르는 지중해 세계로 팽창했고, 술레이만의 군대는 곧 오스트리아마저 침공할 태세를 갖추고 있는 것처럼 보였다.[109] 단지 그들의 군사력만 감지된 것이 아니었다. 술레이만 치세의 오스만은 문화적·지적 힘의 차원에서도 역시 서유럽의 어느 국가에도 뒤지지 않았다. 또한 오스만 제국은 지역에서 생산된 비단, 보석류, 카펫, 금속 세공품에서부터 이스탄불을 경유해 중국과 인도에서 수입된 도자기, 염료, 향료에 이르는 양질의 사치품들이 모이는 중요한 집산지이기도 했다. 튀르크인들 및 불신자 일반에 대해 적개심을 표출한 공적인 수사에도 불구하고, 당시 대부분의 유럽은 술레이만의 재무성에 매년 일정액을 납부하는 대가로 특별한 권한을 향유하고 있던 제노바와 베네치아 그리고 궁극적으로는 프랑스인들을 통해 오스만과 무역 관계를 유지하고 있었다. 전략적으로 볼 때, 지중해 세계 전역에서 제국주의적 권력을 다투던 한 경쟁 국가와 동맹하는 것은 카를 5세에 맞선 저항을 실현할 수 있는 유일한 희망이었다. 프랑수아 1세는 베네치아 대사에게 다음과 같이 속내를 털어놓았다.

> 나는 나 스스로 튀르크가 강해지고 전쟁을 치를 태세를 갖추고 있기를 절실히 원하고 있다는 점을 부인할 수 없다. 하지만 그것은 튀르크 자신을 위해서가 아니다. 튀르크인들이 불신자인 반면 우리는 그리스도교도다. 그렇기 때문에 나의 바람은 황제[카를 5세]의 힘을 약화하고, 그로 하여금 과도한 지출을 하게 만들고, 그토록 강한 적에 대항하는 다른 모든 정부들에 자신감을 불어넣기 위해서다.[110]

스탄불에 남아 있다. Oktay Aslanapa, *One Thousand Years of Turkish Carpets*, Istanbul, 1988, pp. 86~88.

109 S. Shaw, *History of Ottoman Empire and Modern Turkey*, Cambridge, 1976, vol. I, pp. 87~94; André Clot, *Suleiman the Magnificent: The Man, His Life, His Epoch*, London, 1992.

110 Knecht, *Renaissance Warrior and Patron*, p. 296.

이러한 상황 아래에서 공개적으로 표출된 적대감은 돈독한 외교 관계의 배후에 존재하던 무엇인가를 주기적으로 감추고 있었다.[111] 프랑수아와 헨리가 1532년 10월 칼레에서 동맹 조약에 서명하려 했을 때, 프랑수아는 댕트빌의 형제에게 다음과 같이 썼다.

> 영국 왕과 나 사이의 이해를 고려하여, 장차 무엇을 준비해야 하는지 당신에게 묻는 사람들에게 말하시오. 현재 튀르크가 관여하고 있는 그리스도교 세계의 침공에 대한 주요한 대비책을 지켜보면서 튀르크 군대에게 자비를 구하는 일이 없기를 위해서라기보다 신의 의지에 따라 우리 스스로가 중요한 지도자인 그리스도 세계의 지복을 위해서, 우리는 필요한 모든 것을 결집할 태세를 갖추기를 원한다고.[112]

사실, 헨리와 프랑수아 사이에 조인된 협약은 술레이만을 포함시킬 동맹 결성의 첫 단계로 의도된 것이었다.[113] 댕트빌 형제가 각각 로마와 런던에서 교황과 헨리 8세와 협상하는 동안에 프랑수아의 특별 대사 링콘(Rincón)은 베네치아에서 술레이만이 가장 신뢰하던 통역가 유누스 벡(Yunus Beg)과 교섭하고 있었다.[114] 대사들에 대해 다룬 17세기 초엽의 어

111 언어적 폭력의 중심지로 오스만을 상기시키는 에라스무스와 라블레의 텍스트에 대한 최근의 날카로운 해석으로 인해, 그리스도교와 무슬림의 관계와 관련된 허구적 버전 그리고 제한된 역사적 버전 사이의 긴장이 검토되고 있다. 이에 대해서는 Timothy Hampton, "Turkish Dogs: Rabelais, Erasmus, and the Rhetoric of Alterity", *Representations* 41, 1993, pp. 58~82를 보라.

112 E. Charrière, *Négociations de la France dans le Levant*, Paris, 1840-60, vol. I, p. 214.

113 프랑수아의 대사, 장 라 포레(Jean La Forêt)는 1536년 술레이만과 상업 협정을 체결했다. 하지만 바로 그때 프랑수아와 헨리 사이의 협정이 깨졌다(Shaw, *History of the Ottoman Empire*, pp. 97~98).

114 Clot, *Suleiman*, pp. 137~38. 그러므로 셀브는 베네치아와 로마 그리고 런던을 오가며 오스만과 관련된 정보를 실어 나를 수 있었다. 1533년 12월, 그는 베네치아

떤 논고에서 지적되었듯이, 당시에는 서로 다른 종교적 종파들 사이에서도 친밀한 외교적·상업적 관계를 유지하는 일이 결코 불가능하지 않았다. 이 논고에 따르면, "상황에 따라 그리스도교 세계의 군주들과 고위층 인사들에게는 자신들의 대리인과 핵심 인사들이 튀르크와 관계를 유지하도록 만드는 데 어떤 어려움도 없었다."[115]

1532년부터 1533년 사이에 「대사들」의 둘째 모델인 조르주 드 셀브는 전통적으로 오스만과 밀접한 관계를 유지하던 베네치아, 그리고 로마, 프랑스, 영국 등을 옮아 다녔다. 그는 반(反)카를 당파의 일원으로서 프랑수아 1세의 잠재적 동맹 세력 사이에서 동맹을 구축하기 위한 정보를 나르고 있었다. 그림 속 그의 등장은 제국의 '부재'(absence)를 표현한다. 프랑스 내의 친(親)카를 당파들이 알지 못했던 셀브의 짧은 방문 기간 동안 이루어졌던 댕트빌과 셀브 사이의 긴밀한 정보 교환은 목적이 은폐된 비밀 교섭으로 그림에 기록되어 있다. 그림 속에 남아 있는 오스만 카펫과 독일 공예품의 등장을 통해 이 점이 드러난다.[116] 「대사들」의 중앙 부분은 제국주의적 권력의 모든 상징이 '결여된'(empty) 시각적 공간이다. 황제가 그의 칙사들을 측면에 대동하고 서 있거나 혹은 마리아가 기부자와 성인들을 대동하고 서 있을 경우에,[117] 우리는 거기에서 그들을 표현하는 일단의 상징

의 프랑스 주재 대사로 임명되었다(Hervey, *Holbein's Ambassadors*, p. 154).

115 *The Ambassadors* (Hotman), London: James Shawe, 1603, fol. I2r (126). 이 논문에 주의를 기울일 수 있게 해준 앨런 스튜어트(Allan Stewart)에게 고마움을 전한다. 이와 똑같은 마음에서 비록 종교개혁에 동조했을지라도 장 드 댕트빌은 개혁 교회에 결코 공감하지 못했던 니콜라스 카루(Nicholas Carew)와 윌리엄 피츠윌리엄(William Fitzwilliam)에게 금줄을 선물로 주었다(글렌 리처드슨과의 개인적인 대화에서).

116 같은 시기에 프랑수아는 술레이만과 돈독한 관계를 맺기 위해 이스탄불에 특별 대사를 파견해두고 있었으며, 반카를 동맹의 성향을 지니고 있던 독일 내의 비동맹 국가들에도 공사들을 파견했다.

117 중심 대상의 부재를 통한 배치라는 이러한 해석은, 로이 스트롱(Roy Strong)이 일찍이 언급한 바 있는 미술사적 토대에 기초를 두고 있다(*Holbein and Henry VIII*,

적인 사물들을 발견하게 된다. 하지만 그러한 상징물들이 자신들이 표현하려 했던 인물들의 의미를 안정적이고 확실하게 담아내지 못할 수도 있다. 대사들의 초상화를 돋보이게 만드는 사치스러운 커튼의 뒤편에는 훌륭하게 제작된 은제 십자가가 댕트빌 위에 거의 숨겨진 채 걸려 있다. 그것은 가톨릭교회와 그 보호자였던 신성로마제국 황제의 정치적·교리적 힘이 그림의 경계 너머에 잠재해 있음을 우리에게 일깨워준다.[118]

「대사들」의 중앙에 아름답게 자리 잡고 있는 지구의는 당시 고급 예술품들이 담당했던 기능 가운데 하나가 그것들에 가치를 부여했던 거래와 교환을 상기시키는 것이라는 점을 보여준다. 홀바인의 그림은 지구의와 상업적 거래와 관련된 도구들, 즉 상인 수학이나 직각자 등이 서로 관련되어 있음을 표현하고 있다. 이것들은 기술적 정교함을 통해 약탈적 항해와 원거리 무역이라는 상업적 고려 속에 존재하는 어떤 미심쩍은 측면을 감추는 장치다. 르네상스기의 예술 세계는 그러한 방식으로 자신들의 여행 흔적을 자신만만하게 기념하는 대상들의 예로 가득 차 있다. 또한 그와 동시에 그와 같은 작품들이 유통되었다는 것은 제작을 의뢰했던 사람들의 부와 영향력을 보여주고 입증하는 사물의 기능을 확인하게 해준다.

London, 1967, pp. 48~49). 스트롱의 주장에 따르면, 「대사들」의 등장인물은 지금은 소실되었지만 훗날 홀바인이 추밀원(Privy Chamber)의 벽화에 그린 헨리 8세와 엘리자베스의 모습과 뒤바뀌어 배치되어 있다. 거기에서 인물들은 창문의 어느 쪽에 서도 무방했을 것이며, 혹은 그들 사이에 명각이나 문장, 그리고 거의 동시대 모사품에 나타나고 있는 왕자 에드워드를 배치할 수도 있었을 것이다. 어느 경우가 되더라도, 「대사들」에서는 탁자 위의 대상들이 무엇인가의 상징적 부재를 대신한다는 점이 함축되어 있다. 스트롱에 따르면 그 모델은 성모 마리아가 아니면서 권좌에 오른 또 다른 마리아다.

118 홀바인이 그린 에라스무스의 직립 초상화에서는, 히에로니무스 교회의 상징이 이와 비슷한 커튼 뒤에 재현되어 있고 또 르네상스 이탈리아를 재현한 기둥은 에라스무스의 우측 앞부분에 서 있다. 종종 재생산 과정에서 제거되기도 했던 십자가는, 댕트빌의 오른손을 따라 흐르는 선상 위에 놓여 있다. 그것은 그의 팔 위로 그리고 어깨 너머에서 화려하게 장식된 단검 위에 굳건히 자리하고 있다.

X

홀바인의 그림에 표현된 터키 카펫과 같은 고가의 물질적 대상들의 유통을 뒷받침한 것은 문화적 접촉과 상업적 거래였다. 그러한 접촉과 거래의 과정들을 추적한다면 우리는 개별 국가들이 공적으로 내놓은 수사적 언명을, 눈먼 장님 혹은 그보다 더 적절하게는 반쯤의 귀머거리들 사이의 대화로 표현될 수 있는 무엇인가가 아니라 오스만과 광범위한 유럽의 다른 경쟁국 사이의 상업적 관계를 구조화했던 하나의 문화적 교환으로 이해할 수 있다. 오스만과 이탈리아, 그리고 포르투갈인들은 비록 공개적으로는 인정될 수 없었지만 국가의 공적 내러티브로 기꺼이 허용되던 어떤 욕구를 공유하고 있었다. 그것이 바로 부를 획득하려는 욕구 혹은 상업적 욕구였으며, 정치적이고 상업적으로 공유된 목적이라는 차원에서 이것이 이 국가들을 하나로 연결했다.[119] 이러한 교환이 강조한 것은 하나의 상업적 이해의 중심지가 존재했다는 점이다. 그리고 그곳은 현대의 개념에서는 유럽의 '동쪽'으로 간주될 수밖에 없는 지역에 위치하고 있었다. 이 점을 고려할 때, 오스만 제국은 유럽의 지리적 범위를 획정하는 애매모호한 경계선이라기보다 유럽과 동양의 시장들 사이를 매개했던 정치적으로 민감하고 논란의 여지가 많은 공간이 된다.[120]

119 *Letters and Papers, foreign and domestic, of the reign of Henry VIII*는 튀르크 문제에 관한 공개적이고 평이한 논의로 가득 차 있다. 하지만 아라곤의 캐서린은 1532년 11월 아트퍼드(Artford)[허트퍼드(Hertford)]에서 황제 카를 5세에게 편지를 보내, 자신을 위해 헨리와의 결혼을 복원하도록 중재해달라고 요청했다(London, British Library, Additional 28,586, fol. 47). 그리고 그녀는 여기에서 다음과 같이 앞으로 있을 결혼을 두 번째 튀르크라고 칭했다. "저는 그것을 두 번째 튀르크라고 부릅니다. 왜냐하면 왕이 제때 원인을 제거하지 못했기 때문에 뒤따랐던, 그리고 여전히 뒤따르고 있는 질병들이 매우 커다랗고 사악한 예로 생각되기 때문입니다. 저는 이 일과 튀르크와 관련된 일 가운데 과연 어느 것이 최악인지 모르겠습니다." 이 편지에 주목할 수 있도록 이끌어준 앨런 스튜어트에게 감사의 뜻을 전한다.

16세기의 상업적 팽창 욕구는, 에드워드 사이드(Edward Said)가 동양이라고 말했던 세계로까지 확장될 수 있는 아주 넓은 지리적 지평 위에서, 야심찬 동맹의 결성과 지식의 교환을 가져왔다. 텍스트에 남아 있는 어떤 자취나 증거에 관한 분석을 강조해오던 전통적인 르네상스 전문가들 — 즉 신(新)부르크하르트적 르네상스 연구에서 유래하고 보다 최근에는 파노프스키로부터 시작된 도상학적 전통에 의해 윤색된 용어를 통해 그 시대를 구성하는 것을 당연하게 생각했던 연구자들 — 이 인식할 수 없는 지평 위에서 그와 같은 교환이 이루어졌던 것이다.[121] 더욱이 이러한 교환은 사이드가 19세기 이후 동양-서양 담론에 대한 중요한 비평서 『오리엔탈리즘』에서 제기했던 주장, 다시 말해 유럽이 동양을 구성했다는 주장이 본질적으로 중요한 문제를 안고 있다는 점을 보여준다. 그것이 바로 사이드 스스로 근래에 들어 주의를 기울이기 시작하는 문제이기도 하다. 사이드는 '동양은 동양이 아니다'라는 적절한 제목의 논문에서 자신의 『오리엔탈리즘』을 재평가하면서 자신이 "한때 사람과 문화의 지리적 분할에 기초를 두어왔던 역사적 경험들을 새롭게 생각하고 재구성하는 관념"이라고 스스로 언급한 것에 몰두하고 있다고 강조한다.[122] 16세기 초에 대한 연구를 토대로 우리는 『오리엔탈리즘』에서 제시했던 입장으로부터 사이드 스스로 이렇게 변화를 모색하는 것에 지지를 보낸다. 우리는 또한 이런 유형의 연구가 예술품의 순환을 보다 폭넓게 분석하는 것을 포괄하고 있으며, 르네상스 연구라는 분야 내에서 우리가 바로 이 점에 주목해왔다는 점을 강조

120 16세기 초 오스만의 상업·해상 권력에 관한 최근의 훌륭한 연구에서 팔미라 브럼멧(Palmira Brummett)은, "오스만 국가를 유로-아시아 상업 네트워크의 계승자 그리고 베네치아에서 인도양에 이르는 경제 공간에서 상업적 헤게모니를 두고 경쟁을 벌였던 참가자"로 분석할 것을 주장한다(*Ottoman Seapower and Levantine Diplomacy in the Age of Discovery*, Albany, 1994, p. 175).

121 이 책의 제2장을 보라.

122 Edward Said, "East Isn't East", *Times Literary Supplement*, February 1995, p. 6.

하고자 한다.[123]

르네상스 연구자들은 동양을 소외시켜왔고 낯설게 치부해왔으며, 또한 위험한 것으로 취급해왔다. 하지만 이러한 해석은 정치적으로 아무런 도움이 되지 못할뿐더러 역사적으로도 부정확한 것이며, 그렇기에 이제는 폐기되어야 마땅하다. 우리가 분석해온 역사적 자료의 맥락 내에서, 그리고 그것을 바탕으로 한 논의에 기초해 우리는 이 점을 지적하고자 한다. 예를 들어 파리, 리스본, 런던, 만토바, 그리고 베네치아는 공유된 정치적·상업적 이해에 기초해 이스탄불과 연결되어 있었고, 이러한 공유된 이해를 가능케 했던 권력의 기반은 오리엔탈리즘 담론이라는 설명을 통해 사이드가 독창적으로 발전시킨 문화적 이원론에 문제를 제기한다.[124]

스펜서의 『선녀여왕』, 카르파초의 성 제오르지오에 관한 그림들, 고촐리

123 이것은 장 그리고 존 코마로프(Jean and John Comaroff)가 수행한 역사민속학에서 제시된 절차다. 그들은 그와 같은 분석이 "문학적 흔적, 명백한 서사, 주석 그리고 심지어 논쟁적 주제의 범위를 넘어서야 한다고 강조한다. 왜냐하면 역사의 시학은 상품과 관행, 그리고 일상의 풍경 속에 흩어져 있는 아이콘과 이미지를 통해 거래된 침묵의 의미 속에도 역시 존재하기 때문이다"(*Ethnography and the Historical Imagination*, Boulder, 1992, p. 35). 이것은 그와 같은 텍스트적인 것(the textual)에 대한 분석을 거부하는 것이 아니다. 오히려 여기에서 수행되고 있는 것은, 마치 텍스트처럼 명백히 '읽히는' 대상에 기초하고 있다. 보다 넓은 차원에서 우리는, 그들이 직접 다룬 가축과 같은 물질적인 문화적 인공물의 이동에 관해 탐구할 필요성이 있다는 점에 동의한다. 이와 유사한 방식으로 우리는 지도와 도자기, 심지어 카펫 같은 사물의 이동을 낳았던 문화적 과정을 조리 있게 표명하는 것에도 관심을 가지고 있다. Arjun Appadurai, "Introduction", in A. Apparadurai, ed., *The Social Life of Things: Commodities in Cultural Perspective*, Cambridge, 1986, pp. 3~63을 보라.

124 오리엔탈 담론에 관한 독창적인 논의에서 사이드는, "오리엔탈리즘은 전략적으로 이러한 유연한 '위치의'(positional) 우월성에 의존한다. 그것을 통해 서양인들은 모든 차원의 오리엔트와의 가능한 관계에서 스스로를 잃어버리지 않고 보다 상위에 자리하게 된다. …… 과학자, 학자, 선교사, 상인 혹은 군인 등은, 자신이 거기에 '있을 수 있었기' 때문에 또는 그것에 관해 생각할 수 있기 때문에, 동양의 입장에 대한 저항이 거의 없이 동양에 있었고 그에 관해 생각했다"라고 논했다(*Orientalism*, London, 1978, p. 7).

의 「동방박사의 행렬」, 그리고 홀바인의 「대사들」과 함께 당시에 제작된 초상메달들을 검토하면서 우리의 연구는 르네상스 시대에 서유럽의 자아성이 발현했다는 부르크하르트적·신역사주의적 관점에 문제를 제기하기에 이르렀다. 우리는 이제 오만한 제국주의적 유럽중심주의에 반대하면서 낯선 외계인, 그리고 추방된 타자로 서유럽에 의해 동양이 만들어졌다는 사이드식의 이 시대에 대한 해석이 적절치 못하다는 입장에 서 있다.[125]

우리는 부르크하르트와 프로이트가 구성했던 르네상스인의 이미지를 해체하려는 작업을 시도했으며, 그 과정을 통해 인간주의적 개인주의에 대립되는 부정적인 이미지로서 상반되고, 어둡고, 추하고, 낯선 타자라는 동양의 이미지를 폐기할 수 있게 되었다. 그것은 분명 문명이라는 만들어진 개념에 의해 유지되고 있는 이미지다.[126] 예술에 기초한 16세기의 거래는 동양과 서양 사이에서 이루어졌던 실용적인 교류를 보여준다. 그 속에서 각각의 세계는 상대방이 함께 참여하고 있다는 점을 완전하게 인정했고, 또 상대방과 공유할 수 있는 관계를 창출하기 위해 타협했다.

분명 이것은 르네상스에서 그 기원이 유래했다고 추정되는 서양의 문화비평, 다시 말해 서양의 동양에 관한 문화적 재현 또한 실패한 것이거나 아니면 잘못된 것이라는 점을 의미한다. 이러한 비평 담론들에 따르면 밝고 계몽된 완전무결한 존재, 즉 근대 초에 성장한 문명화된 자아의 이미지

125 사이드는 다음과 같이 진술했다. "서양과 서양이 지배했던 문화적 타자의 관계에 대해 연구하는 것은, 단지 불평등한 대화자 사이의 불평등한 관계를 이해하는 한 방편이 아니다. 그것은 오히려 서양의 문화적 관행이 어떻게 형성되었고 또 그 의미가 무엇인지에 관해 연구하는 시작점이다. …… 소설, 민속지학적·역사적 담론, 특정 유형의 시나 오페라 같은 문화 양식을 정확히 이해하려고 한다면, 우리는 서양과 비서양 사이에 존재하는 지속적인 권력의 불균형을 반드시 고려해야만 한다. 그와 같은 문화 양식 속에 이러한 불균형에 대한 언급과 그것이 기초한 구조가 풍부하게 자리 잡고 있다"(*Culture and Imperialism*, London, 1993, p. 230).

126 이 신화를 완전히 지지하는 논의로는 Robert Schwoebel, *The Shadow of the Crescent: The Renaissance Image of the Turk, 1453-1517*, Nieuwkoop, 1967을 보라.

와는 완전히 반대되는 어둡고 악마적인 모습으로 동양에 대한 환상을 만들었던 시점이 바로 르네상스 시기였다. 하지만 르네상스인이라는 개념이 19세기의 이데올로기가 낳은 회고적 구성물이듯이, 낯선 타자라는 개념 또한 마찬가지다.

고촐리의 「동방박사의 행렬」에서처럼 홀바인의 「대사들」에 표현된 제국주의적 권력에 대한 열망은 그것의 부재 혹은 그림에 묘사된 인물들 사이나 그 너머의 공간으로 형상화된다. 홀바인은 영국, 발루아 왕조, 합스부르크, 그리고 오스만 제국처럼 프랑스의 외교적 중재를 통해 영국과 교섭하고 있던 주요 제국적 권력 사이에서 벌어지던 상업적·영토적 거래 관계를 암호화하거나 상징적으로 재현하면서 그림 속의 대상들을 배치했다. 이 작품의 중심부를 차지하는 빈 공간을 메울 수 있는 가능성은 그 그림을 그릴 당시에 임박했던 사건들의 결과에 달려 있다. 예를 들어 헨리 8세의 부계 상속자의 출생, 앤 불린과의 결혼을 지지했던 프랑스와 이후에 맺은 동맹, 오스만과의 성공적인 협정, 교황과의 분쟁 해소 가능성 등이 그것이다. 주지하다시피 이 모든 것들은 정치적 실패로 귀결되었다. 따라서 댕트빌과 셀브의 외교적 노력은 결과적으로 성공하지 못한 것으로 판명되었다. 고촐리의 프레스코화에서처럼 「대사들」에서 궁극적으로 동양은 환상도 아니고 생략된 것도 아니다. 예를 들어 댕트빌과 셀브 사이에 놓여 있는 사물들은 전체적인 교환이 이루어지던 지점을 재현하고 있다. 이것은 이 그림이 제작될 당시에는 신비하지도 모호하지도 않았으나, 그와 우리 시대 사이의 시간적 흐름 속에서 그렇게 변해버린 모습이다.[127]

우리는 앙코나의 치리아코를 통해 논의를 시작했다. 왜냐하면 치리아코의 명성 또한 호기심을 불러일으킬 정도의 왜곡된 모습으로 우리가 지금

---

127 댕트빌 형제가 의뢰한 것으로서 폴리시에 「대사들」의 짝으로 걸려 있는 또 다른 그림에는, 그들이 모세와 아론으로 재현되어 있다. 의미 전달의 재현적 요소들을 발견하기가 어렵지 않고 혹은 우리가 적어도 그것들을 찾아낼 수 있기 때문에, 이 그림 역시 '읽힐' 수 있다. 앞의 주 105를 보라.

의 논의를 통해 재통합하려고 하는 양립할 수 없는 두 반쪽 세계, 즉 동양과 서양에 살아남아 있기 때문이다. 고대를 탐닉했던 이 방랑 지식인은 그의 시대에는 어떤 지적 장애물이나 이데올로기적 경계 없이 지도 위를 가로질러 여행했다. 동양에서 그의 학문적 평판은 메흐메트 2세의 개인적 조언자로 그가 소생시켰던 고전적 전통에 근거를 둔 것이었다. 그는 알렉산드로스 대제, 콘스탄티누스, 샤를마뉴처럼 술탄이 모방하고자 했던 과거의 제국적 선조들의 모습에 맞춰 술탄의 이미지와 업적을 재가공했다. 그리고 이를 통해 메흐메트는 하나의 통치권 아래에 그리스도교, 유대교, 이슬람교가 결합된 제국주의적 통합 권력을 주장할 수 있었다.

그러는 한편 치리아코는 고대 그리스의 저작들과 로마의 기념물이나 명각 등을 가지고 서양으로 돌아왔다. 이것들이 동양, 즉 하나의 공유된 고전적 유산 속에서 함께 살아가는 이웃과 문화적으로 결속하도록 서양 세계를 이끌었다. 공동의 유산을 함께 나누고 있다는 생각은 두 세계 모두에서 인식되었고 또 잔존했다. 다시 한 번 그의 학문 활동은 그리스, 아시아, 트레비존드의 파편들, 즉 비잔티움 출신의 망명 세대들로 하여금 하나의 위대한 유럽의 제국주의적 권력 아래에서 그리스도 교회를 하나로 통합하는 것을 꿈꾸도록 고무했다. 현재의 우리가 하나의 포괄적인 제국의 야망을 반영하는 것으로 이러한 시도를 이해하는 데 어려움을 느낀다면 그것은 분명 우리의 손실이다.

제 2 장

태피스트리에 관해 이야기하기:
정복의 내러티브 만들기

제1장에서 우리는 동방과 서방 교회 사이의 항구적인 결합 시도가 특히 15세기에 전개된 일련의 초상메달의 제작과 유통을 통해 매개되었다고 주장했다. 두 교회 사이의 이러한 통합 시도는 결코 저지할 수 없는 것처럼 보였던 오스만 제국의 서방으로의 팽창에 직면해서 이루어진 것이었다. 하지만 1438년과 1459년 피렌체 공의회와 만토바 공의회를 중심으로 중요하게 전개되었던 이러한 시도들은 결국 드라마틱한 실패로 종결되었고, 그 직접적인 결과는 이슬람 세력이 동방 그리스도교의 두 중심지를 삼켜버리는 것으로 나타났다. 먼저 콘스탄티노폴리스, 그리고 이후 트레비존드가 함락되었던 것이다.[1]

한편으로는 팽팽한 긴장이 흐르면서도 또 다른 한편으로는 문화적 풍성함을 자랑했던 이 기간 동안에 동양과 서양은 동등하고 호혜적인 시선으로 서로를 응시했다. 하지만 뒤이은 16세기에는 제국 사이의 대립이 격화되면서 권력과 권력의 정당성을 둘러싼 경쟁 또한 확대되었다. 이번 장에서 우리는 이러한 시대 상황 아래에서 이전 시기의 모습이 어떤 점에서

1 예를 들어 J. Gill, *Personalities of the Council of Florence*, Oxford, 1964, pp. 50~51을 보라.

는 강화되었고, 또 다른 차원에서는 수정되었다는 점을 주장하고자 한다. 이를 설명하기 위해 우리는, 비록 당대에는 고가의 귀중품으로 인정되었지만 그 시기의 예술에 관한 논의에서는 종종 경시되어온, 한 예술품을 선택해 그것에 주목해보고자 한다. 지금 우리가 주장하는 것은, 16세기 초반에 제작된 대규모의 연작 태피스트리들이 그 시대 제국의 궁정이 품고 있던 정치적 희망과 열망을 끊임없이 결연하게 투사한 상징적 인공물이었다는 점이다. 우리는 15세기의 부르고뉴에서부터 16세기의 마지막 수십 년 동안 종교적 갈등의 중심 무대가 되었던 저지대 지방 국가들에 이르기까지 일련의 서사적 태피스트리들이 과연 어떻게 유럽의 궁정들 사이에 내재하던 제국주의적 긴장 관계를 매개하고 또 전달했는지를 검토할 것이다. 이러한 논의를 통해 우리는 14세기 말부터 공개적이고 용이하게 동양으로 유통되던 태피스트리들이 점차 훨씬 더 배타적이고 공격적인 유럽의 '문명'(civility) 개념을 지지하기 위해 전유되어가던 과정에 대해 살펴볼 것이다. 미학적 우수성과 정치적 강제력을 동시에 표현한 연작 태피스트리들은 주로 합스부르크의 스페인 궁정과 발루아의 프랑스 궁정을 장식하려는 목적으로 제작되었는데, 이들에서 그와 같은 과정이 절정에 도달했다.

I

1519년 브뤼셀을 거점으로 활동하던 가장 권위 있는 태피스트리 직조공 가운데 한 사람이었던 피터르 판 앨스트(Pieter van Aelst)는 「사도행전」(Acts of the Apostles)(그림 33)이라는 제목 아래 10편의 연작 태피스트리를 완성했다. 1513년에서 1514년 사이에 교황 레오 10세의 주문으로 제작된 「사도행전」은 라파엘로의 밑그림을 기초로 만들어진 것으로서 당시 제작된 가장 야심찬 태피스트리 연작 가운데 하나였다.[2] 1519년 12월 로마에서 공개되었을 때, 12미터의 폭과 4미터의 높이를 상회하는 거대한 크기와 화려하고 사실주의적인 예술적 기교 덕분에 이 작품은 커다란 칭송을 받았고 또 엄청난 선풍을 불러일으켰다. 밑그림의 도안자로 참여했던 라파엘로의 기술에 의존해 제작된 이 태피스트리는 색조와 조형미에서도 이전 15세기 저지대 국가들의 작업장에서 제작된 다른 태피스트리를 능가하는 깊이와 풍부함을 자랑했다. 라파엘로의 삶을 기술하면서 바사리는 밑그림에서 태피스트리로 변화하고 또 완성품으로 수용되는 과정을 다음과 같이 생생하게 설명한 바 있다.

> 라파엘로는 요구된 형태와 크기대로 정확하게 모든 밑그림을 직접 그리고 채색했으며, 그의 밑그림은 직조를 위해 플랑드르 지방으로 보내졌다. 그리고 태피스트리로 제작된 후에 그것들은 다시 로마로 운송되었다. 완성품은 무척이나 아름답게 제작되었고, 그 결과 그것을 본 사람이라면 누구나 경탄하지 않을 수 없었다. 그들은 머리털과 수염을 그토록 정교하게 직조하는 것이 어떻게 가능한지, 또 단지 실만을 사용해 만든 물체에 그 정도의 부드러움을 불어넣는 것이 과연 가능한 일인지 생각해볼 정도였다.[3]

「사도행전」을 성공적으로 제작한 직후 곧이어 판 앨스트는 1520년 10월 23일 엑스라샤펠(아헨)에서 거행된 자신의 후원자이자 미래의 신성로마제국 황제 카를 5세의 대관식을 기념하기 위한 또 다른 야심찬 연작 태피스트리의 제작에 착수했다. 아홉 편으로 구성된 이 작품에 그는 「영광」(Los Honores)이라는 제목을 붙였다.[4] 당시에는 서사적 태피스트리의 제작이 마

2 연작 태피스트리 「사도행전」에 대해서는 John Shearman, *Raphael's Cartoons in the Collection of Her Majesty the Queen and the Tapestries for the Sistine Chapel*, London, 1972를 보라.

3 Barty Phillips, *Tapestry*, London, 1994, p. 58에서 인용.

4 이 연작 태피스트리에 대해서는 Antonio Domínguez Ortiz *et al.*, eds., *Resplendence of the Spanish Monarchy: Renaissance Tapestries and Armor from the Patrimonio Nacional*, New York, 1991, pp. 27~39를 보라.

치 유행처럼 성장하고 있었고, 이 새로운 예술품 역시 당시의 이러한 관행에 따라 일련의 기념비적인 이미지들을 표현했다. 이 작품은 젊은 황제에게 군주의 덕목을 가르치려는 교육적 목적에서 제작된 것이었다. 즉 이 태피스트리는 카를 5세에게 새로이 편입된 영토를 통치할 때 뒤따르게 되는 통치자로서의 책임감의 문제, 그리고 그와 함께 개인적 위업, 군사적 용기, 제국주의적 권위에 관한 모델을 제공하려는 의도로 제작되었다.[5]

이 연작의 첫 번째 태피스트리인 「운명」(Fortune)(그림 34)은 합스부르크 가문의 제국주의적 권력을 마치 허세를 부리듯이 뚜렷하게 각인하는데, 이 점은 카를의 대관식 날짜가 이 작품에 새겨져 있다는 점에서도 확인할 수 있다. 이 태피스트리의 윗부분에는 앞발을 든 말에 올라타 하늘을 가로지르는 여신 포르투나(Fortuna)가 눈가리개를 쓴 모습으로 등장한다. 여기에서 그녀는 자신의 왼편에 등장하고 있는 인물들 사이로 자신이 선호하는 이들에게 장미꽃을 흩뿌리고 있으며, 왼손으로는 우측에 나타나는 불행한 이들에게 돌멩이를 던지고 있다. 이 태피스트리의 좌측 상단 구석에는 태양신 아폴로가 행운아들을 내려다보고 있으며, 이와 달리 상단 우측에는 자신의 대장간에서 만든 활활 타오르는 번개화살을 날려 보내는 불카누스가 묘사되어 있다.[6]

도식적 구조의 차원에서 보자면, 이 태피스트리에서는 클레오파트라, 헤카베(Hecuba), 트로이의 왕 프리아모스(Priam)처럼 '동양' 혹은 '아시아'인으로 가늠될 수 있는 인물들이 불운한 사람들의 무리 속에 배치되어 있

5 젊은 황제를 도덕적으로 교육해야 한다는 일부 열정적인 생각들은 어떤 장점이나 능력 때문이 아니라 국제적인 선거인단을 많은 돈으로 매수하면서 카를이 성공적으로 황제위에 오를 수 있었다는 사실에서 기인했을 수도 있다. Lisa Jardine, *Worldly Goods: A New History of the Renaissance*, London, 1996, pp. 104, 287을 보라.

6 이 연작을 구성하는 전 작품에 대한 도상학과 관련해서는 Guy Delmarcel, "The Dynastic Iconography of the Brussels Tapestries *Los Honores* (1520-1525)", in *España entre el Mediterraneo y el Atlantico: Actas del XXIII Congreso Internacional de Historia del Arte*, Granada, 1977, vol. II, pp. 250~59를 보라.

다.[7] 태양신 아폴로의 보호를 받는 행운아들의 무리 속에는 서유럽의 '문명화'에 영향을 주었던 수많은 신적 존재들 가운데 이후 서양의 자유-교양적 휴머니즘(liberal humanism)의 전통 속으로 통합되는 그리스-로마 세계의 고대인들이 자리하고 있다.[8] 여기에 포함된 저명한 인물들이 로물루스와 레무스, 율리우스 카이사르, 세르비우스 툴루스(Servius Tullus) 등이며, 특히 놀랍게도 의인화된 유럽의 여인상 에우로파(Europa)와 그녀를 유혹하기 위해 황소로 변신한 제우스가 이들 가운데에 등장하고 있다. 이 태피스트리에서 눈이 가려진 포르투나는 기본적으로 변덕스러운 의지를 지닌 인물로 의인화된다. 자신의 궁정 가장 높은 곳에 자리를 잡고 앉아 있는 포르투나는 목적 없이 삶의 바퀴(the Wheel of Life)를 돌리고 있는 한 젊은 여성에게 인간의 운명을 맡긴다.

이처럼 비범할 정도로 야심찬 태피스트리 연작을 제작하는 데에는 많은 비용과 절대적인 시간이 요구되었고, 이 때문에 이 작품은 카를의 대관식이 있고 나서 만 3년이 지난 후인 1523년이 되어서야 비로소 완성될 수 있었다. 과도한 재정 때문에 1522년 판 앨스트는 안트베르펜에 있던 푸거 가문의 대리인으로부터 일부는 현금으로 또 일부는 물품으로 대부를 받아야만 했다. 1525년 그가 대부금의 상환에 실패하게 되면서 푸거 가문에서 이 태피스트리를 소유하게 되었고, 다시 푸거 가문은 본래 이 작품을 통해 스스로의 위상을 드높이려 했던 카를과 작품의 판매를 놓고 협상에 들어갔다.[9] 태피스트리의 판매에 푸거 가문이 개입했다는 것은 특히 적절한 일이었고, 또 여러 면에서 그다지 놀라운 사실도 아니었다. 카를은 독

7 Phyllis Ackerman, *Tapestry: The Mirror of Civilization*, New York, 1933, pp. 120~30을 보라.

8 최근 John Hale, *The Civilization of Europe in the Renaissance*, London, 1993에서 이들이 의인화되고 재생산되었다.

9 Ortiz *et al.*, *Resplendence*, p. 27과 Iain Buchanan, "Designers, Weavers, and Entrepreneurs: Sixteenth-century Flemish Tapestries in the Patrimonio Nacional", *Burlington Magazine*, cxxxiv/1071, 1992, pp. 380~84를 보라.

일의 선제후들을 매수하기 위해 푸거 가문으로부터 총액 850,000플로린 이상의 막대한 자금을 이미 빌린 상태였다. 카를에게 선제후들이야말로 자신을 제국의 황제로 선출하고 또 그럼으로써 주된 경쟁자였던 프랑수아 1세를 물리치는 데 없어서는 안 될 중요한 인물들이었기 때문이다.

카를은 1526년 연작 「영광」의 모든 작품을 소유하게 되었고, 포르투갈의 공주 이사벨라와 자신의 결혼식 기념 축연에 맞추어 그것들을 세비야에서 전시했다. 카를의 결혼은 점차 커져가던 그의 왕조적 권위에 날개를 달아준 또 다른 성장을 의미하는 사건이었다. 집권 초기부터 태피스트리는 카를이 최고의 권능과 덕성 및 정당성을 갖춘 제국의 통치자로 자기 자신을 표현하기 위한 시각적 중심 대상이었다. 총 아홉 편의 태피스트리가 결혼 축연에 위압적으로 전시되었다는 점이 이를 명시적으로 보여준다.

오늘날 「영광」과 같이 도상학적으로 야심차게 제작된 태피스트리 연작이 지니는 '의미'를 해독하려는 모든 시도는 필연적으로 20세기 전반의 몇몇 예술사가들의 연구에서 확립된 도상학과 도상해석학의 중요한 전통과 연결되어 있다. 이 가운데 특히 주목할 만한 것이 파노프스키, 세즈넥(Jean Seznec), 곰브리치(Ernst Gombrich)의 연구라고 할 수 있다.[10] 이 영향력 있는 저자들은 르네상스기의 예술가들이 감성적이고 지적인 열정으로 오래된 형식에 새로운 의미를 불어넣었다고 주장한다. 즉 고전적 테마와 주제를 재가공하면서 고대의 원전에서 확인할 수 있는 이야기와 도덕적인 논제들을 표현했다는 것이다. 이러한 예술사 접근법에 따르면, 중세가 그리스와 로마의 이야기들을 그리스도교화하고 그 이야기들을 이용해 이교적 도

---

10 이러한 비평 전통에 대해서는 E. Panofsky, *Studies in Iconology: Humanistic Themes in the Art of the Renaissance*, Oxford, 1939; J. Seznec, *The Survival of the Pagan Gods: The Mythological Tradition and Its Place in Renaissance Humanism and Art*, New York, 1953(이 책은 *La survivance des dieux antique* 라는 제목으로 1940년 처음 프랑스어로 출판되었다); E. H. Gombrich, *Symbolic Images: Studies in the Art of the Renaissance II*, Oxford, 1972를 보라.

덕성과 그리스도교적 도덕성 사이의 동질성을 만들어냈다면, 르네상스는 '전형'으로 정의된 것과의 새롭고 강력한 관계를 창출했다.

하나의 사례로 여기에서 파노프스키가 에우로파의 겁탈을 재현한 뒤러의 유명한 그림(그림 28)을 어떻게 설명하는지 살펴보도록 하자. 그는 단조롭고 진부한 중세의 작품과 비교할 때, 과연 어떤 점에서 이것을 기본적으로 '근대적'인 작품으로 부를 수 있는지 다음과 같이 이야기한다.

> 뒤러가 처음 베네치아에 머무는 동안 어떤 이탈리아의 원형적 작품에서 모방한 것으로 추정되는 한 그림은, 중세적 재현에서는 나타나지 않았던 감정적 생동감을 강조한다. 뒤러가 「에우로파의 겁탈」(Rape of Europa)을 제작하기 위해 이용한 문헌 자료는 더 이상 황소를 그리스도와, 그리고 에우로파를 인간의 영혼과 비교하는 산문조의 텍스트가 아니었다. 그것은 안젤로 폴리치아노(Angelo Poliziano)가 두 개의 아름다운 연으로 소생시킨 다음과 같은 오비디우스의 이교적인 시다. "당신은 사랑의 힘에 의해 아름다운 황소로 변신한 주피터를 칭송할 수 있다. 그는 두려움에 사로잡힌 달콤한 여인을 등에 태우고 질주하듯 달려간다. 옷자락을 뒤로 흩날리게 만드는 바람 속으로 그녀의 황금빛 머릿결이 나부끼고 있다. 그녀의 한 손은 황소의 뿔을 잡고 있고, 다른 손은 황소의 등을 누르고 있다. 마치 바다가 두렵기라도 한 듯이 그녀는 발을 끌어 올리고 있으며, 고통과 공포로 웅크린 채 헛되이 도움을 청하고 있다. 다정한 그녀의 벗들은 바닷가에 머문 채, 돌아오라고 에우로파에게 소리친다. 해안가 전체에 '에우로파 돌아와'라는 소리가 울려 퍼지고 있으며, 황소는 주위를 둘러보며 그녀의 발에 입을 맞춘다."

결론적으로 파노프스키는 에우로파를 예술적으로 다루는 뒤러의 방식 그 자체에 주목하고, 그것이 바로 무엇이 인간적인 것인가라는 관념의 출현을 구성하는 요소가 된다고 강조한다. 그는 다음과 같이 말한다.

그림 28 알브레히트 뒤러, 「에우로파의 겁탈」, 1495년경, ink on paper. Graphische Sammlung Albertina, Vienna.

뒤러의 그림은 실제로 이 감각적인 묘사에 생명을 부여한다. 에우로파의 웅크린 자세, 흩날리는 머릿결, 바람에 뒤로 날리는 옷자락과 그로 인해 드러난 우아한 육체, 손의 제스처, 황소 머리의 은밀한 움직임, 여기저기에서 한

탄을 내뱉는 벗들로 가득 찬 바닷가. 이 모든 것들이 신뢰할 만하고 생동감 있게 묘사되어 있다. 콰트로첸토의 한 저술가의 말로 이야기하자면, 심지어 바닷가 자체에는 바다 괴물들(aquatici monstriculi)이 생동감 있게 움직이고 있고, 반면 사티로스는 유괴자에게 인사를 건넨다.

그저 간헐적으로만 고전적 성향을 재생시킨 중세와 달리, 이 비교가 예증하는 것은, 이탈리아 르네상스의 특징이라고 할 수 있는 고전적 '테마'와 고전적 '모티프' 사이의 재통합이 단순히 휴머니즘적일 뿐만 아니라 인간적인 사건이었다는 점이다. 이것이 바로 부르크하르트와 미슐레가 세계와 인간의 발견이라고 명명했던 것을 구성하는 가장 중요한 요소다.[11]

우리의 시각에서 볼 때, 뒤러의 그림은 어떤 태피스트리의 기초가 되는 한 스케치, 예를 들어 연작 「영광」을 구성하는 한 편의 태피스트리인 「운명」(그림 29)에서 황소의 등에 앉아 있는 모습으로 묘사된 에우로파의 모습과 무척이나 닮아 보인다. 하지만 파노프스키는 정확히 이 태피스트리적인 특징들을 예리하게 관찰되고 느껴진 심리학적 리얼리즘의 혁신적 요인들과 동일시한다. 그에게 휴머니즘적일 뿐만 아니라 인간적인 이 리얼리즘이 고전적 기원을 지닌 이야기에 덧붙여졌으며 그것이 바로 이탈리아 르네상스, 즉 문명이 서양 예술에 끼친 전형적인 공헌이었다.

텍스트 비평가들은 예술사가들의 전략을 잘 깨닫고 있으며 또 그것에 적절하게 대응한다. 누가 되었든 그들은 시각적 묘사를 장르와 테마에 관한 그래픽의 역사에 새롭게 편입한다. 또한 그들은 상징적 재현을 통해 시인이나 극작가들이 서사나 서사 구조의 긴장 관계를 표현할 것이며, 또 우리가 도덕적 진술과 감정적 색채라는 형식을 꼼꼼히 주해하면 해석의 단서를 얻을 수 있을 것이라고 자신감 넘치게 기대하면서 재현된 형상을 읽는다. 중세에서 르네상스로의 이행이 대변하는 바로 그 근대 의식이 성립

11 Panofsky, *Studies in Iconology*, pp. 29~30.

그림 29 연작 태피스트리 「영광」 가운데 「운명」(그림 34)에 묘사된 에우로파의 세부묘사.

되는 순간에 자신들의 논의의 뿌리를 두고 있다는 보다 넓은 의미에서 볼 때, 부르크하르트의 발걸음을 뒤따르는 예술사가들의 해석 또한 결국 역사적인 것이 될 수밖에 없다. 이번 장의 목적은 태피스트리에 관한 우리의 경험이 수반하는 읽기의 방식을 보다 정확하게 역사화하는 것이다.

르네상스의 이미지들을 읽기 위한 전략으로 예술사에서 사용되는 도상학과 도상해석학을 들먹이곤 하는 텍스트 비평가들은 깊은 생각 없이 도상학적 전략을 자신들의 텍스트 읽기에 차용하는 경향이 있다. 이와 달리 우리는 도상학적 해석의 기법들이 결코 어떤 의제로부터 자유롭지 못하다는 점을 지적하려고 한다. 뒤러의 「에우로파의 겁탈」에 대한 파노프스키의 논의로 잠시 되돌아가보자. 그러면 우리는 이런 식의 문학적 읽기를 가능케 한 르네상스 도상학에 관한 설명이 단순한 해석의 차원을 넘어 실제로는 르네상스의 창조적 인간성으로 인식될 수 있는 어떤 가정을 포함하고 있다는 점을 간파할 수 있을 것이다.

> 뒤러의 그림은 실제로 이 감각적인 묘사에 생명을 부여한다. 에우로파의 웅크린 자세, 흩날리는 머릿결, 바람에 뒤로 날리는 옷자락과 그로 인해 드러

> 난 우아한 육체, 손의 제스처, 황소 머리의 은밀한 움직임, 여기저기에서 한탄을 내뱉는 벗들로 가득 찬 바닷가. 이 모든 것들이 신뢰할 만하고 생동감 있게 묘사되어 있다.

여기에서 신뢰성과 생동감은 심리학적 리얼리즘과 함께 민감한 감수성과 능숙한 기법이라는 의미를 함축한다. 부르크하르트식의 해석으로 거슬러 올라가 추적한다면, 바로 이 심리학적 리얼리즘이 문명화된 사회(the civilized)를 구성하는 중요한 요소다. 그러므로 존 헤일(John Hale)과 같은 보다 전통적인 유럽의 역사가가 유럽이 문명화되기 시작했던 정확한 시기를 논의하기 위한 토대로 유럽에 대한 이 시각적 재현을 이용했다는 점은 결코 놀라운 사실이 아니다. 우리 역시 르네상스라는 용어를 바로 정확히 그런 식으로 이해하고 있기 때문이다. 그는 다음과 같이 말한다.

> 건축이든, 상업이든, 신학이든, 혹은 하나의 대륙이든 간에, 어떤 추상적 개념에 대한 회화적 이미지를 소유하기를 원했던 한 시대에 어떻게 유럽이 정신의 눈에 주의를 기울이게 되었을까?
>
> 유럽은 그 이름이 그리스 신화와 연결된 유일한 대륙이었다. 에우로파는 레반트의 도시 티레의 왕, 아게노르(Agenor)의 딸이었다. 어느 날 올림포스 정상에서 그녀의 미모를 알아본 주피터는 그녀가 자신을 수행하던 젊은 여성들과 시간을 보내고 있을 때 하얀 황소의 모습으로 변신한 후 해변으로 헤엄쳐 왔다. 비록 그들의 만남이 후일 강간이라는 선정적인 모습으로 다루어졌지만 즉각적인 유혹은 바로 그때 일어났다. 1470년대 후반 피렌체의 학자이자 시인이던 안젤로 폴리치아노는 이 이야기를 알기 쉽게 다시 썼다. …… [이후 헤일은 파노프스키가 이용했던 동일한 시구를 인용한다].
>
> 주피터는 그녀를 아시아에서 크레타로 데려간다. 그곳에서 그는 한 남성으로 변신해 그녀를 임신시킨다. 그런 식으로 신성하게 태어난 그녀의 자손은 유럽인들이 되고, 그녀는 그들 대륙의 수호신이 된다.[12]

두말할 나위 없이 헤일이 자세히 윤색한 이 기원 신화의 시각적 재현은 뒤러가 창조한 것이다. 뒤러의 작품이 선택된 까닭은 그것이 신화를 소생시키고 신화적 주제와의 친밀성을 강조하던 이탈리아의 관습을 포착했기 때문이다.

> 슬피 우는 수행녀들을 뒤로하고, 놀라워하면서도 별다른 두려움은 느끼지 못한 채 에우로파는 한 손으로는 [황소의] 등을, 다른 한 손으로는 뿔을 잡고 올라타 갈대 무성한 섬과 사티로스와 바다 요정과 같은 생명체들이 산재해 있는 바다를 가로지른다. 그들을 통해 그리스인들은 자연 현상에 대한 자신들의 감정을 표현했다.[13]

파노프스키의 설명에서처럼 여기에서도 헤일이 생각했던 르네상스 유럽 의식의 성장이라고 할 수 있는 인간성의 본질을 포착하기 위해 뒤러의 「에우로파의 겁탈」이 이용된다. 지금 단계에서 우리에게 중요한 것은, 일반적으로 '유럽' 내지 '유럽적'이라는 말로 널리 이해되는 바로 그 의미가 획득되기 시작한 첫 시기가 바로 르네상스기였다는 점을 기억하는 것이다.[14] 르네상스기에는 가장 가치 있고 문명화된 삶으로 간주되는 것에 대한 새롭고 풍부한 태도가 출현했다. 이전 장에서 살펴본 것처럼 부르크하르트에 따르면, 바로 그러한 이유에서 르네상스인들은 그때까지 유럽 대륙을 지나쳐 온 지적·문화적 에너지의 응집된 흐름을 목격하게 되었다. 그러므로 헤일의 서문에서 다음과 같은 글을 발견하는 것은 우리의 예상을 벗어나는 일이 아니다.

---

12 Hale, *The Civilization of Europe*, pp. 7~8.

13 *Ibid.*, p. 8. 뒤러의 그림은 헤일의 책 9쪽에도 등장한다.

14 Denys Hay, *Europe: The Emergence of an Idea*, Edinburgh, 1957과 Norman Davies, *Europe: A History*, Oxford, 1996, pp. xv~xvii을 보라.

> 나는 내 책의 제목을 르네상스 연구에서 진정으로 근원적인 중요성을 지니는 한 저작, 즉 1860년 야코프 부르크하르트가 쓴 『이탈리아 르네상스의 문화』에서 차용했다. 이 점이 주제 넘는 일로 생각되지 않기를 바란다. 나는 부르크하르트의 책을 때로는 나를 보호하고 또 다른 경우에는 나에게 자극을 주는 부적처럼 아주 오랜 동안 내 정신의 수화물 속에 지녀왔다. 그렇기 때문에 나의 연구는 그 책 없이 착수할 수 있는 여정이 아니다.[15]

결과적으로 헤일의 에우로파는 그 자체로 과연 어떤 이유에서 부르크하르트식의 문명 개념이 르네상스의 예술과 역사 사이의 관계에 관한 이야기를 훼손하는가를 이해하게 해주는 한 가지 단서를 제공한다. 헤일에 따르면, 투박함에서 문명으로의 이행이 유럽에서 그 절정에 도달했던 시기는 유럽 대륙이 백색의 잘 차려입은 완고하고 당당한 에우로파로 재현되기 시작했고 그와 함께 그녀의 본래 이미지—즉 무엇인가를 갈망하는 황소의 등에 올라타 황홀경에 빠져 있는 아시아의 공주 이미지—가 조용히 퇴색할 무렵이었다. 앞으로 논의하겠지만 유럽 문명과 교환이 이루어지던 지역이라는 아시아의 이미지는 분명 퇴색되지 않았다. 오히려 여러 중요한 차원에서 그것은 유럽이 자신의 문명의 우월성을 규정하는 매개변수가 되었다. 즉 서양에서 아시아의 이미지는 호화로움과 이국적 정서의 원천이었고, 그에 맞선 위대함을 열망했던 서양인들은 바로 그것을 잣대 삼아 자신들의 열망이 어느 정도 달성되었는가를 가늠했다.

우리는 예술품의 재현 기능과 예술품의 의미가 교환되는 문화 사이에 존재하는 다른 관계 역시 제시하고자 한다. 우리는 우리의 연구를 위해 태피스트리라는 매개를 선택한다. 태피스트리의 문화적 의미를 가늠하려고 시도하면서, 비록 전통적인 예술사에서는 무시되고 간과되어왔지만, 예술의 한 형태로서 태피스트리가 지니는 낯섦이 우리의 마음에 존재하는 어

15 Hale, "Preface", in *The Civilization of Europe*, p. xix.

떤 선입견을 제거할 수 있기 때문이다. 따라서 이번 장은 르네상스의 시각적이고 문학적인 전경에 대한 평범한 관점 속에 감춰진 채, 태피스트리가 르네상스 연구에서 얼마나 부수적인 것으로 여겨지고 배제되어왔는지에 관해서도 논의하려고 한다. 16세기에는 제국의 정당성을 주장하는 것과 태피스트리를 생산하는 것 사이에 아주 분명한 상관관계가 유지되고 있었으며, 그 때문에 우리는 예술적 자율성만으로는 태피스트리의 미학적 차원을 설명할 수 없다. 우리는 르네상스 연구에서 태피스트리가 배제되어온 것도 어느 정도는 이와 관련이 있다고 생각한다.

우리는 16세기의 태피스트리 생산에 대한 고찰이 한 예술품의 생산과 정치적 권위 사이의 관계에 대한 불편하고 비정상적인 의미를 보여주는 대신에 오히려 예술과 권력에 대한 우리의 관념을 개념화하는 새로운 길을 제시할 수 있으리라고 생각한다. 점점 더 보다 크고 장대하며 시각적으로도 압도적인 태피스트리 연작을 주문하고, 운반하고, 반복해서 전시하는 데 필요한 분명한 구매력을 지니고 있는가 아닌가를 통해 제국의 권위가 측정되었다. 16세기 내내 우리가 추적하고 있는 정치적 거래가 점차 발전해갔으며, 이러한 변화는 '스페인의 광기'(the Spanish Fury)의 결과 1570년대 저지대 국가에서 태피스트리 산업이 사실상 거의 궤멸 상태에 이르게 되면서 그 절정에 다다랐다. 이 역사의 과정에서 브뤼셀과 안트베르펜 지역이 경험한 직조 산업의 파멸은 그것을 보여주는 결정적인 국면이었다. 태피스트리 산업의 번성은 그 자체로 제국 궁정의 막대한 투자의 결과였다. 하지만 이 사치스러운 물품의 제작에 필요한 생산 수단을 통제하려는 그들의 열망이 종국에는 그 산업의 붕괴마저 가져왔던 것이다.

II

우리는 르네상스기 유럽 문화 내에서 태피스트리 산업을 간략하게 맥락화하면서 이번 장의 논의를 시작하려고 한다.

『햄릿』의 3막 4장은 햄릿이 '아라스(arras) 커튼 뒤에서' 폴로니어스(Polonius)를 칼로 찌르는 서재 장면에서 시작한다. 이때 종종 비평가들은 엘리자베스 시대의 인테리어 장식물로 간주될 수 있는 세속적 직물, 즉 '아라스' 커튼 혹은 태피스트리의 의미를 자신들의 시야에서 놓치곤 한다. 수세기에 걸쳐 태피스트리는 유럽 엘리트 집안 내에서 가정경제의 중요한 요소가 되어왔다.[16] 태피스트리가 14세기 이후 성과 궁전 그리고 교회를 장식하기 위한 대규모의 맞춤 걸개로 기능하면서 태피스트리 수공업에 대한 수요가 커지게 되었다. 복도를 따라 걸거나 창문 사이에 매달기 위해 제작된 아주 특별한 용도의 작품은 물론이고, 왕좌 위에 지붕처럼 늘어뜨리기 위한 천개장식 등이 주로 주문되곤 했다.[17] 후원인들은 종종 집안의 특정 공간을 분리하거나 장식하기 위해 한 '방' 전체를 장식하기 위한 단일 작품이나 여러 작품으로 구성된 연작을 주문하기도 했다. 하지만 애덜슨(Candace Adelson)이 지적한 것처럼 태피스트리는 단순히 장식적 분리 장치만은 아니었다. 그는 다음과 같이 말한다.

> 태피스트리가 유럽에서 필수적인 장식 역할을 담당했을 때, 그것은 오직 그것을 구입할 수 있는 경제력을 갖춘 사람들만을 위한 사치품이었다. 고도의 기술적인 차원에서 생각하면 태피스트리는 정교하게 세공된 무기류와 함께

16 중세 말과 르네상스기에 특별히 주목해 태피스트리의 역사에 관해 추적한 연구 성과로는 톰슨(W. G. Thomson)의 여전히 귀중한 연구인 *A History of Tapestry*, London, 1906(reprint 1930)을 비롯해 Ludwig Baldass, *Die Wiener Gobelinssammlung*, Vienna, 1920, 3 vols.; Heinrich Göbel, *Wandteppiche*, Leipzig, 1923~34; Edith Appleton Standen, "Studies in the History of Tapestry", Apollo, cxiv/223, 1981, pp. 6~53; Roger d'Hulst, *Vlaamse wandtapijten van de Xvde tot de XVIIIde eeuw*, Brussels, 1960; Guy Delmarcel, *Flemish Tapestry*, London, 1999를 보라.

17 Candace Adelson, *European Tapestry in the Minneapolis Institute of Arts*, New York, 1994, p. 2를 보라.

> 구입 가능한 가장 고가의 동산(動產)이었다. …… 태피스트리는 보다 사치스럽고 이동 가능한 형태의 기념비적 회화로 간주되었다. 당시의 재산목록은 태피스트리가 그림보다 훨씬 고가로 평가되었음을 보여준다. …… 그것은 또한 봉건시대 그리고 근대 초 유럽의 이동 궁정에서 필요했던 가장 실용적인 비품이었다. 영주나 통치자들이 자신들의 영지를 순찰할 때, 그들은 성에서 성으로 태피스트리를 가지고 다녔다. 그곳에서 태피스트리는 피지배민들에게 주군의 위엄을 각인했을 뿐만 아니라 따뜻함 그리고 미학적 즐거움 또한 제공했다.[18]

용이하게 운반할 수 있는 실내장식용 분리 장치였을 뿐만 아니라 제작에 투여된 엄청난 기술, 노동의 강도, 재료 때문에 태피스트리에는 보다 많은 무형의 위엄과 경외가 부여되었다.

직조공들은 대개 장인 직조공 혹은 화가나 제도공 출신의 후원인이 의뢰한 밑그림을 바탕으로 태피스트리를 제작했다. 밑그림은 일반적으로 장인 직조공의 중요한 자산이 되었고, 첫 작품이 성공을 거둘 경우 이에 따른 재생산을 위해 다시 사용되기도 했다. 형태, 재질, 모양과 색깔을 재현할 수 있는 직조공의 능력이 점점 더 정교해지면서 밑그림의 주제가 보다 야심차고 복잡해졌다. 강렬한 빗살 모양의 색채를 만들기 위해 씨실을 번갈아 사용하는 해칭 기법과 각각의 씨실이 다른 음영의 여러 가닥으로 구성되어 하나로 조합되는 트위딩 기법 등이 사용되었다.[19] 기술의 발전은 또한 가용한 재료의 범위가 확대되는 것과도 무관하지 않았다. 태피스트리 제작용 실은 언제나 아마포 혹은 종종 영국산 양모로 이루어졌고, 점차 아시아에서 들어온 비단이나 아프리카나 아메리카에서 수입된 은이나 금을 함유한 실이 추가되었다. 자연 염료는 사프란, 라크, 명반 등을 포함한

18 *Ibid.*, p. 16.

19 Adelson, *European Tapestry*, pp. 9~10을 보라.

식물이나 벌레에서 추출되었다. 이와 함께 동양에서 수입된 다른 염료들이 사용되었는데, 이것들이 직조공의 색채감에 생생함과 강도를 더해주었다. 색을 흡수하는 능력을 강화하기 위해 실을 넣어 끓이는 금속성 염류인 매염제가 점차 정교하게 사용되었다. 매염제의 사용은 16세기 직조공들이 사용할 수 있는 색상의 범위와 강도를 늘려주었다.[20]

14세기 이후 태피스트리의 생산은 거의 전적으로 저지대 국가들에 집중되어 있었다. 1302년 '수직직(垂直織) 태피스트리 제작자들'(Tapissiers de la haulte lisse)로 불리던 이들에게 파리의 태피스트리 직조공 조합에 가입하는 일이 허용되었다.[21] 하지만 태피스트리 제작과 다른 형태의 직물 생산업 사이의 구분은 여전히 모호했고, 또 둘 사이에는 여러 면에서 불분명한 점이 많았다. 1405년 잔 반 파리(Janne van Paris)는 '사라센 노동자'(sarasinoyswerker)로 언급된 바 있는데, 그 말은 사라센을 뜻하는 프랑스어(sarasinois)에서 유래한 것이었다.[22] 기 델마르셀(Guy Delmarcel)이 지적하듯이, 이것은 분명 일찍이 14세기부터 그리고 아마도 그 이전부터 동양과 서양 사이에 전해내려오던 직물 전통의 영향과 두 세계 사이에 벌어지던 이종 결합을 보여주는 증거다. 아라스의 고성능 직조 베틀 태피스트리 제조업의 발전에 관한 현존 자료는 1313년까지 거슬러 올라가 확인할 수 있다. 1477년 프랑스의 루이 11세에게 함락될 때까지 아라스는 태피스트리 직조 산업의 중심지로서의 지위를 유지했다. 하지만 15세기 말부터는 브루게(Bruges), 브뤼셀, 미들부르크(Middleburg), 그리고 다른 어느 곳보다 투르네(Tournai)가 결국 이 도시를 능가하게 되었다.[23] 16세기 초반에는 이처럼 북유럽이 이 산업을 완전히 장악하게 되었고, 그 결과 파올로 조비오

20 Philips, *Tapestry*, pp. 22~24; Adelson, *European Tapestry*, pp. 11~12를 보라.

21 Thomson, *History of Tapestry*, pp. 53~69.

22 Delmarcel, *Flemish Tapestry*, p. 27.

23 Thomson, *History of Tapestry*, pp. 105~36.

(Paolo Giovio)는 태피스트리를 '저지대 국가들의 최고 예술'(Belgarum ars suprema)로 칭할 수 있었다.[24]

플랑드르에서 브라반트(Brabant)에 이르는 지역에서 태피스트리 산업의 규모와 기술이 팽창하고 발전하면서 종종 디자인과 양식 역시 작품이 특별히 주문되는 맥락과 얼마만큼의 비용이 소요되어야 하는가에 따라 다양해졌다. 많은 태피스트리는 주로 장식적인 용도로 제작되었다. 특히 인기를 끌던 장르 가운데 하나는 주로 정원이나 풍경에 기초해 그 밖의 다른 것을 거의 배제한 채 무성한 식물로 가득 찬 들판을 묘사했던 '신록'(verdure) 태피스트리였다. 신록 태피스트리는 이른바 '백화정'(millefleurs) 디자인, 즉 대개 붉은색이나 푸른색 땅 위에 풍성하게 자란 식물들을 고도의 양식화된 방식으로 표현하는 디자인 기법과 매우 밀접하게 연결되어 있었다. 백화정 디자인은 페르시아와 오스만의 모티프와 밀접한 관계를 지니고 있으며, 당대 동양 회화에 묘사된 카펫과 직물류의 기하학적 디자인에서도 발견된다.[25] 그리고 그러한 디자인은 종종 문장(紋章)적 도구나 의미 있는 동물을 표현하는 의전적·상징적 태피스트리를 제작하는 데 이용되었다. 하지만 최고 형태의 기념비적 연작물로 제작된 것은 서사적 태피스트리였다. 이러한 작품들의 이야기는 종종 성서에서 유래한 도덕적 이야기와 고대 세계의 서사에 기초를 두고 구성되었다. 가장 인기 있었던 이야기를 들자면, 탕자의 귀환, 알렉산드로스 대제의 역사, 트로이 전쟁(그림 30), 헤라클레스의 고행 등이다.[26]

15세기를 거치면서 태피스트리에 대한 유럽 궁정의 수요가 늘어났고,

---

24 Clifford M. Brown and Guy Delmarcel, *Tapestries for the Courts of Federico II, Ercole, and Ferrante Gonzage, 1522-63*, Washington, DC., 1996, p. 11에서 인용.

25 Jardine, "Preface", in *Worldly Goods*를 보라.

26 Edith Appleton Standen, *European Post-Medieval Tapestries and Related Hangings in The Metropolitan Museum of Art*, New York, 1985를 보라.

그림 30 파스퀴에 그르니에 작업장에서 제작된 연작 태피스트리 「트로이 전쟁」 가운데 「헥토르와 안드로마케」, 1472~74년경, silk and wool. Metropolitan Museum of Art, New York.

그 결과 거의 모든 저지대 국가들에 작업장이 설립되었다. 그러한 작업장에서는 주어진 시간 내에 어떤 한 편의 태피스트리 연작을 제작하기 위해 40명에 이르는 직조공이 고용되었다. 16세기 중반에는 이러한 모습이 거의 서사적 규모에 가까울 정도로 성장했다. 1545년 브뤼셀의 태피스트리 직조공과 협상하는 동안에 메디치 가문의 대리인은 브뤼셀 인구의 거의 사분의 일에 해당하는 대략 15,000명의 주민들이 태피스트리 제조업과 관련된 분야에 종사하고 있다고 추산했다.[27] 하지만 아라스가 태피스트리 제작의 중심지가 된 것은 15세기 초반 부르고뉴 출신의 플랑드르 공작의 치세 아래에서였다. 1423년에서 1467년 사이의 아라스 기능공 등록대장에는 고성능 베틀을 이용해 태피스트리를 제작했던 59명의 직조공 이름이 기록되어 있다. 그들 대부분은 부르고뉴 가문 내에서 가장 열정적으로

27 Delmarcel, *Flemish Tapestry*, p. 117.

태피스트리 제작을 후원했던 인물들 가운데 한 명인 선량공 필리프(Philip the Good, 1418~67)의 지원을 받고 있었다. 필리프는 1440년 자신의 집 옆에 단지 보관을 목적으로 둥근 천장을 지닌 건물을 세울 정도로 광범위하게 태피스트리를 수집했다. 필리프는 선조들로부터 태피스트리의 중요성을 배웠다. 그 가운데 한 사람이 부르고뉴의 필리프(Philip of Burgundy, *d.* 1404)였다. 그는 루즈베케 전투(the Battle of Roosebecke)를 재현한 태피스트리의 제작을 의뢰했었는데, 그것은 14세기 아라스에서 직조된 태피스트리 가운데 가장 규모가 큰 작품이었다. 전투가 끝나고 4년이 지난 후인 1386년에 완성된 이 태피스트리는 238제곱미터가 넘는 커다란 크기 때문에 장엄하면서도 또 다른 한편으로는 관리하기도 어려운 작품이었다. 결국 그것은 1402년 세 개의 걸개그림으로 분리되었다. 선량공 필리프는 이내 태피스트리 전시가 지니는 어떤 미묘한 의미를 깨달았다. 1440년 그는 새 교황 에우제니오 4세에게 「교황, 황제, 귀족의 세 도덕의 역사」(Three Moral Histories of the Pope, the Emperor and the Nobility)라는 제목으로 특별히 주문된 태피스트리 연작을 선물했다. 이것 역시 아라스에서 제작되었다.[28]

1468년 필리프의 아들 대담공 샤를(Charles the Bold)은 요크의 마거릿(Margaret of York)과 외교적으로 민감한 결혼을 했다. 부르고뉴 가문은 가장 현란한 태피스트리들을 전시해 결혼식장을 화려하게 장식해야 한다는 점을 확고히 했다.[29] 「기드온과 황금 양털의 역사」(The History of Gideon and the Golden Fleece), 「위대한 리에주 전투의 역사」(The History of the

28 Thomson, *History of Tapestry*, p. 97.

29 부르고뉴의 태피스트리들은 궁정 전체에 걸쳐, 예를 들자면 방과 홀 그리고 예배당처럼 그것들이 전시되었던 의식적으로 민감한 장소에 따라 그 목록이 정리되었다. 이것은 태피스트리의 형식이 그것들이 궁정에서 담당했던 내부적 기능과 어느 정도까지 일치할 수 있는지를 보여주는 지표다. Thomson, *History of Tapestry*, p. 92를 보라.

Great Battle of Liège), 「클로비스 왕의 대관식」(Coronation of King Clovis), 「프랑스 최초의 그리스도교 왕」(The First Christian King of France), 그리고 「클로비스 왕과 공드보 딸의 결혼」(The Marriage of King Clovis with the Daughter of Gondebaut) 같은 작품들이 여기에 포함되었다. 결혼식이 열렸던 예배당 자체에는 예수의 고난을 묘사한 태피스트리가 걸렸다. 이것은 부르고뉴 가문이 정치적 효과를 극대화하기 위해 고전적·성서적, 그리고 동시대의 사건을 묘사한 태피스트리를 기민하게 활용했던 전략의 한 사례다. 당대의 한 목격자는 이 작품들을 보고 느낀 경이로움을 다음과 같이 기록했다.

> …… 앞서 말한 부유한 아라스의 홀에는 많은 사람들이 운집해 있다. 이미 언급한 아라스에 있는 것들은 성서의 옛이야기와 유명한 기드온의 이야기를 담고 있었는데, 내 마음에 경이로운 호기심을 불러일으킨다. …… 뒤이은 3연회실에는 냉정한 모습의 말없는 헤라클레스를 묘사한 태피스트리가 걸려 있다. 공작의 대 집무실의 태피스트리는 프랑스 왕 클로비스의 딸과 부르고뉴 공의 결혼에 관한 이야기를 다룬다. 그것들이 숨기고 있는 주제는 바로 아라스의 부유함이다. 그 뒤 32번 방까지 다른 방에도 아라스의 실크와 태피스트리가 걸려 있었다.[30]

과시하는 듯하고 심지어 억압적이기까지 한 의식의 현장을 빈틈없는 정치적 도상과 결합함으로써 필리프의 태피스트리는 이후 수년에 걸쳐 어떤 이야기를 담고 있는 직물, 즉 서사적 태피스트리가 부르고뉴 가문의 수장들에 의해 최대의 효과를 거두면서 전시되는 방식의 모범이 되었다. 15세기 말에 이르러 태피스트리는 더욱더 강력한 정치적 역할을 수행하게 되었다. 즉 성장하고 있던 합스부르크 가문의 권위를 표현하기 위해 태피스

30 Thomson, *History of Tapestry*, p. 98에서 인용.

트리가 자의식적인 범유럽적 정체성을 확립하는 데 이용되었던 것이다. 태피스트리를 통해 군주의 위엄을 생동감 있게 확립했던 부르고뉴의 전통을 이어받아 카를 5세는 치세 초기부터 태피스트리에 열광했고 또 그것의 제작을 의뢰했다. 이베리아반도에서 저지대 국가들에 걸쳐 확대되어가던 자신의 영지를 이동해가면서 카를 5세는 고도의 이동식 합스부르크 궁정 내부의 벽에 태피스트리를 전시했다. 하지만 우리는 판 앨스트의 걸작 「영광」과 같은 장엄한 태피스트리가 물질적 대상 혹은 '아이콘'으로서 엄격한 도상학적 해석이 제시할 수 있는 것 이상의 보다 정치적인 어떤 특정한 역할을 수행했다는 점 역시 주장하고자 한다.

파노프스키와 헤일을 분석하면서 지적했던 것처럼 「영광」에서는 에우로파와 황소가 행운아들을 무리 지어 표현한 신성한 공간에 등장한다. 하지만 우리는 이러한 신격화된 표현이 실질적인 '유럽의' 통치권자라고 할 수 있는 카를 5세 같은 이들에게 계승된 '자연적' 문화유산의 한 부분이었다고 자연스럽게 해석하는 것을 경계해야 한다. 카를이 1519년 신성로마제국의 황제로 선출되면서 정치적 반향을 내포한 일련의 이미지들이 출현할 수 있는 환경이 마련되었다. 이러한 이미지들은 정치권력의 성장에 정당성을 부여했고, 또 그러한 과정 속에서 자신들 스스로가 효과적인 상징적 기능을 보유하고 있음을 분명하게 보여주었다. 우리가 주장하려는 것은 미학적 매력으로 가득 찬 작품들의 창조 과정이 파노프스키, 그리고 은연중에 헤일이 제기했던 모습과는 차이를 보인다는 점이다. 이러한 작품들은 만약 우리가 태피스트리 「운명」을 다시 한 번 새롭게 검토한다면 보다 명확하게 깨달을 수 있는 그와 같은 어떤 시나리오를 통해 창조되었다.

「영광」에서 운명의 여신은 말 그대로 삶의 바퀴의 회전에 맞추어 균형을 잡고 매달려 있다. 그러나 이 태피스트리가 기록하고 있는 것은 분명 삶의 바퀴를 자신에게 유리하게 기울이고 있는 카를의 모습이다. 이것은 이미 1515년 브루게에서 거행되었던 그의 대관식 참석명부에서 채택된 이미지였다.[31] 그런데 고도로 자의식적이고 회고적인 이 이미지는 이 태피스트리의 표면 위 공간들을 가득 메우고 있는 정치적 의미보다 중세 초기의 태피스트리 구성 전통에 따라 제작되었다. 이 태피스트리에서 중요한 점은 합스부르크 가문이 에우로파라는 인물을 전유했으며, 카를이 자신의 문화유산의 일부로 그녀의 도상을 이용했다는 사실이다. 태피스트리 「운명」에서 에우로파는 아시아의 공주라는 본래의 모습에서 합스부르크 제국의 아이콘으로 변화했다. 하지만 우리가 보아왔듯이, 이 태피스트리는 그리스-로마 세계에서부터 르네상스기의 유럽에 이르기까지 그녀의 모습이 이렇게 변하게 된 것이 자연적이고 불가피한 현상이었다는 점을 보여주지는 않는다. 실제로도 황제와 제국의 힘과 위엄을 증진하기 위한 전략의 일환으로서 동양과 서양을 이렇게 나란히 위치시켰다고 생각하는 것이 보다 적절한 해석이다. 우리가 앞으로 보게 되듯 이것이 카를 5세와 관련된 태피스트리에 되풀이되어 나타난 모티프였다. 이러한 전략은 유일하게 그의 제국에 필적할 만한 규모와 군사력 그리고 경제력을 보유하고 있던 당대의 다른 제국, 즉 오스만 제국을 넘어서고 또 그에 대항하기 위해 수립된 것이었다.

이 시점에서 카를의 부르고뉴 선조들이 오스만 제국과 일련의 문화적 교역을 했다는 점을 기억하는 것이 적절해 보인다. 이는 카펫과 태피스트리의 유통에서 가장 생생하게 특징적으로 나타났다. 1396년 용담공 필리프(Philip the Bold)는 오스만의 술탄 바예지드(Beyazit)에 맞서 군사 공격을 감행했다. 하지만 니코폴리스(Nicopolis)에서 그의 군대는 패주했고, 그의 아들이었던 미래의 무외공 장(John the Fearless)이 포로로 붙잡히고 말았다. 술탄은 아라스에서 제작된 태피스트리를 받는 대가로 장을 풀어주기로 합의했다. 단 이 태피스트리들이 좋은 옛이야기들을 재현해야 한다

31 Roy Strong, *Art and Power: Renaissance Festivals 1450-1650*, Woodbridge, 1973의 그림 2를 보라. 1515년 브루게에 카를이 입성하는 장면은 운명의 여신을 수레바퀴로부터 끌어 내리고 있는 그의 모습을 보여준다.

는 것이 그가 내건 전제조건이었다. 결과적으로 장은 가장 훌륭하게 제작된 아라스산 걸개그림을 실은 두 마리의 말과 교환되었다.

당시의 상황 속에서 필리프가 가장 적절하다고 느낀 '좋은 옛이야기'는 알렉산드로스 대제의 이야기였다.[32] 지금 우리는 그와 같은 교환이 지니던 의미가 분명해질 수 있기를 희망한다. 알렉산드로스 같은 인물은 부르고뉴와 오스만의 궁전 모두에서 매우 경쟁적으로 논의되었으며, 또 자신들의 이미지로 단언된 대상이었다. 저지대 국가의 직조공들이 알렉산드로스의 승리를 공들여 재현한 태피스트리를 바예지드에게 제공하면서 필리프는 자신의 오스만 상대자가 전 세계를 통괄하는 잠재적인 제국주의적 권력의 소유자라는 점을 분명하게 인정했다. 오스만의 술탄 역시 그 점을 유쾌하게 알아차렸을 것이다. 바예지드가 전리품으로 얻은 이 태피스트리는 1478년 이스탄불에서 톱카프 궁이 완공되었을 때, 자기 스스로를 알렉산드로스로 생각했던 또 다른 술탄, 즉 정복자 메흐메트(Mehmet the Conqueror)에 의해 궁전의 벽을 장식하는 데 사용되었다. 이러한 상황은 제국의 원형적인 아이콘을 보유하는 것이 메흐메트의 세계적인 열망과 관계가 있음을 생생하게 재현한다. 메흐메트의 군사력과 그가 소유한 영토는, 그가 카를에 훨씬 앞서 그와 같은 과거의 유산을 자신의 것이라고 주장할 수 있는 정당한 근거가 되었다.

그러므로 「영광」과 같은 태피스트리는 우리로 하여금 정치적 정체성과 제국의 권위를 둘러싸고 동양과 서양 사이에서 벌어졌던 지속적인 투쟁의 문제로 되돌아가도록 이끈다. 이것은 1438년의 피렌체 공의회에 직접적으로 맞닿아 있는 문제였다. 동양과 서양 사이에서 자유롭게 이해될 수 있었던 초상메달처럼 「영광」과 같은 태피스트리는 런던, 파리, 리스본, 콘스탄티노폴리스의 궁정에서 똑같이 이해될 수 있도록 디자인되었다. 우리는 또한 고도로 특화되고 정교하게 가공된 제국의 정체성이 성장하고 있

32 Philips, *Tapestry*, p. 32를 보라.

었다는 점 역시 발견할 수 있다. 에우로파는 로마의 황제 '그리고' 유럽의 군주라는 외피로 카를을 미화하는 과정 속에 등장했으며, 이것이 합스부르크의 통제로 만들어진 유럽적 정체성의 모습이 되었던 셈이다. 알렉산드로스 대제를 묘사한 초기의 태피스트리가 오스만이나 부르고뉴의 궁전에서 공개적이면서도 용이하게 상호 간의 정치적 이득을 위해 전유되었다면, 16세기 초 합스부르크의 태피스트리는 에우로파의 신화를 매우 선택적으로 전유하면서 카를의 제국주의적 그리고 궁극적으로는 세계적 열망이라는 이미지를 엮어내고 있다. 이 고도로 편파적이고 선택적인 과정을 통해 합스부르크 가문은 자신들이 품고 있던 보다 커다란 열망을 재현했다.

III

우리가 개략적으로 다루어온 태피스트리의 정치적 의미는 부르고뉴와 뒤이은 합스부르크 궁정이라는 제한된 공간에서만 발견될 수 있는 것이 아니었다. 약한 경제력과 미미한 군사력으로 인해 오스만 및 합스부르크 궁정의 문화적·제국적 위엄에 확실하게 도전할 수 있는 능력이 심각하게 저해될 수밖에 없었음에도 불구하고 발루아와 튜더, 그리고 아비스(Avis) 가문의 궁정 역시 16세기 초반의 수십 년에 걸쳐 경쟁적이고 공격적으로 서사적 태피스트리를 확보하는 일에 긴밀히 관여하기 시작했다. 결과적으로 헨리 8세와 프랑수아 1세는 태피스트리라는 매개물을 통해 중재되던 합스부르크적 위엄이라는 모델을 모방했다. 하지만 그들이 부르고뉴와 합스부르크 작품을 명백히 '인용'했다는 점은 그 자체로 프랑스와 영국의 정치적 나약함을 보여주는 것이었다. 그들이 제작한 태피스트리는 합스부르크의 모델과 너무나 커다란 차이를 보였고, 설혹 그렇지 않다고 해도 그들은 혼란스러울 정도로 과도하게 그것에 집착했다. 그러므로 그들의 입장에서는 태피스트리를 통해 정치적으로 설득력 있는 주장을 담아내기가 힘들었다.

이 점을 보여주는 한 예가 16세기 초반의 또 다른 태피스트리 걸작 컬렉션 가운데 하나였던 프랑수아 1세의 태피스트리다. 1532년 8월 프랑수아는 16세기에 제작된 가장 야심찬 서사적 태피스트리로 꼽히는 연작물들 가운데 그 첫 작품을 소유하게 되었다. 「스키피오 아프리카누스의 역사」(The History of Scipio Africanus)(그림 35)라는 제목의 이 작품은 프랑수아를 위해 이탈리아의 기업가 마르키오 발디(Marchio Baldi)가 의뢰한 것으로 마르크 크레티프(Marc Crétif)의 브뤼셀 작업장에서 제작되었다.

이 작품이 어떤 성격으로 의뢰되었는가를 자세히 기록하고 있는 현존하는 한 문서에는 이런 유형의 기념비적 연작의 제작에 소요된 전형적인 시간, 노력, 계획, 비용 등이 기술되어 있다. 프랑수아의 주문을 실행하던 발디와 크레티프 사이에서 합의된 처음 계약서에는, '스키피오 아프리카누스의 역사'(l'histoire de Scipion l'Africain)가 금과 비단으로 대략 560제곱미터에 상응하는 400온(aune)의 크기로 직조될 것이라고 명기되었다. 크레티프에게는 각 온당 50에퀴를 지불하기로 되었는데, 이는 그러한 권위 있는 주문이 얼마나 커다란 돈벌이가 되는 일인가를 보여주는 증거다. 세 개의 완성된 태피스트리를 받은 후에 프랑수아는 다음과 같이 크레티프에게 주문하면서 그와 최종 계약서에 합의했다.

> …… 풍부한 황금과 비단을 사용하여 스키피오 아프리카누스의 역사를 재현한 태피스트리를 파리의 척도에 따라 대략 400온의 규모로 제작하고 가공하여 배달하라. 이 새로운 작품은 앞서 언급되었던 대리인[발디]이 확인한 세 점의 태피스트리와 같은 양, 품질, 유형, 형태로 제작되어야 한다. 이번 경우에 온당 총 50에퀴의 가격으로 거래가 이루어진다.[33]

33 J. Cox-Rearick, *The Collection of Francis I: Royal Treasures*, New York, 1995, p. 378에서 인용.

이 마지막 연작물은 최근 만토바의 팔라초 델 테(Palazzo del Te)에서 작업을 마친 줄리오 로마노(Giulio Romano)가 그린 일련의 밑그림에 따라 디자인되었다. 이 작품은 거대한 규모로 제작된 총 22개의 태피스트리로 이루어졌고, 그것들의 총 표면 면적은 대략 680제곱미터에 이르렀으며, 이 작품을 위해 23,448에퀴라는 놀라울 정도로 많은 비용이 소요되었다. 이것은 50,000리브르를 상회하는 금액이었다.

연작 「스키피오 아프리카누스의 역사」는 두 부분으로 나뉠 수 있다. 처음 열세 편의 태피스트리는 스키피오의 업적을 재현한 것이고, 나머지는 그의 승리를 묘사한 것이다. 로마와 카르타고 사이에서 벌어진 제2차 포에니 전쟁에서 태피스트리의 장면들이 유래했다. 스키피오는 기원전 204년 30,000명의 보병을 북아프리카에 상륙시킴으로써 로마에 대한 카르타고의 위협을 분쇄하는 데 기여했고, 기원전 202년에는 카르타고에서 120킬로미터 떨어진 자마(Zama) 전투에서 한니발을 물리쳤다. 그의 승리와 로마로의 귀환을 기념하면서 스키피오의 연이은 승리는 제국의 힘과 권위를 전시하는 원형적인 모델이 되었다. 이것이 경쟁 관계에 놓여 있던 카를 5세와 프랑수아가 각자의 치세 동안 애타게 확립하려 했던 통치자의 덕목이었다. 1519년 카를에게 신성로마제국 황제라는 직위가 돌아가게 되었을 때, 프랑수아는 자신의 궁정 벽을 장식하기 위한 제국의 상징적 인물의 원형으로 스키피오 아프리카누스를 선택했다. 분명 이와 같은 프랑수아의 선택은 별다른 생각 없이 자의적으로 결정한 것이 아니었으며, 또 이 태피스트리의 전시가 가져올 외교적 문제를 정교하게 고려한 것도 아니었다.

아무튼 태피스트리가 배달되자마자 프랑수아는 그것을 이용해 최대한의 정치적 효과를 이끌어내려고 노력하기 시작했다. 예를 들어 그는 1532년 10월 불로뉴(Boulogne)에서 열린 헨리 8세와의 호사스러운 연회에서 이 태피스트리를 전시했다. 이에 대해 기록한 회고록에서 마르탱 뒤벨레(Martin du Bellay)는 다음과 같이 적었다.

수도사들의 식당으로 사용되는 방이 있는데, 그곳에는 휘장이 쳐져 있다. 천장은 살색의 호박단과 왕의 색으로 표현된 호박단 깃발로 가득하다. 그리고 스키피오 아프리카누스의 승리를 묘사한 네 개의 주요한 태피스트리가 여기에 걸려 있다. 이 모든 것은 황금과 비단실로 아주 길게 직조되었다. 가능한 한 최대로 자연스럽게 이러한 특성이 잘 반영되어 있어 아마도 지구상의 어느 화가도 화판 위에 이보다 더 잘 표현할 수 없을 것이다. 그들은 각 온당 50에퀴의 비용이 소요되었다고 말한다.[34]

단지 4개월 후인 1533년 2월, 프랑수아 1세의 궁정에 파견된 베네치아의 대사 마리노 주스티니아니(Marino Giustiniani) 역시 프랑수아의 이 새로운 태피스트리를 칭송했다. 이번 경우 파리 루브르에서 열린 축연에서 그는 이렇게 말했다.

우리의 도서관만한 규모의 큰 방, 보다 큰 방에는 많은 태피스트리가 걸려 있었다. 이 방의 끝에는 베네치아에 있는 것만한 크기의 법관석이 있다. 그곳의 절반은 황금직물로 그리고 나머지 절반은 보랏빛 벨벳으로 장식되어 있었는데, 부조로 표현된 호화로운 나뭇가지가 그 위에 수놓아져 있었다. 그 방의 나머지 공간에는 프랑수아 1세가 풍부한 금과 은, 그리고 비단을 사용해 최근 제작토록 한 스키피오 아프리카누스의 공적을 재현한 여러 태피스트리가 걸려 있었다. 나는 그것들이 매우 아름답다고 생각했다. …… 최고의 그리스도교 왕은 내게로 와 우르비노의 라파엘로가 그린 그림을 칭송한 후에 [우리] 위에 걸려 있는 그가 알고 있는 직조된 이 [역사] 연작의 우수성을 칭송했다. 하지만 프랑수아는 앞서 말한 우르비노의 라파엘로가 교황을 위해 제작한 태피스트리와 비교하면서 이 작품이 그것보다 훨씬 더 훌륭하다고 확언했다.[35]

34 *Ibid.*, p. 381.

뒤 벨레와 주스티니아니는 모두 프랑수아의 새 태피스트리에 재현된 시각적 화려함, 그리고 연회장 내부를 압도하고 지배하는 그것의 풍부한 생동감을 강조했다. 프랑수아의 제국적 권위와 구매력을 상기시키면서 이 태피스트리는 그것이 걸린 내부에 위압적인 분위기를 드리웠다. "아마도 지구상의 어느 화가도 화판 위에 이보다 더 잘 표현할 수 없을 것이다"라는 말에서 드러나는 것처럼 뒤 벨레와 주스티니아니의 관찰에서 두드러진 것은 태피스트리의 전시가 과연 얼마만큼 회화보다 더 놀라운 인상을 심어줄 수 있는가라는 점이었다. 방금 언급한 주스티니아니에게 프랑수아가 한 말은 이 점을 강조하는 데 일조한다. 이 태피스트리의 절대적인 규모와 제작에 들어간 막대한 비용은 1519년 완성된 레오 10세의 「사도행전」 연작과의 비교를 피할 수 없게 만든다. 주스티니아니의 언급 역시 이 태피스트리의 제작을 의뢰하면서 아프리카누스의 제국주의적 외형을 전유하고, 또한 기술적 혁신과 시각적 매력으로 직조된 태피스트리를 제작함으로써 교황을 넘어서기 위해 프랑수아가 얼마나 커다란 의식적인 노력을 기울였는지를 강조하고 있다. 이 점은 「스키피오 아프리카누스의 역사」 연작 가운데 그 첫 작품을 받자마자, 이내 프랑수아가 레오의 「사도행전」을 똑같이 복사한 작품을 주문했다는 사실에서 잘 확인된다. 이 작품을 갖고 싶어 했던 사람은 프랑수아 하나만이 아니었다. 헨리 8세와 오스트리아의 마거릿(Margaret), 그리고 추기경 에르콜레 곤차가(Ercole Gonzaga), 이들 모두 라파엘로의 밑그림을 통해 제작된 태피스트리의 복사품을 소유하고 있었다.[36]

막대한 비용을 들여서까지 무모하게 「스키피오 아프리카누스의 역사」 제작을 의뢰했던 프랑수아의 모습은 지속적이면서도 더욱 커져가던 경쟁 방식을 보여주는 일종의 징후였다. 이러한 경쟁 속에서 르네상스 유럽의

---

35 *Ibid.*, pp. 381~82.

36 *Ibid.*, p. 376.

제국 궁정은 서사적 태피스트리의 소유와 전시를 통해 스스로의 정치적 우월성을 확고히 다지려고 노력했다. 이 점에서 볼 때, 「스키피오 아프리카누스의 역사」는 레오의 「사도행전」에 대한 직접적인 대응이자 카를의 「영광」에 대한 간접적인 응수였다. 이 작품이 암시하는 것은 고가이면서 기술적으로도 혁신적인 작품들을 주문하고 전시하는 데 프랑수아가 다른 제국의 경쟁자들과 어깨를 나란히 할 수 있다는 점이었다. 이 점에 부합하듯이 작품은 프랑수아 자신에게는 제국주의적 권력에 대한 스스로의 주장을 뒷받침하는 모델로 기능했고, 또한 경쟁자였던 헨리 8세의 시도를 억제하기 위한 대응책으로도 작용했다. 프랑수아 1세의 아들과 메리 공주 사이의 결혼을 협상하기 위해 프랑스의 대사가 런던에 갔던 1527년에 헨리는 제국의 위엄을 주장하기 위해 「다비드의 역사」(History of David)라는 제목의 연작 태피스트리를 전시했다. 이번 경우에 그린위치(Greenwich) 연회장의 홀에는 "다비드의 역사를 재현한 영국에서 가장 값비싼 태피스트리가 걸려 있었다".[37] 헨리 치세기의 영국 궁정은 2,000점 이상의 태피스트리를 소유하고 있었고, 그것들은 주로 햄프턴(Hampton) 궁에 소장되어 있었다. 하지만 그것들 대부분은 영국 왕과 추기경 울시(Wolsey)를 위해 외교적 중개인이나 기업인들이 구입했던 독창성 없는 연작에 불과했다.[38]

하지만 최근의 자료에 따르면, 헨리 역시 태피스트리의 정치적 효용성을 날카롭게 인식하고 있었다. 신에게 선택받은 이들을 다스리는 도유된 통치자로서의 이미지를 강화하려는 시도로, 1520년대에 그는 다비드와 밧세바(Bathsheba)의 이야기를 표현한 태피스트리 연작(그림 36)을 구입했다.[39] 이

37 Thomas Campbell, "Henry VIII and the Château of Écouen *History of David and Bathsheba* Tapestries", *Gazette des Beaux Arts*, CXXXVIII, 1996, p. 130에서 인용.

38 울시의 태피스트리에 대해서는 Thomas Campbell, "Cardinal Wolsey's Tapestry Collection", *Society of Antiquaries Journal* 76, 1996을 보라.

39 Campbell, "*History of David and Bathsheba* Tapestries", pp. 121~38.

태피스트리는 분명 통치자들의 개인적 윤리나 공적인 업적과 같은 도덕적인 주제들을 다룬다. 기 델마르셀의 주장에 따르면, 이것은 「영광」에서 판앨스트가 표현한 주제를 보다 예술적인 형태로 재가공한 것이었다.[40] 연작 「다비드의 역사」는 합스부르크 가문에 의해 예술적·정치적으로 처음 시작되었고, 이후의 세계에 주의 깊게 전파된 하나의 관습을 재가공한 전형적인 작품이었다. 헨리는 태피스트리가 묘사했던 기존의 인물들 속에 자신의 개인적·정치적 정체성을 끼워 넣기를 열망했다. 합스부르크의 후원 아래 제작된 태피스트리들이 지니던 응집력, 그리고 당대의 정치적 사건과 이를 풍부하게 반영하고 있는 예술품 사이에 존재하는 견고한 관계와 비교해보면 분명 헨리의 이러한 대응은 이미 정치적·예술적으로 파생된 것이었다. 하지만 설사 그렇다고 해도 1532년 불로뉴에서 직접 눈으로 보았을 때처럼 프랑수아의 「스키피오 아프리카누스의 역사」 같은 예술적으로 혁신적인 연작물을 접하게 되었을 때, 헨리는 프랑스 왕이 자신보다 더 강하고 설득력 있게 제국의 위엄을 주장한다는 점을 의심 없이 받아들일 수밖에 없었다.

심지어 제국적 인물의 원형이라고 할 수 있는 로마인을 전유한다는 점에서 프랑수아가 「스키피오 아프리카누스의 역사」 태피스트리를 의뢰했다는 것은 그 자체로 더욱 대담한 시도였다고 할 수 있다. 아마도 스키피오는 로마의 제국주의적 외피를 계승했던 카를 5세에게 더욱 잘 어울리는 모델이었을 것이다. 기실 카를의 지위가 신성로마제국 황제로 격상된 것을 기념하기 위해 제작된 초기의 연작 태피스트리인 「영광」은 바로 그 점을 명확히 표현하기 위해 스키피오 아프리카누스의 이미지를 광범위하게 이용했다. 카를은 전장에서의 공훈과 뒤이은 브뤼셀의 태피스트리 작업장과의 협상을 통해 보다 대담하게 주도권을 쥐고 자신이 스키피오의 역할에 더욱 부합한다는 점을 새로이 주장하면서 프랑수아에게 대응했다.

---

40 Delmarcel, "Dynastic Iconography".

1519년 신성로마제국의 황제 자리를 놓고 벌어진 경합에서 합스부르크의 군주가 프랑스의 경쟁자를 물리친 이래, 카를과 프랑수아의 갈등은 점점 격화되어갔다. 뒤이은 몇 해에 걸쳐 유럽의 여러 국가들이 합스부르크와 발루아 사이에서 이편저편으로 나뉘어 서게 되면서 이것이 야기한 분파주의가 성장하게 되었고, 1525년 파비아에서 그 절정에 이르렀다. 북부 이탈리아로 진격하려던 프랑스군은 카를의 군대와 교전하게 되었고 결국 파국적인 결과를 맞게 되었다. 추산에 따르면 프랑스의 사상자는 10,000~14,000명에 달했다. 이 전투에서 프랑스 왕은 자신을 태운 말이 발 아래에서 총탄에 맞게 되는 순간을, 그리고 자기 자신은 합스부르크의 경쟁자에게 포로로 잡혀 마드리드 조약(the Treaty of Madrid)에 따라 카를이 제시한 조건에 굴복해야 하는 치욕을 경험했다. 두 군주 모두 이미 제국의 권력이 성장하는 한 방편으로 태피스트리를 이용해오고 있었다. 이 때문에 이렇듯 무척이나 격앙되고 감정적인 분위기 속에서 카를의 궁정이 신속하게 합스부르크의 승리를 기념하기 위한 태피스트리 연작의 제작을 의뢰했다는 것은 결코 놀라운 일이 아니다. 「파비아 전투」(The Battle of Pavia)라는 제목의 태피스트리(그림 31)가 이 전투의 즉각적인 결과로 브뤼셀에서 제작되었다. 베르나르트 판 오를레이(Bernard van Orley)가 그린 밑그림에 기초해 제작된 것이 확실한 이 태피스트리는 1531년 브뤼셀 저지대전국의회(the States General of the Lowlands)가 카를에게 선물로 보낸 것이었다.[41] 일곱 편으로 구성된 이 태피스트리 연작은 트로이 전쟁과 알렉산드로스의 공훈을 묘사했던 15세기 초반의 태피스트리에서 나타났던 고전 모델을 폭넓게 차용하고 있다. 하지만 전투 장면의 윤곽선을 시각적으로 처리하고 실제 전장의 지형과 병사들을 정확하게 묘사하고 있다는 점에서 「파비아 전투」 태피스트리는 특히 신선하고 눈에 띄는 것이었다.[42] 또

41 Hendrick Horn, *Jan Cornelisz Vermeyen*, The Hague, 1989, vol. I, p. 256.

42 「파비아 전투」 태피스트리의 정확한 사실주의가 담고 있는 새로운 측면에 대해서는

그림 31 베르나르트 판 오를레이, 연작 태피스트리 「파비아 전투」 가운데 「프랑수아 1세의 항복」, 1531년경, wool and silk. Museo Nazionale di Capodimonte, Naples.

한 이 연작은 그동안 합스부르크 궁정이 태피스트리를 이용해오던 방식과의 의미심장한 결별을 뜻하는 것이기도 했다. 「영광」에서 확인할 수 있는 중세적 알레고리의 흔적을 대체하면서 연작 「파비아 전투」 태피스트리는 카를의 군사적 위용과 제국의 힘을 공격적으로 표현한다. 사실상 이것은 초기의 작품들에 나타난 위압적인 정치권력에 대한 도상학적 반론이라기보다 그것이 더욱 논리적으로 발전한 귀결이었다.

파비아에서의 치욕적인 패배뿐만 아니라 1529년 란드리아노(Landriano)에서의 패주에도 불구하고 프랑수아는 합스부르크 황제에 대항하기 위한 군사적 연합을 구축하려는 시도를 멈추지 않았다. 1534년 무렵 카를에게 프랑수아와 대 술레이만 사이의 외교적·군사적 동맹은 더욱 곤란한 문제로 발전하기 시작했다. 합스부르크 제국의 군사적·상업적 권력에 대한 직접적인 대응으로서 이 동맹은 지중해 세계에서 아무런 제약 없이 활동하던 카를을 고립시키기 위한 목적으로 성립되었다. 1534년 말경, 카를은 이 동맹을 분쇄하기에 알맞은 장소로 북아프리카 해안의 튀니스에 주목하고

Roger D'Hulst, *Tapisseries flamandes*, Brussels, 1960, pp. 147~56을 보라.

그 지역에서 프랑스-오스만 연합에 맞선 군사 행동을 감행하기로 결정했다.

카를은 심지어 전쟁을 준비하는 동안 자신의 행동을 기념하기 위한 계획도 함께 수립했다. 1535년 6월 그는 네덜란드 하를럼(Haarlem) 출신의 판 앨스트와 예술가 얀 코르넬리스 페르메이언(Jan Cornelisz Vermeyen)을 고용하여 그들로 하여금 자신의 군대와 함께 여행하면서 군사 행동의 과정을 기록한 그림을 그리도록 만들었다. 그리고 그는 이를 바탕으로 스스로 널리 알려지기를 희망했던 이 전쟁을 기념할 수 있는 태피스트리를 제작하게 했다. 카를의 함대는 제국의 장군 안드레아 도리아(Andera Doria)가 이끄는 400척의 함선과 30,000명의 전투병을 대동하고 6월 14일 칼리아리(Cagliari)를 떠나 튀니스로 향했다. 6월 말에 튀니스가 카를의 수중에 떨어졌고, 그는 이 도시에 대한 약탈을 명령했다. 이는 굴복을 거부한 도시에게 잔인한 징벌을 내리기 위해 미리 계획된 것이었다. 또한 이 군사 행동은 그에게 영광스러운 승리의 상징이기도 했다. 즉 그것은 가공할 만한 세력으로 성장하던 무슬림 군대에 대한 결정적인 승리이자 북아프리카의 전쟁에 말려들기를 꺼려하던 프랑수아 1세의 국제적 지위에 타격을 가한 것을 의미했다. 하지만 프랑수아와 이스탄불, 그리고 술레이만과 북아프리카 사이의 밀접한 관계가 계속 유지되었기 때문에 실제 이 원정으로부터 그가 얻은 것은 그리 많지 않았다.

그렇지만 카를에게 튀니스에서의 승리가 지니는 선전적인 가치는 이 원정이 계획되던 순간부터 분명하게 인식되고 있었다. 따라서 그는 십자군 전쟁에 참여하는 신성로마제국 황제의 사명을 다하고 있는 모습으로 자기 스스로를 묘사하면서 이 원정을 불신자 이교도에 대한 직접적인 공격으로 표현했다. 페르메이언에게는 전장과 군대를 세밀하게 스케치하는 일이 명확한 임무로 주어졌고, 실제 그는 전장에서 카를의 개인적인 기록관이나 다름없었다. 인쇄술의 발전 덕분에 전장에서 돌아온 즉시 현장의 시각적 자료들이 목판블록으로 제작되어 유럽 전역에 판매될 수 있었다. 그리고 이를 통해 승리자의 힘과 패배한 진영의 치욕이 널리 선전되었다. 페르메이언이 직접 목격하고 그린 그림을 이용하여 튀니스의 함락을 기념하는 태피스트리의 제작 계획이 수립되었고, 톨레도의 제국 궁정에는 12개의 판넬을 소장하기 위한 특별 공간이 마련되었다. 이 태피스트리의 제작을 의뢰받은 조직은 프랑수아의 「스키피오 아프리카누스의 역사」를 제작한 단체보다 훨씬 더 엄격하게 통제되었다. 1546년 6월 15일 헝가리의 여왕이자 카를의 누이였던 오스트리아의 메리는 페르메이언의 「튀니스 정복」(Conquest of Tunis) 그림에 기초하여 제작된 실물 크기의 밑그림을 구매하기 위해 브뤼셀에서 그와 계약했다. 이러한 대규모의 밑그림 제작을 위해 실로 어마어마하다고 할 수밖에 없는 1,900플랑드르 파운드가 양 진영 사이에서 합의되었다.[43]

또한 메리는 페르메이언의 밑그림을 바탕으로 12개의 태피스트리를 제작하기 위해 브뤼셀의 뛰어난 태피스트리 제작자 빌럼 데 판네마커르(Willem de Pannemaker)에게 접근했다. 1548년 2월 그와 합의된 최종 계약서에는 오직 최상의 원료, 즉 금실과 은실 그리고 그라나다에서 얻을 수 있는 최고급 비단실만이 사용되어야 한다고 명기되었다. 선홍색이든 아니면 다른 색이든 그라나다산(産) 비단 외에는 다른 어떤 것도 사용될 수 없었다. 이 계약서는 다음과 같이 기록하고 있다.

> 위에서 언급된 각각의 태피스트리에 사용될 직물은, 더 훌륭한 작품을 제작하는 것이 가능하다면 비용에 상관없이, 리옹에서 만들어진 최고급 최상의 실로 직조되어야 한다. …… 앞서 말한 우리가 필요로 하는 태피스트리 제작을 위해 어떤 색이든 관계없이 위에서 말한 그라나다산 비단을 사용하는 데 비용을 아끼지 말아야 한다. 가장자리를 위해서는, 원판에서 금

43 밑그림 제작의 관행 방식에 대해서는 파머(J. Farmer)의 사례 연구인 "How One Workshop Worked: Bernard Van Orley's Atelier in Early Sixteenth-century Brussels", in G. Clark *et al.*, *A Tribute to Robert A. Koch: Studies in the Renaissance*, Princeton, 1995를 보라.

실이나 은실이 사용되어야 한다고 특기했을 경우, 언급된 금실이나 은실이 비단실과 함께 사용되어야 하며, 그 뒤 훌륭한 무명과 비단으로 짠 세루(sayette)가 되기 전 다른 두 겹의 비단을 덧붙여야 한다. 그리고 인물, 풍경, 나무나 푸른 목초를 묘사할 경우에 여기에도 마찬가지 방식으로 금실이나 은실을 사용한 후에 둘, 셋, 넷 혹은 다섯 가지의 다른 비단이 앞서 말한 훌륭한 세루가 되기 전에 이용되어야 한다.

여왕께서 제공하실 은실과 금실을 주의 깊게 다루고, 앞서 말한 태피스트리 제작을 위해 그것 이외에는 다른 어떤 것도 사용하지 말고, 절대로 필요한 경우가 아니라면 은실과 금실의 사용에 비용을 아끼지 않는다.[44]

「튀니스 정복」 태피스트리의 제작은 그 작품이 묘사하고 있는 군사작전만큼이나 세밀하게 계획된 거대한 사업이었다. 계약에 명시된 조건 아래, 판네마커르는 7명의 동료 태피스트리 제작자들과 제작에 필요한 하청계약을 맺었다. 적어도 42명의 직조공들이 고용되었고, 막대한 노동비와 재료비가 소요되었다. 판네마커르 자신에게는 만족스러운 작품을 완성한다면 평생의 연금이 보장될 터였다. 비단실을 구입하기 위해 필요했던 6,637파운드의 선금을 포함해 그는 대략 총 15,000플랑드르 파운드를 받았다.

「튀니스 정복」의 제작 의뢰에서 핵심적인 요소는 비용을 아끼지 않는다는 점이었고, 이는 재료의 질과 그것이 사용되는 방법에 관한 계약서에 되풀이되어 나타났다. 메리의 대리인은 559파운드에 달하는 63가지 다른 형태의 그라나다산 비단의 선적을 허가했다. 메리 역시 안트베르펜의 금융업자이자 상인이었던 야코프 벨저(Jacob Welser)로부터 일곱 가지 유형의 금실과 세 가지 유형의 은실을 주문했다. 양, 실의 유형, 정확한 품질이 자세히 명기되었다. 모든 지불이 끝났을 때, 말뜻 그대로 천문학적 비용이 「튀니스 정복」 태피스트리의 제작에 쏟아부어졌다.

44 Horn, *Vermeyen*, vol. II, p. 348.

그림 32 빌럼 데 판네마커르, 연작 태피스트리 「튀니스 정복」 가운데 「바르셀로나에서의 군대 순찰」에서 말을 타고 있는 카를 5세의 세부묘사, 1548~54, wool, silk, gold and silver. Patrimonio Nacional, Madrid.

그 결과 탄생한 작품은 모든 군사작전에 활용된 병참물자뿐만 아니라 카를 자신과 그의 수행원들로 확인할 수 있는 초상화(그림 32)를 포함해 바르셀로나를 출발하여 카르타고에 상륙하기까지 카를의 원정의 전 단계를 아주 정밀하게 묘사한 눈에 두드러진 이미지였다. 첫 번째 태피스트리(그림 37)는 군사작전이 벌어진 곳에 대한 정교한 지도를 담고 있는데, 이 비범한 이미지의 우측 아래에는 장식판을 쥐고 있는 지도 제작자의 모습이 나타난다. 이 장식판에는 다음과 같이 적혀 있다.

> 제5대 신성로마제국 황제이자 스페인의 첫 왕 카를 5세의 1535년 아프리카 정복 …… 명확한 이해를 위해서는 사건이 발생한 지역과 이 정복을 위해 어떠한 준비가 이루어졌는지를 이해할 필요가 있다. 이 때문에 이 태피스트리는 요구되는 어떤 것도 배제하지 않고 자연, 즉 지도제작학이나 우주형상지학과 관련된 모든 것을 다룬다. 멀리서 보면, 아프리카 해안은 유럽과

> 그 경계 지역의 해안과 마찬가지로 주요 항구, 넓은 만, 섬, 바람 등이 그들이 실제 자리 잡고 있는 것과 똑같은 거리로 보인다. 이 때문에 저자는 회화에서 요구되는 것보다 그들의 정확한 위치에 더 많은 주의를 기울이게 된다. 그 지역은 말할 나위 없고 모든 것들이 지도제작학이나 우주형상지학과의 엄격한 조화 속에서 이루어졌고, 화가는 튀니스로의 출항이 이루어졌던 바르셀로나 관객들의 시선을 고려하면서 예술의 규범을 준수했다. 그 도시는 오른쪽 어깨 너머의 관객과 남부 지역 사이에 위치하고, 뒤편에 북쪽이 자리하고 있다. 이렇게 이루어진 정확성과 함께 다른 태피스트리들의 특성들도 잘 이해될 수 있다.[45]

지도 제작과 관련된 이미지들은 그토록 강력한 도상학적 태피스트리 제작에 이용되었다. 그렇다면 여기에서 주목할 점은 지도 제작에서 요구되는 정확성이 과연 어느 정도까지 숭배되고, 또한 비판적으로 독해될 수 있는 제국주의적 예술품을 생산하기 위한 미학적 위엄과 결합되고 있는가라는 문제다.

특히 「튀니스 정복」 태피스트리는 회화적·지리학적 공간을 기막힐 정도로 철저하게 이용하고 있다는 점에서 주목할 만하다. 「영광」과 같은 이전의 작품들이 정적이고 저차원적인 시각적 관점을 이용했다면, 「튀니스 정복」 태피스트리는 고각도의 유동적 시각, 다시 말해 아래에서 올려다본 관점을 채택하여 사건을 표현했다. 이 점에서 이 작품은 세계적이고 신과 유사한 시각에 의존한 마크로비우스(Marcobius)의 『스키피오의 꿈』(*Dream of Scipio*)[46]을 따르고 있었다. 첫 번째 태피스트리는 이러한 조감도(鳥瞰圖)

45 *Ibid.*, vol. I, p. 181.

46 William Stahl, *Commentary on 'The Dream of Scipio' by Macrobius*, New York, 1952를 보라. 마크로비우스에 관한 5세기의 주해는 키케로의 『국가론』(*De Republica*) 6. 22에서 논의된 '스키피오의 꿈'(Somnium Scipionis)에 기초하고 있다. 이 작품에 주목할 수 있도록 조언해준 데니스 코스그로브(Denis Cosgrove)에

그림 33 피터르 판 앨스트, 연작 태피스트리 「사도행전」 가운데 「사도의 소명」, 1519년경, wool, silk, gold and silver. Vatican.

그림 34 피터르 판 앨스트, 연작 태피스트리 「영광」 가운데 「운명」, 1519년경, wool and silk. Patrimonio Nacional, Madrid.

Nil nisi triste cadit, quibus est fortuna sinistra
Milleq funestis Mors venit atra modis
HECVBA
PAVPERTAS

그림 35 마르크 크레티프 작업장에서 제작된 연작 태피스트리 「스키피오 아프리카누스의 역사」 가운데 「하스드루발의 진지 함락」, 1532년경, wool, silk, gold and silver. Patrimonio Nacional, Madrid.

S.P.Q.R

그림 36 「다비드와 밧세바」 태피스트리 시리즈 가운데 「군대의 집합」, 1528년경, wool, silk, gold and silver. Musée de la Renaissance, Ecouen.

그림 37 빌럼 데 판네마커르, 연작 태피스트리 「튀니스 정복」 가운데 「지중해」, 1548~54, wool, silk, gold and silver. Patrimonio Nacional, Madrid.

mucho daño en algunas costas de Christianos: occupo el reyno de Tunez haziendo se pacifico y absoluto señor del
Rey de Espanna se opusiesse a estas nuevas fuerças y por su persona diesse orden a tan gran expedicion y deter
Capitan antonio de saldaña viniese en Barcelona como a lugar mas apto a esta enbarcacion Mando venir ally al mesmo
de genova co diez y seis galeras suyas llega a Barcelona despues de haver ordenado las otras armadas que se havia
viejos cinco mill Italianos tocado en Napoles y sicilia llego en la Isla de cerdeña cerca del cabo pola doде espero la llegada del emp
MAR ATHLANTI CO
MAR DE BERVERIA
MAR OCCIDENTAL
HINC CLASSES ET SIGNA MINANTIA POENIS
PERIASQ RATES LIGVRVMQ CARINAS.
E IMPATIENS DVM TEMPVS ET HORA FEREBĀT.
D NAVES PROPERAT FIDOSQ SODALES

그림 38 빌럼 데 판네마커르, 연작 태피스트리 「튀니스 정복」 가운데 「튀니스 약탈」, 1548~54, wool, silk, gold and silver. Patrimonio Nacional, Madrid.

VICTOREM CAROLVM TER GRATA VOCE SALVTANT
HASAMVM CAESAR QVAMVIS NIL TALE MERENTEM
OMNIA POLLICITVM CVM RE NEC IVVERIT VLLA
RESTITVIT MISERVM SOLIOQVE REPONIT AVITO

그림 39 마르크 크레티프 작업장에서 제작된 연작 태피스트리 「스키피오 아프리카누스의 역사」 가운데 「자마 전투」, 1532년경, wool, silk, gold and silver. Patrimonio Nacional, Madrid.

그림 40 예한 바우다윈, 연작 태피스트리 「전쟁의 결실」 가운데 「승리의 행렬」, 1545년경, wool and silk. Musées Royaux d'Art et d'Histoire, Brussels.

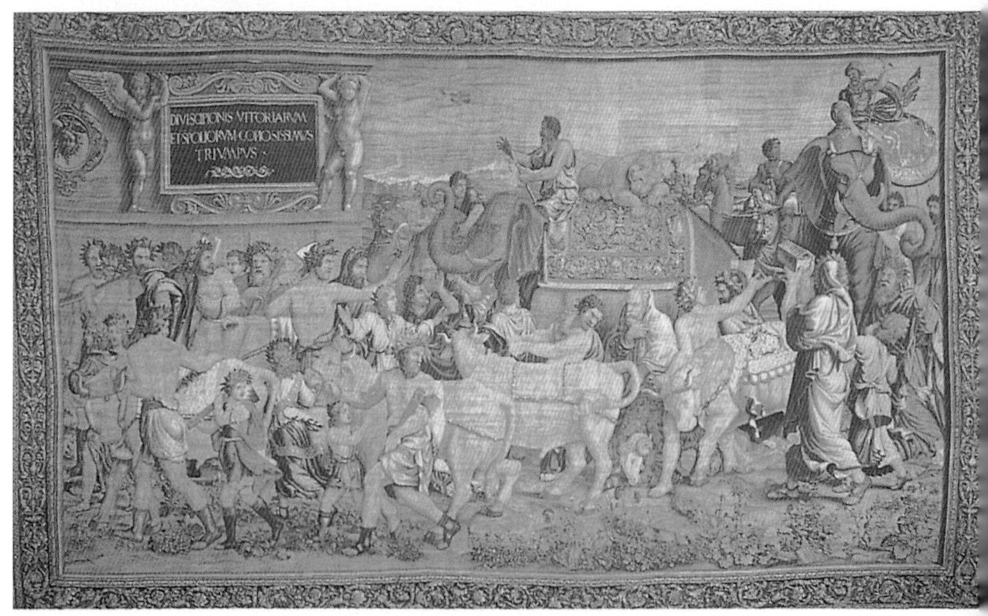

그림 41 마르크 크레티프 작업장에서 제작된 연작 태피스트리 「스키피오 아프리카누스의 역사」 가운데 「스키피오의 승리」, 1532년경, wool, silk, gold and silver. Patrimonio Nacional, Madrid.

그림 42 파스퀴에 그르니에,
연작 태피스트리 「포르투갈 알폰수
5세 군대의 위업」 가운데 「아실라
함락」의 세부묘사, 1475년경, wool
and silk. Sacristy, Collegiate
Church, Pastrana, Spain.

그림 43 빌럼 데 판네마커르, 연작 태피스트리 「튀니스 정복」 가운데 「카르타고 항구 상륙」, 1548~54, wool, silk, gold and silver. Patrimonio Nacional, Madrid.

그림 44 장 그르니에 작업장에서 제작된 「캘리컷으로 항해」 태피스트리 시리즈 가운데 「기린 대상」, 1502년경, wool and silk. Banco Nacional Ultramarion, Lisbon.

그림 45 바르톨로마이우스 아드리아엔츠의 작품으로 추정되는 연작 태피스트리 「주앙 드 카스트로의 위업」 가운데 「주앙 드 카스트로의 승리」, 1550년경, wool and silk. Kunsthistorisches Museum, Vienna.

NI·IOĀNIS·DE·CASTRO·INDIE·PARTIS·GVBER NATORIS
CIVITATE·TRIVPHVS·SVBSTRATIS·REGIS·CABAIE
MILITIBVS·CV·QVIBVSDĀ·NOBILIBVS·ACTV·1538·

그림 46 연작 태피스트리 「발루아 태피스트리」 가운데 「코끼리」, 1581년경, wool and silk. Galleria degli Uffizi, Florence.

그림 47 연작 태피스트리 「발루아 태피스트리」 가운데 「퐁텐블로」, 1581년경, wool and silk. Galleria degli Uffizi, Florence.

같은 장면, 즉 카를 5세의 제국주의적 열망을 마음속에 고취하려는 의도에서 마치 신의 시선으로 보는 듯한 전형적인 장면을 연출한다. 이 작품은 먼 지역으로 이동하고 그곳을 정복한 후, 이미지로 변환이 가능한 여러 정보를 획득할 수 있는 카를과 그의 제국 군대의 능력을 형상화한 것이자 그 능력의 본질적 실체로 기능했다. 그러므로 태피스트리에 등장한 지도는 그 자체가 이미 지리적으로 그토록 먼 곳에서 일어난 사건을 물질적으로 형상한 것이면서 제국의 승리 자체를 상징한다. 「튀니스 정복」 연작이 완성되었을 때, 그곳에서의 승리는 더 이상 카를의 제국주의적 운명에서 획기적인 의미를 지니는 상징적 사건 이외에 다른 것으로 간주될 수 없었다. 하지만 예술품으로서도 그 태피스트리 연작은 호화롭고 아름다운 제작 기법을 통해 합스부르크의 위엄을 보여주기에 걸맞은 기념비로서 세상을 충격에 빠뜨리기에 충분한 걸작이었다. 커다란 크기에도 불구하고 운반에 용이하게 제작된 이 태피스트리들은 영지의 거대한 규모 때문에 끊임없이 이동해야만 했던 합스부르크의 수행원들과 함께 여행할 수 있었고 또 여행했다. 제국의 궁정을 방문한 사람들은 태피스트리들의 호화로움에 정신을 차릴 수 없었으며, 이와 동시에 판넬 하나하나에 놀라울 정도의 사실주의적 관점에서 묘사된 황제의 가공할 만한 권력을 마음에 새기게 되었다.

판네마커르는 「튀니스 정복」 태피스트리에 그토록 자세히 묘사된 이 군사 원정이 끝난 지 거의 20년 후인 1554년 4월이 되어서야 이 작품을 완성했다. 그럼에도 불구하고 이 작품의 완성과 배달은 문화적으로도 그리고 정치적으로도 상당한 의미를 지니는 사건이었다. 의뢰된 그대로 「튀니스 정복」이 신성로마제국 황제와 불신자 이교도들 사이의 중요한 정치적 투쟁 과정의 순간뿐만 아니라 독일 제국의 가문이 보유하고 있던 숨 막힐 정도의 절대적인 부와 권력을 대변했기 때문이다.

게 감사의 뜻을 전한다.

1554년 여름 시몽 드 파렌티(Simon de Parenty)의 감독 아래 브뤼셀에서 태피스트리들이 포장되었고, 제작자인 판네마커르의 동행 아래 6월 3일 런던으로 운반되었다. 이 연작의 모든 작품들이 최초로 공개된 것은 같은 해 6월 26일 윈체스터 성당에서 거행된 카를 5세의 아들 스페인의 펠리페 2세와 메리 튜더의 결혼식에서였다.[47]

영국에서 펠리페는 메리의 배우자로서 아주 인기 없는 대안이었고, 교묘하게 계산된 결혼이야말로 영지를 통합하기 위해 합스부르크가 지속적으로 사용한 가장 성공적인 수단 가운데 하나였다. 펠리페는 사촌이던 포르투갈의 마리아와의 첫 번째 결혼을 통해 포르투갈에 대한 권리—물론 결과적으로는 1580년에 이르러서야 영토권을 주장할 수 있게 되지만—를 견고히 다지게 되었고, 영국 여왕과의 결혼으로부터 기대할 수 있는 것도 적지 않았다. 오스만 이교도를 물리치고 신성로마의 교회라는 이름으로 유럽 내에서 프로테스탄티즘 이단을 박멸하려는 카를 5세의 개인적 야심은 최근 두 명의 프로테스탄트 왕이 재임했고 이제 카를의 아들이 통치하게 될 그 나라의 입장에서는 분명 상서로운 징조가 아니었다. 「튀니스 정복」의 열두 판넬은 이야기 하나하나에 합스부르크 가문의 권력을 상징하는 조항과 이교도를 징벌하는 그들의 책무를 서사적으로 표현했다(그림 38). 자신만만하게 표현된 메시지는 틀림없이 왕가의 신랑을 접견하도록 허락된 이들이 그 의미를 해석할 수 있는 내용을 담고 있었다. 결혼은 극도로 긴장된 정치적 결합을 상징한다. 그리고 이러한 결합이 이루어진 전후의 맥락 속에서 튀르크가 프로테스탄트와 하나로 결합되었다. 전자가 합스부르크의 군사력 아래에서 상징적으로 분쇄되었다면, 후자는 만약 '이단'의 길을 계속 걷는다면 튀르크와 같은 운명에 처하게 될 것이라는 위협

47 Alex Sampson, "The Marriage of Philip of Habsburg and Mary Tudor and Anti-Spanish Sentiment in England: Political Economies and Culture, 1553-1557", Ph. D. thesis, University of London, 1999를 보라.

적인 메시지를 담고 있었다. 왕조적 결합이 지니던 의미라는 측면에서 「튀니스 정복」 태피스트리는 프로테스탄트 영국이 지니고 있던 두려움을 가라앉히는 데에는 전혀 도움이 되지 못했다.

「튀니스 정복」 태피스트리는 분명 눈에 두드러질 정도로 위압적인 연작이었다. 16세기 제국의 권력 성장에서 상대적으로 중요하지 않았던 군사적 승리가 이 작품을 통해 의미 있는 문화적 운동으로 변모했다. 당대의 제국주의적 사건을 고대의 유사한 사건과 주의 깊게 동일시하여 융합함으로써 이 태피스트리들은 예술품으로서의 결속력과 지위를 획득했다. 아마 우리는 정치적 의미를 지니는 이러한 융합의 결과로 이 작품에 끊임없이 열광하게 될 수밖에 없다고 주장할 수 있을지도 모른다. 이것은 프랑수아 1세와 스키피오 아프리카누스를 아무런 설득력 없이 동일시하거나 당대 제국의 이데올로기를 공격적으로 표현한 「파비아 전투」 태피스트리보다 오늘날의 우리에게 훨씬 더 많은 것을 암시하는 과거와 현재 사이의 울림이라고 할 수 있다. 「튀니스 정복」 태피스트리들이 지니는 특별한 의미는, 이 작품들이 카를의 제국적 권력을 생생하게 확인하면서 당대의 사건과 이와 유사한 과거의 사건을 결합하고 있을 뿐만 아니라 프랑수아로부터 도상학적 주도권을 쟁취하는 그의 능력을 표현한다는 점에서 찾을 수 있다.

헨리 8세와의 1532년 축연에 맞추어 전시되었던 「스키피오 아프리카누스의 역사」의 제작 의뢰 및 전시와 관련된 내용을 논의하면서, 우리는 이미 프랑수아가 태피스트리를 획득하기 위한 경쟁에 뛰어들었고 또 그것을 철저한 계산에 따라 전시했던 놀라운 사례를 검토한 바 있다. 하지만 이 작품을 20여 년 후에 제작된 카를의 「튀니스 정복」과 비교한다면, 우리는 합스부르크의 태피스트리가 실제로 그 작품에 직접적인 영감을 주었던 「스키피오 아프리카누스의 역사」 연작의 정치적 주장을 괴멸시키는 하나의 대응이었다는 점을 확인할 수 있다. 16세기의 태피스트리 역사에서 당대의 사건을 고대의 유사한 사건과 결합하면서 연작 태피스트리 「튀니스 정복」은 저지대 국가에서 최고의 솜씨로 제작된 위압적인 연작물이라는 지위를 자랑하고 있다.

프랑수아와 스키피오 아프리카누스 사이의 연결은 언제나 매우 희박한 근거에 기초해 이루어진 도상학적 결합이었으며, 이 때문에 오히려 잠재적인 문제를 내포하기도 했다. 1370년 북아프리카 군사 원정을 감행했던 마지막 프랑스 지휘관 생 루이(St. Louis)는 튀니스인들에게서 감염된 이질로 결국은 남은 군대와 함께 죽음이라는 파국적인 종말을 맞았었다.[48] 기실 첫 「스키피오 아프리카누스의 역사」 태피스트리 연작의 제작을 위한 디자인은 본질적으로 보다 분명한 제국적 권력의 후보자라고 할 수 있던 카를 5세에게 더욱 알맞은 것이었다.[49] 심지어 프랑수아의 주문 이후에도 합스부르크 궁정은 스키피오와의 도상학적 유사성을 확립하려고 노력했다. 모든 제작이 완료되고 나서 프랑스의 왕이 22개로 구성된 초판을 소유하게 되었을 때, 이 작품을 만든 직조 장인이 밑그림을 소유하게 되었고 그는 이를 통한 재생산으로 이익을 얻었다. 1544년 카를의 누이였던 메리는 안트베르펜에서 푸거 가문의 대리인으로 활동하던 상인 에라스무스 샬츠(Erasmus Schaltz)로부터 일곱 편으로 구성된 「스키피오 이야기」(The Story of Scipio)라는 제목의 연작 태피스트리를 구입했다.[50] 이 작품은 줄리오 로마노의 원본 밑그림에 따라 제작된 축소판 연작이었다. 당시 예술적 후원과 예술품의 구입이라는 측면에서만큼이나 정치적인 입장과 관련해서도 프랑수아와 많은 갈등을 겪고 있던 메리는 이 구입을 프랑수아에 대한 직접적인 도전의 기회로 삼았다.

카르타고에서 아프리카 군대를 물리친 스키피오의 매우 유명한 승리를 묘사한 태피스트리(그림 39)는 프랑수아의 의뢰로 제작되었다. 이 작품을

48 Horn, *Vermeyen*, vol. I, p. 114.

49 Rosaline Bacou and Bertrand Jestaz, *Jules Romain: L'Histoire Scipion: Tapisseries et dessins*, Paris, 1978, p. 7.

50 Ortiz *et al.*, *Resplendence*, pp. 69~74; Colonel d'Astier, *La Belle Tapisserye de Roy (1532-1797) et les tenures de Scipion l'africain*, Paris, 1907을 보라.

카를의 16세기 튀니스 정복을 그린 태피스트리와 비교할 때, 「튀니스 정복」을 제작하고 기획하는 데 많은 영향을 준 것이 스키피오에 관한 이야기였다는 점이 분명해진다. 스키피오 아프리카누스는 치밀한 군대 운용과 기술적인 병참술의 개혁을 통해 북아프리카에서 승리를 거두었고, 이 때문에 다른 무엇보다 그의 승리가 카를 5세에게 더욱 커다란 호소력을 지닌 주제가 되었다.[51] 그와 같은 주제들은 단순히 유럽과 아프리카뿐만 아니라 아메리카에서도 카를의 모험적인 제국주의적 위업의 중심 쟁점이었다. 지금까지 살펴본 것처럼 「튀니스 정복」은 군대의 진용과 군사 장비에 관한 정확한 묘사로 가득 차 있다. 이 연작의 셋째 태피스트리(그림 43) 역시 암암리에 카를과 스키피오의 군사 행동을 비교한다. 라 굴레트(La Goleta) 상륙 장면을 묘사한 이 태피스트리의 장식대에는 다음과 같이 적혀 있다.

> 여기에서 그들은 우티카(Utica) 항으로 들어간다. 폐허가 된 옛 카르타고가 그들을 맞이하고 있다. 함대가 해변을 따라 [움직인다]. 거기에서 황제는 소수의 [그룹]과 함께 라 굴레트를 탐사하고, 이 항구가 어떤 요새와 조건을 갖추고 있는지를 살펴보기 [위해] 진군하고 있다. 상륙 명령이 떨어지자 그들은 즐기듯이 후퇴하는 적을 공격한다. 그는 과거 다른 시대에 그 유명했던 카르타고의 성벽을 따라 진영을 구축한다.[52]

카를이 자신의 치세를 규정하는 원리로서 군사적 주도권과 제국으로서의

51 "[스키피오는] 한 군단 내의 30명 병사들이 모여 이루는 단위였던 3열의 소대가 어느 정도는 자기 나름대로 기동하는 것을 허용했다. …… 또한 그는 스페인에서 3개의 소대를 결합한 단위인 중대 단위(cohort)를 실험했는데 그것이 커다란 응집력을 가져왔으며, 그와 동시에 보다 큰 단위인 군단보다 더 유연했다"(Michael Grant, *History of Rome*, London, 1979, p. 107).

52 Horn, *Vermeyen*, vol. I, p. 189.

적절한 품행이라는 모델을 가치 있게 평가했다는 점을 메리는 알고 있었다. 그 결과 그녀는 스키피오와 스키피오의 영광에 대한 프랑수아의 모든 주장을 부정하고(그림 41), 스키피오의 군사적 위업이 카를의 그것과 보다 더 잘 어울린다는 점을 확고히 표현하기 위해 노력했던 것으로 보인다. 두말할 나위 없이 신성로마제국 황제라는 직함을 통해 스키피오와의 관련성을 보다 정당하게 주장할 수 있었던 사람 역시 카를이었다.

성공적인 튀니스 원정 후인 1535년에 이탈리아로 귀환한 카를은 연작 「스키피오 아프리카누스의 역사」의 후반부에 묘사된 것과 같은 유형의 개선식을 거행했다. 시칠리아섬 메시나로의 입성은 승리의 결과로 그가 고무했던 세계적인 야망을 강조했다. 다음과 같이 두 대의 승리 전차가 성당으로 향했다.

> 첫째 전차에는 전리품으로 가득 찬 제단 아래에 여섯 명의 무어인이 죄인으로 묶여 있었다. 보다 큰 둘째 전차에는 성좌를 포함한 두 천체의 반구위를 회전하는 천사들과 함께 사덕목(four cardinal Virtues) 상이 서 있었다. 그 위에는 지구의가 돌고 있었고, 그 위에 왕관을 쓰고 승리(Victory)의 상징을 손에 쥔 황제가 서 있었다. …… 십자군 황제라는 이 시각적 이미지는 다음 날 있었던 미사에서 보다 정교하게 표현되었다. 튀르크 군대에 둘러싸인 콘스탄티노폴리스의 모형이 성당 중앙에 매달려 있었다. 복음서가 낭독된 후에 경탄에 빠져 환호하던 회중들은 제국의 독수리가 공중으로 날아올라 공격을 이끄는 광경을 목격했다. 그러한 공격 도중 튀르크의 군대가 정복될 때 십자가 하나가 갑자기 나타났다.[53]

뒤이은 1535년 11월의 나폴리 입성 때에는 이와 유사한 역사적 사건이 개선문을 장식하던 화포에 그린 유화를 통해 표현되었다. 이를 제국의 권

53 Strong, *Art and Power*, p. 82.

위를 새롭게 개념적으로 정의하는 전형적인 합스부르크의 방식이라고 언급하면서 로이 스트롱(Roy Strong)은 "굴레트 및 튀니스 점령과 바르바로사(Barbarossa)의 원정에 대한 역사적 비교는 스키피오 아프리카누스, 한니발, 알렉산드로스 대제, 율리우스 카이사르에 대한 휴머니즘적 비교였지 중세적 십자군 통치자와의 비교가 아니었다"[54]고 주장한다. 스키피오의 모범을 따라 1536년 로마로 입성하면서 카를은 새로 보수한 콘스탄티누스의 아치를 통과했다. 기록에 따르면, 그곳에서 그는 바티스타 프랑코(Battista Franco)가 디자인한 당대의 아치들을 보기 위해 잠시 멈추었다고 한다. 카를을 '세 번째 아프리카누스'(Tertio Africano)로 칭송하는 이러한 이미지가 대(大) 스키피오와 소(小) 스키피오의 승리를 묘사하고 있는 캔버스 위에 드리워져 있다.[55] 이러한 비교는 튀니스 원정에 동행했던 잉카/스페인 메스티소(mestizo) 출신의 시인 가르실라소 데 라 베가(Garcilaso de la Vega)가 카를을 '아프리카의 카이사르'(Caesar Africano)라고 언급했던 것에서도 되풀이되었다.[56] 5년 후에 정복 황제라는 카를의 새로운 이미지는 밀라노 개선 입성을 기념하기 위한 스케치에서 절정에 달했다. 개선문을 장식하기 위해 줄리오 로마노는 앞발을 들고 서 있는 말 위에 올라타 한 명의 무어인과 한 명의 아메리카 원주민 그리고 또 한 명의 튀르크인을 말발굽 아래 짓밟고 있는 카를의 모습을 디자인했다(그림 48). 그의 디자인은 스키피오 아프리카누스를 통해 확인할 수 있는 고전적 기마상의 도상적 이미지를 당대의 정복과 연결한 것이었다. 우리는 이 이미지를 제3장에서 다시 다룰 것이다.

카를은 튀니스 승리의 연장선상에서 승리를 기념하기 위해 이탈리아에

54 *Ibid.*, p. 83.

55 *Ibid.*

56 Horn, *Vermeyen*, vol. I, p. 285. 데 라 베가(De la Vega)가 잉카와 스페인 혼혈의 후손이라는 점은 지금 우리가 논의하고 있는 "세계적" 차원의 보다 커다란 국면을 보여준다.

그림 48 줄리오 로마노, 1541년 카를 5세의 밀라노 개선을 기념하기 위한 승리의 아치를 보여주는 목판.

서 개선 여정을 거듭했고, 이는 곧 그가 스키피오라는 인물을 새로이 정교하게 전유하고 있음을 보여준다. 외양적인 차원에서 그에 의해 재현된 이미지는 「스키피오 아프리카누스의 역사」 제작을 의뢰하면서 프랑수아가 잠시 동안 미약하게 주장했던 내용을 담고 있다. 튀니스 정복이 완료되고 1544년 「튀니스 정복」 제작이 처음 의뢰되기까지의 시간적 지체는 초기에 제작된 태피스트리가 이 합스부르크의 후대 작품의 모델이 되었다는 점을 암시한다. 프랑수아의 초판본에 기초한 「스키피오 아프리카누스의 역사」를 구입하는 데 성공했던 바로 그해에 헝가리의 메리가 「튀니스 정복」의 제작을 의뢰하기로 계획하기 시작했다는 점은 분명 우연이 아니었다.

스키피오를 전유하려던 프랑수아의 시도는 많은 측면에서 잘못된 믿음에서 비롯된 일종의 알레고리였다. 적어도 카를은 자신의 실제 삶에 근거해서 태피스트리를 제작했다. 그러므로 그의 태피스트리가 지녔던 당대의 정치적 의미는 실제 사건들과의 직접적인 정치적 대응 관계에 기초한 것이었지, 후대에 이를 해석한 사람들이 적용해온 정교한 알레고리적·도상학적 독해에 근거한 것이 아니었다.

「스키피오 아프리카누스의 역사」가 끼친 영향은 여기에만 그치지 않았다. 1544년부터 1545년 사이의 겨울에 프란체스코 2세 곤차가(Francesco II Gonzaga)의 아들인 아리아노(Ariano)의 공작 페란테 곤차가(Ferrante Gonzaga)는 브뤼셀의 바우다윈(Jehan Baudouyn)의 작업장에 「전쟁의 결실」(Fructus Belli)(그림 40)이라는 제목 아래 여덟 편으로 구성된 연작 태피스트리를 주문했다. 페란테는 전장에서 카를 5세가 가장 신임하던 수행원으로 자신의 입지를 확립했고 1527년 로마의 약탈 동안 제국의 군대를 이끌었으며, 그곳에서 교황청의 여러 태피스트리를 소유하게 되었다. 1531년 황금양털훈장을 수여받은 그는 1535년의 튀니스 정복 때에도 카를의 곁에서 전쟁을 수행했다. 그에 대한 대가로 그는 시칠리아의 황산알루미늄에 대한 채굴독점권을 받았다. 클리퍼드 브라운(Clifford Brown)과 기 델마르셀이 지적하듯이, 줄리오 로마노가 밑그림을 그렸을 것으로 추정되는 페란테의 태피스트리는 거의 20년 전에 프랑수아 1세를 위해 제작된 로마노의 「스키피오 아프리카누스의 역사」의 도안과 매우 유사하다.[57] 페란테 연작 가운데 여덟 번째 태피스트리인 「보상과 처벌」(Reward and Punishment)(그림 49)은 장군들에게 왕관을 나누어 주는 카를을 묘사하면서 연작 「스키피오 아프리카누스의 역사」 넷째 태피스트리에서 카르타고를 함락한 후에 왕관을 나누어 주던 스키피오의 이미지를 재생산한다. 「전쟁의 결실」은 1520년대 말에 만토바에서 페데리코 2세의 팔라초 델 테를 장식하기 위해 줄리오가 디자인한 부조 조각과도 역시 놀라운 유사성을 보인다.[58]

「전쟁의 결실」에 관해 언급한 첫 기록은 1549년 새해 첫날에 카를의 아들인 펠리페 2세를 기리기 위해 밀라노 외곽의 빌라 괄티에라(Villa Gualtiera)에서 페란테가 주최한 연회에 관한 진술에서 찾을 수 있다. 여기에서 이 연작은 "섬세한 기술과 위대한 솜씨를 통해 모든 군사적 삶과 전

57 Brown and Delmarcel, *Tapestries for the Gonzaga*, p. 166.

58 *Ibid.*, p. 167.

그림 49 예한 바우다윈, 연작 태피스트리 「전쟁의 결실」 가운데 「보상과 처벌」, 1545년경, wool and silk. West Dean College, Chichester.

쟁의 기술 그리고 일반적으로 전사 군주와 위대한 장군에게서 나타나는 모든 측면을 재현한 훌륭한 태피스트리 작품"으로 묘사되어 있다.[59] 「승리의 행렬」(The Triumphal Cortège)이 보여주듯 연작 「전쟁의 결실」은 정치와 전쟁에 관한 고도의 도덕화되고 초역사화된 초상으로 구성된 것으로 보인다. 하지만 고촐리와 홀바인의 예술적 창조물과 마찬가지로 「전쟁의 결실」은 다른 제국의 발전과 대비되면서 강조된 인위적인 디자인이었다. 말 그대로 곤차가 왕조가 합스부르크의 위엄과 정복이라는 돛대 위에 자신들의 깃발을 매달게 되면서 이 작품은 하나의 중요한 순간을 포착하고 있다. 승리의 지휘관으로서 페란테를 중앙에 그리는 것과 함께 태피스트리의 최고 높은 지점에 문장을 매달아 놓으면서 황금양털훈장을 의도적으로 전시한 것에서 이 점이 반영되고 있다.

---

59 *Ibid.*, p. 163.

IV

연작 「튀니스 정복」과 마찬가지로 「전쟁의 결실」은 열정적인 제국의 의뢰인과 브뤼셀의 작업장 사이에서 오고간 세세하고 공들인 타협의 결과로 탄생했다. 당대의 사건을 예술적 디자인에 혼융시킨 첫 작품과 그것을 '인용'하면서 파생된 두 번째 작품, 이 두 벌의 연작 태피스트리의 생산은 자신들의 제국주의적 인상을 태피스트리 생산 자체에 각인하는 하나의 방식으로 합스부르크 가문이 어떻게 저지대 국가의 작업장을 이용했는지를 잘 보여준다. 브뤼셀, 그리고 특히 안트베르펜은 제국의 힘과 재정력의 중개지, 다시 말해 카를이 자신의 모든 제국을 재정적으로 운영하기 위한 상업 지역으로 기능했다. 이 때문에 합스부르크의 권력과 권위의 범위를 시각적으로 묘사한 태피스트리가 이 지역들에서 출현했다는 점은 결코 놀라운 일이 아니다.

실제 유럽의 제국 궁정들은 저지대 국가의 태피스트리 작업장에서 출현한 디자인, 그리고 태피스트리 생산 수단 자체를 통제하는 능력을 통해 자신들의 권위가 어느 정도인가를 규정했다. 카를의 연작 태피스트리 「튀니스 정복」의 경우에서 확인할 수 있는 것처럼 지리적으로 멀리 떨어진 공간에서 발생한 현상을 생생하게 재현하는 능력이 제국의 권위와 구매력을 가늠하는 척도가 되었던 것이다. 이와 마찬가지로 심지어 멀리 떨어진 브뤼셀의 작업장을 통제하고 조작함으로써 그와 같은 이미지를 만들어내는 능력이 더욱 위압적인 것으로 부상했다. 근대 초의 유럽 세계에서 물산의 중심지였던 저지대 국가들은 권력과 권위를 소유한 제국의 이미지를 만들어내는 데 필요한 원재료와 기술을 제공했다. 비록 다른 지역, 즉 리스본, 세비야, 밀라노, 콘스탄티노폴리스 등지에서는 그러한 권력이 불균등하게 분포되어 있었을지라도 그 점은 분명했다.

카를 5세의 재정력과 군사적 권위는 태피스트리의 생산 수단을 통제하는 데 있어 다른 모든 경쟁적인 제국에 앞서 그가 그 산업을 지배할 수 있다는 점을 보증하는 것이었다. 그의 장악력이 증가하면서 헨리 8세와 요한 3세, 그리고 프랑수아 1세의 궁정은 저지대 국가에서 생산된 태피스트리를 오히려 더 많이 축적하게 되었다. 비록 이름뿐일지라도 합스부르크 제국의 권력에 대한 도전을 의미하는 작품을 의뢰하는 것이 그들에게도 여전히 가능했기 때문이었다. 오누이였던 헝가리의 메리가 연작 「튀니스 정복」을 주문하기 두 해 전인 1544년에 카를은 저지대 국가 지역의 직물 산업을 통제하는 일련의 법령을 공표했다. 첫 조항은 지명된 태피스트리 직조공 조합의 사전 승인 없이 작품의 생산을 금지하는 것이었다. 차후 태피스트리 제작은 조합의 규정에 따라야 했다. 재료의 질과 제조기술을 상술한 이 규정에 따르면, 리옹과 스페인이나 아라곤에서 양모 실을 이용하여 씨실을 만들고 장인의 인장을 아랫부분에 새겨 넣어야 했다. 또한 각각의 태피스트리는 이어붙임 없이 단 하나의 조각으로 직조되어야만 했다. 톰슨(W. G. Thomson)이 지적한 것처럼 분명 태피스트리 산업의 폐단을 근절하려는 의도에서 제정되었을지라도, 궁극적으로는 바로 그러한 조항들이 태피스트리 산업 자체의 쇠퇴를 가져왔다. 톰슨은 다음과 같이 말한다.

> …… 직조공들은 규정 아래에서 일할 때보다, 과거에는 더 많은 작업을 할 수 있었고 더 저렴한 비율로 고객들과 계약을 맺을 수 있었다. 틀림없이 이러한 제한은 보다 저렴한 유형의 작업장에서는 효력을 발휘할 수 없었다. …… 규정에 맞추어 작업이 이루어지고 보다 신속한 결과물을 생산하면서, 이 시기를 거치면서 저급의 혹은 수준 낮은 직조업이 출현하게 되었다. 이러한 조급함은 브뤼셀의 보다 훌륭한 작업의 파멸을 의미했다.[60]

합스부르크의 권력가들이 태피스트리의 생산 수단에 더욱 강하게 제국의 인상을 남기려고 시도하면서 보다 작은 규모의 작업장에서는 기업가적 다

60 Thomson, *History of Tapestry*, p. 190에서 인용.

양성이 분쇄되는 결과로서 직조업의 쇠퇴가 시작되었던 것이다. 우리가 앞으로 살펴보겠지만, 이러한 쇠퇴는 1560년대에 종교적 박해가 더욱 증가하면서 결말을 보게 되었다.

태피스트리를 둘러싸고 전개된 제국주의적 경쟁에 관한 이러한 설명이 강조하는 것은, 태피스트리들이 과연 어느 정도까지 정치적·시각적으로 결정된 물적 대상으로 이해되어야 하는가 하는 문제다. 우리는 대상물로서의 태피스트리가 외적인 차원에서는 능숙하게 만들어진 상업적 가치를 지닌 구성물로서의 특성을 보여준다고 논의해왔다. 비싼 가격으로 인해 태피스트리들은 카를이나 프랑수아 같은 인물들이 그것들을 통해 경쟁적으로 자신들의 정치적 우월성을 주장하기에 합당한 대상이 되었다.[61] 「스키피오 아프리카누스의 역사」와 같은 태피스트리에는 파노프스키가 제시하는 것처럼 고전에서 파생된 약간의 도상학적 가치들이 그저 신비스럽게 스며들어 있는 것이 아니었다. 오히려 경쟁하고 있던 당시의 정치적 인물들이 태피스트리 속에 암호화된 의미를 전유하고 있었고, 또한 그들은 그 의미의 소유권을 두고 서로 다투고 있었다. 그러한 대상들에 의미와 가치를 부여했던 거래는 다시 보다 넓고 풍족한 시장을 안전하게 확보하려던 태피스트리 제작 회사에 의해 이용되었다. 우리의 주장은 이러한 시장들이 헤일, 그리고 직접적이지는 않지만 파노프스키가 정의했던 르네상스 유럽의 경계를 넘어 확장될 수 있다는 것이다. 이 같은 우리의 논점을 보여주기 위해 우리는 주목할 만한 두 사례를 제시하고자 한다. 이를 통해 태피스트

61 소비재와 가치의 정치학에 관해 논의한 아주 영향력 있는 연구에서 경제인류학자 아르준 아파두라이(Arjun Appadurai)는 "경제적 대상은 그것에 대한 수요의 결과로서 절대적인 가치를 지니는 것이 아니며, 오히려 실제적인 혹은 상상된 교환의 근간으로서 수요가 대상에 가치를 부여한다. 효용성과 희소성의 매개변수를 형성하는 것이 교환이지, 그 역이 아니다. 그것은 바로 가치의 원천이 되는 교환이다"라고 주장한다("Introduction: Commodities and the Politics of Value", in Arjun Appadurai, ed., *The Social Life of Things: Commodities in Cultural Perspective*, Cambridge, 1986, p. 4).

리 산업의 영향이 미쳤던 세계적인 범위는 물론이고, 태피스트리 교역이 상대방의 예술 생산 방식을 상호 이용하던 동양과 서양의 국제적인 공동체에 관해 얼마나 설득력 있게 설명해줄 수 있는지 이해할 수 있을 것이다.

첫 번째 예는 리스본의 포르투갈 궁정을 위해 주문된 태피스트리에서 찾을 수 있다. 합스부르크 가문이 저지대 국가에서 제작된 태피스트리를 전략적으로 이용한 것은, 아비스 가문이 성장하고 있던 자신들의 세계적 열망의 일부분으로 그러한 작품들을 사용했던 방식에서 이미 예기된 일이었다. 일찍이 1470년대 포르투갈의 왕 알폰수 5세는 투르네의 작업장에 거대한 크기의 서사적 연작 태피스트리의 제작을 의뢰한 적이 있었다. 1475년 투르네의 직조공 파스퀴에 그르니에(Pasquier Grenier)는 「포르투갈 알폰수 5세 군대의 위업」(The Feats of Arms of Alfonso V of Portugal)(그림 42)이라는 제목으로 알려진 연작을 완성했는데, 이 작품은 모로코의 무슬림에 맞서 알폰수가 감행했던 1471년의 군사 원정을 묘사한 것이다.[62] 포르투갈 제국의 해양 팽창의 역사에서 '아프리카인'으로 알려진 알폰수가 전략적으로 중요한 항구였던 아실라(Asilah)에서 거둔 승리는 특히 의미 있는 사건이었다. 결국 이 원정을 계기로 알폰수가 스스로를 '아프리카의 이편저편 바다에서 포르투갈 그리고 알가르브(Algarve)의 왕'으로 스스로를 칭할 수 있게 되었기 때문이다.[63] 태피스트리에 나타난 지형과 군사 장비들은 의식적으로 그것들이 당대의 모습을 그대로 재현한 것이라는 점을 보여준다. 하지만 이 작품의 디자인과 도상은 트로이 전쟁을 묘사한 당대의 태피스트리의 그것들과 거의 동일했다. 같은 작업장에서 출현한 이 작품들은 15세기 말엽에 이르기까지 르네상스 유럽의 거의 모든 중요한 궁정을 장식하고 있었다.[64] 「포르투갈 알폰수 5세 군대의 위업」은 유사한 고

62 이 연작 태피스트리에 대해서는 J. A. Levenson, ed., *Circa 1492: Art in the Age of Exploration*, New Haven, 1991, pp. 138~40을 보라.

63 Baily Diffie and George Winius, *Foundation of the Portuguese Empire, 1415-1580*, Minneapolis, 1977, p. 145.

전적 모델과 아프리카에서 포르투갈이 거둔 제국주의적 팽창이라는 놀라운 현대의 사건을 하나로 연결하려는 의도로 디자인된 것으로 보인다. 이것은 앞으로 이루게 될 보다 커다란 성취에 대한 서막이었다.

1504년 포르투갈의 왕 마누엘(Manuel)은 투르네의 태피스트리 제작자 힐레스 레 카스트러(Gilles le Castre)에게 「캘리컷으로의 항해」(The Voyage to Calicut)라는 제목의 작품을 주문했다. 이 태피스트리는 포르투갈이 간절히 기대했던 고전 세계의 경계를 넘어선 두 사건—즉 바스쿠 다 가마(Vasco da Gama)의 첫 항해의 결과로 희망봉을 경유해 1498년 포르투갈이 확립했던 인도 해상 항로와 카브랄(Cabral)에 의해 이루어진 1500년의 브라질 '발견'—을 기념하려는 목적에서 제작되었다. 수요가 많았던 레 카스트러의 작품은 아르놀트 푸아소니어(Arnold Poissonier)의 매장을 통해 판매되었고, 1510년에 그곳에서 '인도'에 대한 영감을 표현한 힐레스의 「야만인과 야만수」(Gens et Bests Sauvages)라는 제목의 태피스트리 또한 황제 막시밀리안 1세에게 팔렸다. 이와 함께 헨리 8세가 자신의 프랑스 영지의 일부로 칼루체(Caluce)에 대한 영유권을 주장하자, 1513년 푸아소니어는 헨리의 법정전문변호사였던 로버트 위트펠(Robert Wytfel)에게 「칼루체 항해」(Voyage de Caluce)라는 제목의 작품을 판매하는 일도 맡게 되었다.[65] 「포르투갈 알폰수 5세 군대의 위업」과 마찬가지로 연작 「캘리컷으로의 항해」가 호소력을 얻을 수 있었던 부분적인 이유는 알렉산드로스 대제의 역사 및 그와 신비스러운 동양의 만남을 상기시켰기 때문이다.

하지만 알렉산드로스의 역사에 관한 당대의 놀랄 만한 주해 이외에도

---

64 트로이 전쟁에 대한 재현이 15세기 태피스트리에 끼친 광범위한 영향에 대해서는 Scott McKendrick, "The Great History of Troy: A Reassessment of the Development of a Secular Theme in Late Medieval Art", *Journal of Warburg and Courtauld Institutes* 54, 1991, pp. 43~82; William Forsyth, "The Trojan War in Medieval Tapestries", *Metropolitan Museum of Art Bulletin* 14, 1955, pp. 76~84를 보라.

65 Thomson, *History of Tapestry*, p. 210.

필리스 애커먼(Phyllis Ackerman)이 지적했듯이, 「캘리컷으로의 항해」는 아주 구체적으로 인도의 도상학에 주목하면서 동양과 서양 사이의 예술적 교환에 관한 또 하나의 시각적 이미지를 우리에게 제공한다. 이 연작 태피스트리의 판넬 가운데 하나인 「사자 사냥」(The Lion Hunt)(그림 50)에 재현된 사냥, 승마, 의복 등에 주목하며 애커먼은 다음과 같이 말한다.

> …… 터번들은 우아한 페르시아 양식에 대한 심각한 왜곡이다. 하지만 그들은 페르시아에 관한 몇몇 지식을 제공한다. 왜냐하면 사냥꾼은 뾰족한 쿨라(kulah)를 쓰고 있는 것으로 묘사되어 있는데, 이들의 형태가 실제 모습과 약간의 차이만을 보여줄 뿐이기 때문이다. 좌측의 사냥꾼은 당시 페르시아에서 유행했던 소매가 짧은 튜닉을 입고 있으며, 그들 대부분이 신고 있던 높고 부드러운 부츠 역시 당시 페르시아의 양식이었다. 힐레스가 표현한 말의 안장용 담요는 우스꽝스러울 정도로 과장되어 있다. 하지만 실제 동양의 말도 커다란 안장용 담요를 지니고 있었다. …… 그리고 태피스트리에 아주 분명하게 묘사된 재갈은 전형적인 동양 스타일이다. 심지어 육중한

그림 50 힐레스 레 카스트러, 연작 태피스트리 「캘리컷으로의 항해」 가운데 「사자 사냥」, 1502년경, wool and silk. Private collection.

몸통, 과도하게 길고 가는 목, 작은 머리를 지닌 말의 모양은 당대 페르시아의 표현 양식을 반복하고 있다.[66]

고촐리의 「동방박사의 행렬」에서처럼 사냥과 승마, 그리고 가금류에 주목했다는 것은 동양과 서양의 제국이 공유했던 대상과 관행에 대한 마음 깊은 열정을 암시한다. 고촐리의 프레스코처럼 만약 「캘리컷으로의 항해」를 동양과 서양이라는 두 세계 모두에서 이해될 수 있었던 것으로 해석한다면, 이 작품은 덜 '동양적'인 것으로 정의될 수 있을 뿐만 아니라 오히려 동양과 서양에서 이루어진 문화적·제국적 정체성의 교환과 관련된 세계적 통화로 인식될 수 있다.[67] 이 점에서 피렌체와 파리 혹은 세비야에서 태피스트리를 주문했던 이들만큼이나 포르투갈 궁정 역시 그와 같은 거래에 기민하게 참여했다. 지금 우리가 주장하는 것은 이러한 인식이 너무나 광범위하게 퍼져 있어 그것이 오스만-그리스도 세계 사이의 교환을 넘어 진정으로 세계적인 성격이라고 칭할 수 있는 무굴(Moghul)과 페르시아와의 접촉에도 영향을 끼쳤다는 사실이다. 이 점은 말(馬)을 둘러싼 인도와 포르투갈 사이의 거래에서도 역시 발생하게 되는데, 우리는 이를 다음 장에서 확인할 것이다.

1525년 포르투갈 궁정은 동 주앙 3세(John III)와 합스부르크의 공주였던 오스트리아의 캐서린(Catherine of Austria)의 결혼을 기념하기 위해 세 개의 태피스트리로 구성된 연작물의 제작을 의뢰했다. 「천구의」(The

66 Phyllis Ackerman, *The Rockefeller McCormick Tapestries: Three Early Sixteenth-Century Tapestries*, Oxford, 1932, p. 43.

67 뒤이은 포르투갈의 인도 항해에 관한 기록에 따르면, 태피스트리들이 종종 항해 선박들이 선적한 대상의 일부 품목이었으며, 아마도 그것들은 「튀니스 정복」이 공개되었던 것과 유사한 의미 있는 방식으로 전시되었을 것이다. 이 점은 당시에 정치적·제국주의적 경쟁이 확대되면서 이러한 통화에 대한 감각이 점점 더 둔해졌다고 하더라도, 동양과 서양 사이에서 그러한 대상들이 상호 이해 가능한 '통화'였다는 우리의 논점을 강화해준다.

Spheres)라는 제목의 이 뛰어난 작품은 강력하게 성장하던 포르투갈 해상 제국의 세계적 위엄을 표현한 마지막 태피스트리와 함께 천상과 지상의 점성술적 세계를 보여준다.[68] 포르투갈인들이 그와 같은 디자인으로 시각적 혁신을 이루어나가던 바로 그때에 아비스의 궁정에서 연이어 주문된 연작 태피스트리들은 그것들이 모두 합스부르크, 발루아, 튜더의 궁정에서도 민감하게 유통되었음을 암시한다. 1547년 포르투갈의 장군 동 주앙 드 카스트로(Dom João de Castro)가 구자라트(Gujarat)에서 인도의 항구 디우(Diu)를 성공적으로 함락한 후에 포르투갈 궁정은 이 영예로운 승리를 기리려는 의도에서 10편의 태피스트리로 구성된 거대한 규모의 연작을 주문했다. 이것은 미키엘 콕시(Michiel Coxie)가 그린 밑그림을 바탕으로 제작되었다. 콕시는 지금은 남아 있지 않은 밑그림 역시 디자인했는데, 그것은 대략 1550년경에 제작된 것으로서 카를 5세가 작센 지역에서 거둔 승리를 묘사한 작품으로 추정되고 있다.[69] 걸작 「주앙 드 카스트로의 위업」(Acts of Joãode Castro)(그림 45)은 브뤼셀의 바르톨로마이우스 아드리아엔츠(Bartholomaeus Adriaensz)의 작업장에서 직조되었다. 분명 프랑수아의 「스키피오 아프리카누스의 역사」와 카를의 「튀니스 정복」에서 영감을 얻어 제작된 이 작품은 드라마틱한 처리 기법을 활용해 군사적인 세부사항에 생생한 주의를 기울이고 있다는 점에서 페란테의 「전쟁의 결실」을 예기하는 것이기도 했다.

저지대 국가의 작업장에 의뢰되고 그곳에서 직조된 이 모든 태피스트리들은 포르투갈 궁정이 고전적 과거의 적통이라는 관념을 제시한다. 또한 상대적으로 새로운 태피스트리 생산기술에 의존함으로써 그것들은 지리적으로 멀리 떨어진 문화에 대한 권력과 권위의 비전을 창조하는 포르

68 연작 「천구의」의 마지막 태피스트리가 재생산되는 과정과 그에 대한 논의로는 Jerry Brotton, *Trading Territories*, London, 1977, chap. I을 보라.

69 Horn, *Vermeyen*, vol. I, p. 42를 보라.

투갈 해상 제국의 힘을 증명하는 것이었다. 하지만 「튀니스 정복」에서처럼 「주앙 드 카스트로의 위업」은 동양에 대한 군사적 우월성과 영토적 소유라는 보다 명백한 공격적 이미지를 담고 있었고, 제국적 권위의 성장이라는 이 강력한 이미지는 동양과 서양 두 세계에서 모두 해독될 수 있었다. 그리고 이러한 경향이 16세기 후반의 시각적 이미지를 지배했다. 물론 그럼에도 불구하고 거래물로서의 태피스트리의 지위 역시 여전히 그 직물 자체에 구현되어 있었다. 포르투갈인들이 동양에서 우려낸 원재료를 통해 제작되었던 태피스트리들은 동양, 특히 인도에서도 역시 포르투갈과의 접촉과 관련되어 나타난 위압적인 시각적 '대상'이었다.[70]

이러한 포르투갈의 태피스트리들은 동양의 물질적·예술적 관행이 직물로 디자인되는 방식의 한 모델이 된다. 만약 그렇다면 우리가 제시하려는 또 다른 예는 어떻게 다른 방향의 거래 역시 가능할 수 있었는가를 잘 보여준다. 1533년에 「튀니스 정복」의 제도공 가운데 한 사람이었던 피터르 쿠케 판 앨스트는 이스탄불로 투기성 상업 여행을 떠나게 되었다. 그리고 이를 위해 그는, 앞에서 보았듯이 결국 헝가리의 메리가 구입했던 「스키피오 아프리카누스의 역사」를 제작한 판 데르 모이언(the van der Moyen) 태피스트리 회사에 고용되었다. 대(大) 술레이만으로 하여금 태피스트리와 걸개장식을 주문하도록 만들고 그의 흥미를 자극하는 것이 회사의 목적이었다. 당대 독일 연대기 작가 카렐 판 만더(Karel van Mander)에 따르면, 판 앨스트의 임무는 이스탄불로 가서 태피스트리의 디자인에 이용될 만한 장면을 그리는 것이었다. 기록은 다음과 같이 전한다. "판 데르모이언 회사는 교역을 확립하고, 위대한 튀르크인을 위해 값비싼 카펫과 걸개장식을 만들려고 했다. 이러한 목적을 위해 그들은 피터르 쿠케(Peter Coeck)를 고용해 튀르크의 황제가 보게 될 다양한 사물들을 그리도록 했다."[71] 다음

70 Brotton, *Trading Territories*, chap. I.

71 William Stirling Maxwell, ed., *The Turks in 1533. A Series of Drawings made*

과 같은 또 다른 당대의 기록에 따르면, 개인적인 차원에서 판 앨스트는 이 일의 결과로 손해를 본 것이 없었다.

> 앨스트의 피터르(Peter of Aelst)는 튀르크인들의 삶과 관습에 관한 몇몇 뛰어난 그림을 출판했다. 그것은 그가 콘스탄티노폴리스에서 연구한 것이었다. 그곳에서 그는 예외적인 예술적 기예 덕분에 황제 술레이만에게 커다란 칭송을 받았다. 그 결과 그 지배자는 쿠란의 법률을 잊고 피터르가 자신의 초상화를 그릴 수 있기를 열망했다. 술레이만이 직접 수여한 왕실의 하사품으로 받은 영광스러운 선물, 반지, 보석, 말, 의복, 금 그리고 하인과 함께 그는 그곳을 떠났다. 브뤼셀에서 그는 그것들을 연금으로 바꾸었다.[72]

프랑수아와 카를 사이의 제국주의적 경쟁으로 이미 이득을 챙겼던 판 앨스트와 판 데르 모이언 회사는 틀림없이 이스탄불과의 사치품 교역이 확립되는 것에도 흡족해했을 것이다. 말을 타고 이스탄불의 전차 경기장을 지나가는 술레이만을 묘사한 판 앨스트의 아름다운 목판화(그림 51)가 강조하는 것처럼 오스만의 군사적 힘과 제국의 웅장함을 강렬하게 선전하는 이 작품은 태피스트리 연구를 위해 디자인된 밑그림이었다. 우리가 분석하려는 것은 실제 동양과 서양 사이에서는 정치적·예술적 경계가 뚜렷이

---

in that Year at Constantinople by Peter Coeck of Aelst, London and Edinburgh, 1873, pp. 5~6에서 인용. 이에 대해 델마르셀은, 이와는 약간은 다르면서도 유사한 의미를 내포하는 주장을 개진한다. 그에 따르면, 「막시밀리안의 사냥」(The Hunts of Maximilian, 1531~33)이 "한 독일 상인에 의해 판매를 위해 '파비아 전투의 프랑스 왕'을 묘사한 일곱 개의 태피스트리로 구성된 연작과 함께 콘스탄티노폴리스의 술탄 대(大) 술레이만에게 제공되었다. 빌럼 데르모이언(Willem Dermoyen)과 그의 파트너가 브뤼셀에서 개별적으로 소유하고 있던 연작 태피스트리 작품 가운데 각 한 편의 작품이 베네치아를 경유하여 견본으로 보내졌다"(Delmarcel, *Flemish Tapestry*, p. 121). 하지만 델마르셀은 이 이야기에 관한 원전 자료를 자세히 제시하지 않는다.

72 Stirling Maxwell, *The Turks in 1533*, p. 8.

그림 51 피터르 쿠케 판 앨스트, 「아트메단을 지나가는 술탄 술레이만 2세의 행렬」, 목판화, 1533, from *Ces Moeurs et fachons de faire de Turcz* …….

구분되지 않았고, 또한 서로 간에 넘나들 수 있었다는 점이다. 이러한 사실은 단순히 고가일 뿐 도상학적으로는 이해할 수 없는 태피스트리를 오스만 궁정에 판매하려 한 시도들이 원칙 없이 진행된 그저 그런 일련의 일들이 아니었다는 점을 암시한다. 오히려 그것은 파리, 브뤼셀, 리스본, 런던, 이스탄불의 궁정들이 공유하던 제국주의적·이데올로기적 관념에 대한 날카로운 이해를 보여준다. 만약 궁극적으로는 성공하지 못했다고 할지라도 유럽의 태피스트리 산업에 연쇄적으로 자리 잡고 있던 회사나 디자이너들이 그 과정을 조종하고 있었다.

지금까지 우리가 분석한 태피스트리들은 16세기 내내 르네상스 유럽에서 제국적 권력을 열망했던 사람들 모두가 왜 그것의 생산에 투자를 아끼지 않았는가를 이해하는 데 커다란 도움을 준다. 다양한 궁정의 삶에서 맞이하게 되는 여러 중요한 공간과 시점에서 많은 이들이 그러한 위압적인 이미지를 볼 수 있었다. 그리고 이러한 연작 태피스트리들은 그들에게 제국적·종교적, 혹은 상업적 지배권 등 그 무엇이든지 간에 권위에 대한 긴급하면서도 공격적인 주장을 공표했다. 커다란 크기에도 불구하고 운반하기 용이하게 제작함으로써 그러한 태피스트리들은 쉽게 포장되어 다른 시각 다른 지역에서 전시되었다. 그리하여 그것들이 재현한 이미지가 다양한 순간 속에서 일련의 함축된 의미를 지닐 수 있게 되었다.

그러므로 「튀니스 정복」은 중남부 유럽에 걸쳐 존재하던 카를 제국의 권력과 권위를 재현한 생생한 이미지였다. 하지만 합스부르크의 펠리페와 메리 튜더의 결혼으로 왕조적 동맹을 맺은 영국 궁정의 시각에서 볼 때, 그것에는 부가적인 종교적 의미 역시 담겨 있었다. 여러 미술사가들의 지적처럼[73] 이러한 많은 태피스트리들은 밀접한 도상학적 유사성을 지니고 있다. 하지만 지금 우리의 관심은, 도상학적 근거를 통해 그러한 작품들을 해석하는 규범을 복잡하게 만드는 한 가지 방법으로서 그것들이 의뢰되고 전시되던 방식에서 의미 있는 차이를 만들어냈던 뚜렷한 정치적 특성을 강조하는 것이다. 이 점에서 프랑수아 1세의 「스키피오 아프리카누스의 역사」와 카를 5세의 「튀니스 정복」 사이의 관계가 우리에게 보여주는 것은, 스스로를 스키피오 아프리카누스와 동일시한 것처럼 카를이 합스부르크 제국의 우월한 군사력으로 인해 쉽사리 도상학적 연관성을 이끌어낼 수 있는 태피스트리를 제작할 수 있었다는 점이다. 하지만 이 태피스트리는 특히 정치적·군사적으로 성장한 카를의 이미지를 전파하는 데에 보다 분

73 「루즈베크 전투」에서 「파비아 전투」와 「스키피오 아프리카누스의 역사」, 그리고 「튀니스 정복」에 이르기까지 군사적인 내용을 담고 있는 태피스트리를 정밀하게 비교한 혼(Horn)의 연구에 주목하라(*Vermeyen*, vol. I, pp. 293~96). 혼은 이 '군사적' 작품들을 16세기 궁정 태피스트리라는 보다 넓은 맥락과 분리하는 경향이 있다. 하지만 그와 반대로 우리는 그것들이 실제로는 당시 태피스트리가 담지하고 있던 기능을 보여주는 징후라고 주장한다.

명하게 집중되어 있었다. 비록 제한적이었을지라도 이 이미지는 성공적인 군사적·정치적 목적에 근거한 것이었다. 이와 유사하게 「천구의」, 그리고 「주앙 드 카스트로의 위업」 태피스트리를 제작하면서 포르투갈 궁정은 자신의 해상 권력과 해외에서의 영향력으로 이해될 수 있는 제국의 이미지를 만들어내려는 데 초점을 맞추었다.

포르투갈의 해양 팽창을 로마 제국의 그것과 동등하게 비교하면서 포르투갈에서 제작된 태피스트리는 결연히 세계적 통화라고 할 수 있는 이미지를 제시하는 것처럼 보인다. 이것은 합스부르크, 발루아, 오스만처럼 경쟁 관계에 있던 다른 국제 공동체에서 쉽게 해독될 수 있는 것이었다. 하지만 제국의 권력이라는 유사한 위압적 이미지를 보여주려던 발루아 궁정, 특히 프랑수아 1세의 시도는 근거가 많이 부족하고 또 솔직하지도 못한 것이었다. 회화와 초상메달 그리고 태피스트리에 나타난 프랑스 제국의 셀프-패셔닝은 그저 억지스럽게 도상학적 의미를 부여하려는 근거 없는 시도였던 셈이다. 다시 말해 그것은 주 경쟁자였던 카를의 세계적 권력에 직면해 있던 프랑수아의 제국적 지위와는 거의 무관한 것이었다.

1547년 프랑수아의 죽음과 1555년 카를의 퇴임, 펠리페 2세의 계승은 종교적 분화와 정치적 갈등으로 유럽을 분열시켰다. 이러한 분열은 15세기 초반 유럽 궁정들의 관계를 특징짓고 그들이 주의 깊게 선택한 태피스트리 컬렉션에서 생생하게 표현되었던 정치적 권위를 둘러싼 경쟁이 낳은 결과 가운데 하나였다. 1550년대까지 태피스트리 생산은 정치적·왕조적 권력을 공표하기 위한 수단으로 이용되었다. 이것은 직물 산업 자체에도 의미 있는 결과를 가져온 발전이었다. 이 점을 분명히 하고 또 강조하기 위해 이제 마지막으로 우리는 1576년 11월 안트베르펜에서 발발한 '스페인의 광기'에 직면해 저지대 국가에서 제작된 마지막 위대한 태피스트리 연작 가운데 하나를 검토하고자 한다.

V

전쟁과 종교적 박해가 매체의 역사에서 가장 커다란 영향을 끼치던 시대 가운데 하나를 종식시켜가고 있을 무렵, 현재 피렌체의 우피치 미술관에 소장되어 있는 「발루아 태피스트리」(Valois Tapestries)가 저지대 국가의 작업장에서 출현했다. 이 연작 태피스트리는 여덟 개의 거대한 작품들로 구성되어 있으며, 그것들 대부분은 약 4미터의 높이와 6미터의 폭으로 제작되었다. 「발루아 태피스트리」는 1560년대와 1570년대 발루아의 궁정 생활을 특징짓던 정교한 궁정의 축제 혹은 '웅대함'을 주제로 다루고 있다. 궁정의 장관을 배경으로 삼고 있는 여덟 개의 태피스트리 모두 전면부에는 발루아 왕조의 주요 구성원들이 배치되어 있다. 프랑스의 예술가 앙투안 카롱(Antoine Caron)이 1560년에서 1570년 사이에 그린 여섯 편의 연작 스케치가 이 태피스트리의 밑그림으로 간주되고 있다.

작품의 전면부에는 프랑수아 1세의 아들 앙리 2세의 미망인 카테리나 데 메디치(Catherine de' Medici)의 주도로 중요 인물들이 새롭게 추가되었는데, 이 새로운 전면부의 모습은 카롱의 밑그림과 완성된 태피스트리 사이의 중요한 차이를 보여준다. 1559년 남편의 죽음에서부터 1589년 자신의 죽음에 이르는 기간 동안에 카테리나는 프랑스의 정치적 삶에 중요한 영향을 끼쳤다. 마치 이 점을 보여주듯이, 하지만 흥미롭게도, 그녀는 여덟 편의 모든 태피스트리의 가장자리에 위치한 채 사건을 굽어보는 모습으로 등장한다. 태피스트리의 주제는 무엇보다 그녀의 정치적 후원 아래 조직되었던 중요한 축제들에서 유래했다. 이 가운데 1564년 퐁텐블로에서 개최된 첫 번째 축제는 가톨릭과 위그노 당파 사이에서 발발해 1563년 3월의 앙부아즈 칙령을 통해 어렵사리 진정되었던 공개적인 전쟁을 중재하려 한 카테리나의 시도로 이해되어왔다. 퐁텐블로 축제는 분명 두 당파를 화해시키는 데 기여했고, 이는 「퐁텐블로」(그림 47)라는 제목이 붙은 이 연작 태피스트리의 첫째 작품에 재현되어 있다. 이 작품은 축제를 특징적으로 보여주는 정교한 마상시합과 축연을 배경으로 그 전면에는 미래의 왕 앙리 3세와 그의 젊은 아내 루이즈 드 로렌(Louise de Lorraine)의 초상을 배치하고 있다. 퐁텐블로 축제를 바로 뒤이어 1565년 여름에는 바욘 축제(Bayonne Festivals)가 열렸다. 표면적으로 이 축제는 로렌의 공작 샤를 3세(Duke Charles III of Lorraine)와 결혼한, 카테리나의 딸 클로드(Claude)의 아들의 세례를 기념하기 위한 것이었다. 그런데 실제 바욘 축제는 카테리나에게 자신의 딸 엘리자베스(Elizabeth)와 장차 그녀의 남편이 될 스페인의 펠리페 2세가 만날 수 있는 기회를 제공했다. 카테리나는 자신과 펠리페의 자녀를 결혼시킴으로써 발루아 가문의 왕조적 영향력을 확대할 수 있기를 희망했다. 하지만 합스부르크 왕의 생각은 달랐다. 그는 알바(Alva) 공을 특사로 파견해 카테리나로 하여금 트렌토 공의회를 따르고 앙부아즈 칙령의 종교적 관용을 폐기하도록 설득했다.

바욘에서 긴장감 넘치게 전개된 정치적 난국이라는 배경적 상황이 둘째 태피스트리의 전면부를 구성하고 있는 장엄한 마상시합 장면에 나타난다. 「마상시합」(Tournament)이라는 단순한 제목을 달고 있는 이 작품은 딸 마르게리트 드 발루아(Marguerite de Valois)와 그녀의 남편 나바르의 앙리(Herny of Navarre), 그리고 손녀 루이즈(Louise)와 함께 있는 카테리나의 모습을 그리고 있다. 이 연작 태피스트리에 나타난 카테리나 축제의 최고 성과는 1563년 8월 파리의 튈르리에서 거행된 기념 행사였다. 카테리나는 그녀의 아들 앙리에게 폴란드의 왕권을 수여하려는 외교적 목적으로 프랑스에 온 폴란드의 대사들을 축하하기 위해 이 행사를 기획했다. 한편 다섯 번째 작품인 「폴란드 대사」(Polish Ambassadors)는 정교한 장관을 연출하면서 섭정으로서 그리고 국왕의 모후로서 불안하게 유지되던 카테리나의 치세가 도달했던 최고점을 보여준다.[74]

---

74 1559년 카테리나의 남편 앙리 2세가 갑작스럽게 사망했고 프랑수아 2세가 이후의 짧은 기간 동안 통치했다. 그리고 나서 1562년 카테리나가 소수파였던 왕 샤를 9세

이 연작 태피스트리와 카테리나의 위엄을 묘사한 카롱의 그림 사이에 나타난 분명하고도 밀접한 관계에도 불구하고 이 작품은 여전히 수수께끼 같다. 이것을 누가 의뢰했고 누가 직조했는지 분명한 증거가 존재하지 않기 때문이다. 그럼에도 불구하고 이 태피스트리는 르네상스 연구에서 가장 중요한 학문적 성과라 할 수 있는 한 저작의 해석적 토대가 되었다. 이 저작이 바로 1959년 바르부르크 연구소에서 출판된 프랜시스 예이츠(Frances Yates)의 『발루아 태피스트리』(*The Valois Tapestries*)다. 예이츠는 이 태피스트리의 제작 연대를 논쟁적으로 1582년으로 잡으면서 당시 곤경에 처해 있던 오라녜의 왕자 나사우의 윌리엄(William of Nassau, Prince of Orange)이 카테리나 데 메디치에게 주기 위한 외교적 선물로 작품의 제작을 의뢰했다고 주장했다. 예이츠의 주장에 따르면, 윌리엄이 카테리나와 그녀의 아들 앙리에게 영향을 끼쳐 그들로 하여금 저지대 국가에서 스페인에 맞선 투쟁을 벌이고 있던 자신의 동생 프랑수아-헤르쿨, 즉 알렌송-앙주 공(François-Hercule, Duc d'Alençon-Anjou)에 대한 지원을 이끌어내기 위해 이 작품을 선물했던 것이다.

이 연작 태피스트리의 모든 작품에 앙주 공이 등장하지만, 특히 그가 두드러지게 나타나는 것은 누이 마르게리트의 손을 쥐고 우측에 서 있는 모습으로 재현된 마지막 두 태피스트리인 「장벽」(Barriers)과 「코끼리」(Elephant)(그림 46)에서다. 예이츠에 따르면, 이러한 그의 모습은 오라녜의 윌리엄과 안트베르펜의 프로테스탄트 당파에 의해 그가 교화되었음을 상징한다. 그의 고양된 모습은 실제 폴란드 대사들을 위해 퐁텐블로와 바욘, 그리고 파리에서 축제를 주관했던 왕 샤를 9세가 작품에서 배제된 것만큼이나 극적이다. 샤를은 1560년부터 1574년 병으로 일찍 죽게 될 때까지 프랑스의 왕으로 군림했다. 예이츠는 만약 배경에 나타난 축제들이 샤를의

의 편에서 섭정으로 임명되었다. R. J. Knecht, *Catherine De' Medici*, London, 1998, pp. 59~88을 보라.

통치 기간에 카테리나가 주의를 기울여 조작했던 위엄에서 나온 것이라면, 전면부의 인물들은 태피스트리가 제작된 시기인 1582년의 발루아 왕조의 지위를 반영한다고 지적한다.[75] 예이츠에 따르면, 샤를은 실제 1572년 8월 24일 성 바르톨로메오 축일의 학살(the Massacre of St. Bartholomew's Day)을 인가했다는 이유로 태피스트리에서 배제되었다. 이 사건은 위그노를 공포에 몰아넣었고, 또 범유럽적 프로테스탄트 동맹을 결성하려던 윌리엄의 계획을 수년 뒤로 후퇴시켰다. 만약 이 연작 태피스트리가 원조를 구하는 프로테스탄트의 외침으로 분명히 해석될 수 있다면, 이처럼 이 작품에서 '학살의 희생양을 배제한 것'[76]은 가톨릭 권력으로 의인화된 펠리페 2세와 알바 공의 종교적 불관용에 결연히 저항하는 발루아 궁정의 모습을 재현하기 위한 목적에서였다. 예이츠는 다음과 같이 적는다.

> 이 태피스트리의 세계는 자유로운 세계 혹은 자유로워지려는 세계다. 그 속에서는 종교재판보다 축제가 선호되고, 세계라는 극장에 대한 넓은 시각이 모든 다양성의 측면에서 협소한 엄격성보다 더 선호된다. 어떤 측면에서 그것은 편협한 정통의 박해에 대한 저항이라는 부르고뉴의 기사적 위엄의 전형으로 정교하게 돌아가는 세계다. 이것이 바로 오라녜의 윌리엄이 프랑스 발루아의 왕자인 앙주의 프랑수아(François d'Anjou)를 오랜 항전을 통해 결국 자신이 전제적 스페인으로부터 해방했던 남부 네덜란드의 통치자 자리에 앉히면서 고무하려 했던 바로 그 정신이었다.[77]

이 해석에 따르면 이 태피스트리는 계몽적인, 다시 말해 종교적 관용과 정치적 자유주의에 의해 정의된 거의 유토피아적인 유럽 정치의 전망을 담

75 Frances Yates, *The Valois Tapestries*, London, 1959, pp. 61~67.

76 *Ibid.*, p. 66.

77 *Ibid.*, p. xvi.

고 있는 작품이 된다. 이 작품은 화면의 가운데 부분에 폴란드와 프랑스의 관용적 결합을 묘사하고 축제와 즐거움, 가톨릭과 프로테스탄트의 뒤섞임, 그리고 많은 국가들의 복장과 관습을 이와 어울리도록 함께 표현하고 있다.[78]

예이츠가 개괄한 태피스트리 속에 투사된 세계는 매우 신속한 극적 전개과정을 통해 진행되었다. 그리고 바로 그 신속함에 의해 종교적·정치적 조화라는 이러한 비전은 더욱더 강렬하게 인식된다. 1582년 2월 앙주가 안트베르펜으로 와 브라반트(Brabant)의 공작직을 수락하는 것을 목격했을 때, 오라녜의 윌리엄은 자신이 오랫동안 간직했던 정치적 목적을 달성하게 되었다.[79] 파르마의 공작이 군대를 이끌고 진격해 오는 것에 직면한 앙주는 1583년 그 도시에 대한 완전한 통제권을 장악하기 위해 부주의한 정변을 계획했다.[80] 불행하게도 충분하지 못한 장비와 비조직적으로 구성된 군대로 인해 지역의 저항에 부딪혀 패주하게 되면서 앙주는 도시를 탈출해야 했고, 정확히 2년 뒤 프랑스에서 불명예스러운 죽음을 맞았다. 오라녜의 윌리엄은 앙주가 경험한 이러한 파국으로부터 결코 주도권을 회복하지 못했고, 1583년 델프트에서 암살당했다. 안트베르펜은 1585년 스페인군에게 굴복했고, 프랑스가 종교적 혼란에 빠져들면서 카테리나 자신도 1589년 죽게 되었다. 앙리 3세는 같은 해 8월에 암살당했다.

예이츠에게 「발루아 태피스트리」는 종교적 근본주의와 정치적 불관용, 사악한 인종청소로 빠져들기 이전의 유럽의 행복했던 문화적·종교적 다양성을 보여주는 상징적 지표로 재현되었다. 안타깝게도 이후의 문화사가

78 *Ibid.*, p. 70.

79 Mack P. Holt, *The Duke of Anjou and the Politique Struggle During the Wars of Religion*, Cambridge, 1986, pp. 166~67을 보라.

80 예이츠는 앙주가 경쟁력 없는 군사 지도자였다는 문제에 대해서는 별다른 의미를 부여하지 않는다. 앙주의 안트베르펜 입성은 예이츠가 제시한 만큼의 대중적인 열광을 받은 개선이 아니었으며, 입성 직후 그는 의심 많은 대중과 완고한 의회를 처리해야 하는 문제에 직면했다. Holt, *Anjou*, pp. 166~84를 보라.

들에게 무시된 그녀의 연구는, 16세기 후반의 서사적 태피스트리들이 어느 정도까지 정치권력과 권위를 복잡하고 강력하게 재현한 구성물로 이해될 수 있는가를 보여주는 뛰어난 해석이다. 하지만 우리의 분석은 「발루아 태피스트리」에 관해 예이츠가 제시한 것과는 근본적으로 다른 해석을 함의하고 있다. 여러 연구자들은 이미 예이츠의 일부 가정들을 수정해왔다. 로이 스트롱은 브뤼셀이라는 언급에도 불구하고 이 태피스트리가 루카스 데 헤이러(Lucas de Heere)의 지휘 아래 안트베르펜에서 제작되었다는 그녀의 주장에 의문을 제기해왔다.[81] 크네흐트(R. J. Knecht)는 발루아 왕조가 프로테스탄트 저지대 국가를 지원하는 것에 훨씬 더 신중했다는 점에 주목하면서 예이츠가 과도하게 이상화된 모습으로 카테리나 데 메디치를 에라스무스적인 인물로 그렸다고 비판한다. 그는 또한 성 바르톨로메오 축일의 학살 이후 카테리나와 앙리 3세 모두 오라녜의 윌리엄보다 펠리페의 정치적 입장을 훨씬 더 많이 받아들이고 있었다는 점을 사료적 증거를 통해 지적한다.[82]

이러한 새로운 역사적 관점을 초기 태피스트리에 대한 우리의 분석과 결합하면서, 우리는 「발루아 태피스트리」가 예이츠가 인정할 수 있는 것보다 훨씬 더 강하게 왕조적 권력을 표현한 공격적인 이미지였다는 점을 주장하고자 한다. 우리의 분석에 따르면, 그러한 이미지들의 본질은 예이츠가 암시하는 것처럼 '정치적' 조언을 하는 것이 아니라 소유자의 권력을 선전하는 것이었다. 프랑수아 1세의 광범위한 태피스트리 컬렉션에도 불구하고, 예이츠는 이러한 초기의 전통과 자신의 연구에서 악역이었던 알바 공 역시 인상적인 군사적 태피스트리 컬렉션을 소유하고 있었다는 점을 고려하지 않았다. 튀니스 승리의 주역이었던 알바 공이 1550년대에 주문한 작은 규모의 연작 태피스트리 「튀니스」(Tunis), 1568년에 제작된 튀니스

81 Strong, *Art and Power*, pp. 98~125를 보라.

82 Knecht, *Catherine De' Medici*, p. 244.

의 승리에 관한 복합적인 태피스트리,[83] 그리고 「알바 공의 승리」(Victories of the Duke of Alva)라는 제목으로 1560년대에 저지대 국가에서 직조된 인상적인 연작 태피스트리가 그것들이었다.[84] 그러므로 그와 같은 유형의 태피스트리들이 제작된 전통은 알바 공의 위압적인 연작 태피스트리부터 카를 5세의 「튀니스 정복」을 거쳐 15세기 초반 선량공 필리프의 태피스트리에 재현된 부르고뉴 왕조의 권력에 대한 공격적인 단언에 이르기까지 시간을 거슬러 올라가면서 확인할 수 있다. 이 점에서 본다면 「발루아 태피스트리」가 '편협한 정통의 박해에 대한 저항이라는 부르고뉴의 기사적 위엄의 전형'을 불러일으킨다는 예이츠의 주장은 특히 모순적이다. 그것은 이상화된 부르고뉴의 궁정 개념에 위배되는 것이었으며, 카를 5세의 합스부르크 제국은 바로 그것을 통해 신정정치적으로 계산된 태피스트리의 가치에 관해 자신이 할 수 있는 모든 것을 배웠다.

전략적이고 효과적인 제국의 통화로 태피스트리를 배치하는 관행은 발루아의 궁정에서도 사라지지 않았다. 우리가 논의해왔듯이, 설사 궁극적으로는 성공하지 못했다고 하더라도 프랑수아 1세는 능숙하게 태피스트리를

83 이 태피스트리들의 이동은 그것이 지니고 있던 정치적 지위와 관련된 또 다른 중요한 차원과 관련이 있다. 혼은 자신의 아버지가 25년 전 죽음을 맞았던 도시 제르바(Djerba)를 약탈하면서 알바 공이 아버지의 군대를 회복했다는 점에 주목한다. 판네마커르가 직조한 이 태피스트리들은 완성 직후 커다란 비용을 들여 라레다(Lareda)에서 알바 드 토르메스(Alba de Tormes)에 있던 공작의 거주지로 운송되었다. 1568년 알바 공은 추기경 앙투안 페레노 드 그랑벨(Antoine Perrenot de Granvelle)이 소유하고 있던 튀니스 원정에 관한 한 편의 복합 태피스트리도 얻었다. 당시 추기경은 펠리페의 조언가였으며, 그의 아버지 역시 튀니스 전투에 참전했었다. 또한 알바 공은 지금은 소실된 자신만의 작품 역시 그에게 주문했다(Horn, *Vermeyen*, vol. I, pp. 130~31). 그랑벨의 태피스트리가 여전히 메헬런(Mechelen)의 시청에 걸려 있다는 사실은, 알바 공이 자신의 흔적을 그 지역에 남겼던 것과 마찬가지 방식으로, 그와 같은 품목들이 다양한 지역 특히 저지대 국가들에서 작동했음을 보여주는 증거다.

84 Dora Heinz, *Europäische Wandteppiche I: Von den Anfängen der Bildwirkerei bis zum Ende des 16. Jahrhunderts*, Braunschweig, 1963, p. 223, figs 155, 156, 170을 보라.

효율적으로 활용했다. 「발루아 태피스트리」 디자인의 밑그림을 책임졌던 예술가 앙투안 카롱은 카테리나의 축제에 관한 작품을 그리기 이전에도 이미 특히 태피스트리로 구체화될 수 있는 여러 편의 수준 높은 그림을 그렸다.[85] 우리의 논의와 관련해 가장 의미 있는 작품은 아마도 1560년에서 1574년 사이에 「우리 시대 프랑스의 역사」(Histoire Françoyse de nostre temps)라는 제목으로 제작된 스물여덟 편의 연작 그림이다. 카테리나에게 헌정된 이 그림들은 프랑수아 1세부터 샤를 9세의 치세에 이르는 발루아 가문의 업적을 추적하고 있다.[86] 이 가운데 열 편은 프랑수아의 치세를, 두 편은 1533년 10월에 거행된 카테리나와 앙리 2세의 결혼을 다룬다. 교황 클레멘스 7세와 동맹을 맺기 위한 목적으로 이 결혼을 중재한 이가 바로 프랑수아였다. 또한 그 결혼은 교황과 카를 5세 사이의 동맹을 분쇄하려던 헛된 희망과, 그로부터 프랑스의 브라질에 대한 영토적 주장—이는 우리가 홀바인의 「대사들」에서 분석했던 지구의에 응집되어 있다—에 대한 동의를 얻어내려는 보다 낙관적인 희망 속에서 이루어졌다.

결혼 의식과 관련된 카롱의 둘째 그림은 교황과 프랑수아 사이의 선물 교환을 기록하고 있다(그림 52). 이 작품은 레오나르도 다 빈치의 「최후의 만찬」을 모델 삼아 제작된 것이 분명한 태피스트리를 클레멘스에게 선물하는 프랑수아의 모습을 뛰어난 구도를 통해 그리고 있다. 여기에서 카롱은 프랑수아가 종교적 주제를 묘사한 값비싼 태피스트리를 제작할 능력을 갖추고 있다는 점을 매우 인상적으로 표현한다. 결혼을 통한 왕조적 동맹의 공고한 결속과 공격적인 제국주의에 대한 예술적 주장이 하나의 강력한 이미지로 함께 만들어지는 바로 그 순간에, 그것이 교황 바로 그에게

85 궁극적으로는 카테리나 데 메디치를 칭송하는 태피스트리로 변화하게 될 일련의 밑그림 제작을 책임지고 있던 이가 바로 카롱이었다. 이것에 포함된 것 가운데 가장 유명한 작품은 16세기 초의 연작 「여왕 아르테미시아 이야기」(Stories of Queen Artemisia)였다. Adelson, *European Tapestry*, pp. 161~288을 보라.

86 Cox-Rearick, *The Collection of Francis I*, pp. 78~81.

그림 52 앙투안 카롱, 「우리 시대 프랑스의 역사」 가운데 「선물」, 1560~74, ink on paper, Musée du Louvre, Paris.

선물로 주어졌던 것이다.

그러므로 우리는 「발루아 태피스트리」에 암호화된 의미가 오라녜의 윌리엄과 카테리나 데 메디치의 계몽적이고 관용적인 정치적 입장보다 수백 년 전부터 제작되어오던 위대한 궁정 태피스트리 전통으로부터 더 많은 영향을 받았다고 주장할 수 있을 것이다. 이러한 시각에서 본다면, 이 태피스트리가 더욱 위압적으로 이해될 수 있다. 자유롭게 유통되던 「튀니스 정복」과 「알바 공의 승리」에 구성된 이미지들과 비교할 때, 예이츠가 확인한 자유로운 축제의 세계는 정교한 전투 장면, 군대의 이동, 앞발을 들고 서 있는 말의 모습 등에서 보다 위압적으로 보이기 시작한다. 놀랍게도 예이츠는 「발루아 태피스트리」의 도안자가 과연 어느 정도까지 광범위하게 고대의 군사적 힘과 제국의 승리에 대한 프랑수아의 칭송, 즉 연작 태피스트리 「스키피오 아프리카누스의 역사」를 차용하고 있는지를 가늠하지 못했다. 하지만 「스키피오 아프리카누스의 역사」는 여전히 발루아 궁정을 구성하는 일부분이었다. 『프랑수아 1세에 대한 송시』(*Eloge de François Ier*)에서 브랑톰의 수도원장 부르델(P. de Bourdeille, Abbé de Brantôme)은 카테리나와 알바 공의 바욘 회합에서 이 태피스트리가 전략적으로 등장했음을 기록한다. 그는 다음과 같이 「스키피오 아프리카누스의 역사」에 대한 기억을 떠올린다.

> …… 「스키피오의 승리」. 사람들은 중요한 축일이나 회합을 위해 마련된 큰 방들에서 당시로서는 상당한 액수였던 22,000에퀴가 소요된 그 태피스트리가 걸려 있는 것을 보았다. 내가 들은 바에 의하면 오늘날 누구도 그것을 50,000에퀴에 구할 수 없다. 왜냐하면 그것들은 전적으로 금과 비단으로만 제작되었기 때문이다. 그것은 알려진 것 가운데 최고로 제작되었고, 그 속의 인물도 최고로 묘사되었다. 바욘의 회합에서 스페인의 영주들과 숙녀들은 자신들의 왕의 소유물 가운데 그와 같은 것을 결코 본 적이 없어 그 작품에 크게 경탄했다.[87]

여기에서 우리는 발루아 궁정이 어떻게 최근의 제국주의적 경쟁의 역사에서 이미 나타났던 최상의 태피스트리를, 펠리페와 알바 공의 억압적인 팽창주의에 대항하는 최고의 통화로 이용하는지에 관한 시각적 증거를 얻게 된다.[88] 하지만 아이러니하게도 프랑수아가 이런 식으로 「스키피오 아프리카누스의 역사」를 전시했다는 사실은 다시 한 번 알바 공과 펠리페의 「튀니스」에 묘사된 합스부르크의 제국주의적 힘에 맞선 발루아 군주 체제의 초라함을 그저 넌지시 드러낼 뿐이었다.

---

87 *Ibid.*, p. 383에서 인용. 크네흐트(Knecht)는 축제에 관한 설명에 나타난 브랑톰의 편파성을 강조한다(*Catherine De' Medici*, p. 237).

88 발루아 왕조의 수행원의 입장에서 볼 때, 「스키피오 아프리카누스의 역사」 태피스트리의 전시는 결코 보조적인 제스처가 아니었다. 이 점은 예이츠의 논의의 결론과 달리 이 시기 태피스트리 활용이 지니는 또 다른 차원을 보여준다.

바욘에서 「스키피오 아프리카누스의 역사」가 치밀한 계산에 맞추어 전시되었다는 점은 우리에게 연작 「발루아 태피스트리」를 구성하는 여덟 편의 작품을 이해하는 새로운 시각을 제공한다. 지금까지 살펴보았듯이, 「코끼리」의 전면에는 앙주와 마르게리트가 등장하고 있으며, 그들의 뒤로는 튀르크군을 포함해 이국적인 복장을 한 여러 무리의 말 탄 병사들이 코끼리를 공격하는 장면이 정교하게 나타나 있다. 코끼리를 지키는 수비군은 불을 쏘아 대고 있다. 예이츠는 이 코끼리가 1582년 2월 앙주의 안트베르펜 입성을 그린 목판에 묘사된 그림을 모델로 하고 있다고 주장했다. 하지만 「코끼리」 태피스트리는 카롱의 그림 「코끼리와 함께한 밤의 축제」(Night Festival with an Elephant)(그림 53)에도 역시 분명하게 그 기초를 두고 있으며,[89] 또한 이 작품은 프랑수아의 연작 「스키피오 아프리카누스의 역사」의 다섯 번째 작품 「자마 전투」(그림 39)를 아주 뚜렷하게 차용하고 있다.[90]

카롱은 발루아 궁정에서 가장 성공한 예술가 가운데 한 사람이었다. 이런 그가 연작 태피스트리 「스키피오 아프리카누스의 역사」에 대해 잘 알고 있었으리라는 점에는 더 이상 의심의 여지가 없다. 그의 그림은 「스키피오 아프리카누스의 역사」의 왼쪽 가운데 부분에 묘사된 두 마리의 코끼리를 뒤섞어 하나의 모습으로 표현한다. 그 가운데 하나는 카롱의 그림에서처럼 왼발을 들고 있으며, 다른 하나는 카롱이 충실하게 재생산한 것처럼 공격자들을 향해 화살을 날리는 병사들을 등에 태우고 있다. 이 그림에서 특

89 카롱의 축제 그림이 1573년에 나왔기 때문에 그 그림 역시 비슷한 연대에 제작된 것으로 추정될 수 있다. 하지만 예이츠는 그것의 제작 연대를 추정하려고 시도하지 않았다(Yates, *Valois Tapestries*, p. 4).

90 카롱과 「스키피오 아프리카누스의 역사」 태피스트리 사이의 관계는 「발루아 태피스트리」의 제작이 아마도 예이츠가 제시했던 것보다 훨씬 더 프랑스적인 현상이었다는 점을 암시한다. 카롱에 대해서는 Adelson, *European Tapestry*, p. 186을 보라. 「발루아 태피스트리」는 앙주의 안트베르펜 입성에 관한 도상에 의존했던 것 같지 않으며, 예이츠가 논의하는 것처럼 같은 해에 생산된 다른 작품에 그러한 내용을 끼워 넣은 것 같지도 않다. 순수한 태피스트리의 크기와 품질은 이것을 제작하기 위해, 비록 그 이상은 아니더라도, 적어도 2년은 걸렸을 것이라는 점을 암시한다.

그림 53 앙투안 카롱, 「코끼리와 함께한 밤의 축제」, 1573년경, oil on canvas. Private collection.

히 놀라운 점은 「스키피오 아프리카누스의 역사」에서는 코끼리의 등에 타고 있던 모습으로 표현된 카르타고인들이 이제 여기에서는 터번과 초승달 모양의 방패를 갖춘 튀르크인들로 대체되었다는 점이다. 우리가 이미 검토했듯이, 뒤이어 제작된 「튀니스 정복」처럼 「스키피오 아프리카누스의 역사」는 잔혹한 군사적 폭력 장면을 묘사하면서 제국의 승리를 시각적이고 폭력적으로 담아낸 이미지다. 이러한 이미지들이 현재와 미래의 잠재적인 신민들에게 제국의 권력을 공표하고 각인하기 위해 이용되었으며, 또 이러한 시도들은 다양한 차원에서 성공을 거두었다. 관용과 자유주의의 전통보다 제국의 승리를 담고 있는 초기 태피스트리 제작 관행에 명백히 의존하면서 「발루아 태피스트리」는 바로 이 위압적인 분위기를 고취하려고 했다. 예이츠의 결론을 직접적으로 거부하면서 우리는 이 작품의 의도가 평화나 조화보다 굴복과 위압이었다고 주장하려 한다. 그렇다면 이 작품이 위압하려 했던 대상이 과연 '누구'였는가를 가늠하기 위해 우리는 이제 이 태피스트리가 정교하게 성 바르톨로메오 축일의 학살과 관련된 내용을 생략하고 있다는 예이츠의 주장을 다시 한 번 생각해봐야 한다.

예이츠에 따르면, 프로테스탄티즘에 대한 공감으로 인해 샤를 9세와 파리에서 발생했던 위그노 학살에 대한 모든 내용이 이 태피스트리에서 제거되었다. 하지만 예이츠가 인정한 것처럼 1572년 8월의 잔인한 사건의 흔적은 그것을 중시하지 않으려는 예이츠의 시도에도 불구하고 여전히 태피스트리에 나타난다. 학살 전에 있었던 발루아의 마르게리트와 나바르의 앙리의 결혼을 기념하기 위해 디자인된 가장 예외적인 작품 가운데 하나에 대해, 예이츠는 스스로도 다음과 같이 적고 있다.

> …… 루브르는 숙녀들이 지켜보는 관람석과 함께 달리는 말 위에서 '매단 고리 찌르기'(courir la bague)를 준비했다. 여러 군대가 등장했다. 그 가운데에는 아마존의 복장을 한 왕[샤를 9세]과 그의 아우[앙리], 황금으로 직조한 긴 복장을 착용하고 머리에 터번을 쓴 튀르크인으로 분한 나바르의 왕과 그의 군대, 콩데(Condé)의 군주와 다른 '경기병들', 그리고 왕처럼 아마존의 복장을 한 구이즈(Gouise)의 [가톨릭] 공작과 그의 친구들이 있었다. 이 축제는 [프로테스탄트 장군] 콜리뉘(Coligny)를 없애려는 시도가 실패했던 바로 그 다음날 개최되었다. 1572년의 그 운명적인 8월에 프로테스탄트 튀르크인들이 가톨릭-아마존인들과 그러한 쇼에 참가하고 있었다.[91]

이 주목할 만한 장면은 파리 축제에 관한 카롱의 그림들 가운데 하나에서 분명하게 재생산되었다.[92] 이 결혼 축연에는 곧이어 발발한 잔혹한 학살의 그림자가 드리워져 있었다. 그런데 예이츠는 오히려 이 점이 「발루아 태피

---

91 Yates, *Valois Tapestries*, p. 62.

92 카롱의 그림은 Yates, *Valios Tapestries*, fig. XI, b에 실려 있다.

스트리」에서는 그와 관련된 어떠한 이미지도 직접적으로 재생산되지 않았다는 점을 확증한다고 주장했다. 하지만 만약 변할 수 없는 불관용의 대상으로서 프로테스탄트와 튀르크인들을 아무런 차이가 없는 '이교도'로 결합해 주목하는 것의 중요성을 깨닫는다면, 이 연작의 전체적인 분위기가 달라진다.[93] 보트를 가득 채운 튀르크 복장의 병사들이 아마존인들에 의해 방어되는 섬을 공격하기 위해 차례를 기다리고 있는 장면을 묘사하면서 「퐁텐블로」는 '매단 고리 찌르기' 장면을 환상적으로 보여준다. 「마상시합」의 가운데에서 자신의 기량을 뽐내며 진격해 가는 프랑스 기사의 움직임을 따라가다 보면 튀르크의 군대 역시 발견하게 된다. 「코끼리」에서는 튀르크의 기사가 작품의 중심 대상인 코끼리 가까이에 다가선 모습으로 표현되지만 그것은 단지 불붙은 탄환과 폭발에 의해 코끼리의 발아래에서 격퇴되기 위해서다.

우리는 이미 펠리페 2세와 메리 튜더의 결혼에 맞추어 제작된 「튀니스 정복」이 어떻게 인상적으로 활용되었는가를 논의하면서 합스부르크 궁정이 프로테스탄트주의자들과 튀르크인들을 어떻게 하나의 이미지로 묶어 이용했는지 검토했다. 종교적으로 양극화된 시대적 분위기에서 그러한 융합과 그것이 지니는 정치적 의미는 프로테스탄트와 튀르크 공동체 모두에게서 분명하게 이해될 수 있는 것이었다. 이러한 통찰을 「발루아 태피스트리」에 대한 분석에 적용한다면 예이츠의 논점이 완전히 뒤바뀌게 된다. 즉 예이츠의 주장과는 정반대로 「발루아 태피스트리」는 프로테스탄트, 보다 구체적으로는 위그노의 대의에 대한 반론을 의미하는 것이었다. 아마도 프랑스의 계획과 의뢰로 제작되었고 또 합스부르크 궁정에서 의뢰한 많

93 니콜라 서덜랜드(N. M. Sutherland)는 대학살이 벌어지기 전에 어떻게 오스만이 발루아 궁정을 소용돌이치게 했던 복잡한 외교적 협상에서 그 한 축을 이루고 있었는지를 자세히 보여준다. N. M. Sutherland, *The Massacre of St Bartholomew and the European Conflict, 1559-1572*, London, 1973, 특히 pp. 166, 287~88을 보라.

은 작품들처럼 브뤼셀에서 직조된 이 태피스트리는 위그노 '이교도'들을 참을 수 없는 위협과 동일시했다. 다시 말해 발루아 가문의 미래의 희망을 위협하는 튀르크인들처럼 그들은 왕국 내에서 박멸되어야 할 불신자들이었다. 성 바르톨로메오 축일의 학살의 여파 속에서 그러한 태피스트리를 전시하는 것은 오직 위그노의 공포감을 증대하는 일일 뿐이었다.

「발루아 태피스트리」가 제작되고 나서 이후 그것이 1589년 피렌체로 옮아 가기 전에, 프랑스 궁정에서 어떻게 이 태피스트리를 이용했는지 우리에게 설명해줄 수 있는 문헌적 증거는 아무것도 남아 있지 않다.[94] 하지만 16세기 초반 태피스트리가 '인용'되던 일련의 방식으로부터 우리는 이 태피스트리가 정치적인 면에서 자애롭기보다는 위압적으로 느껴졌을 것이라고 추론할 수 있다. 또한 우리는 정복의 내용을 담은 초기 태피스트리를 에둘러 표현하고 있다는 점 역시 이 작품이 강압적인 정치적 이미지로서 궁극적으로는 실패작이라는 것을 보여주는 징후라고 주장한다. 프랑수아의 「스키피오 아프리카누스의 역사」와 마찬가지로 발루아 궁정에서 의뢰한 태피스트리들 역시 카를 5세와 알바 공처럼 훨씬 더 강력했던 경쟁자와 후원자로부터 자기 나름대로의 정치적 지위를 표현하려는 도상학적 방식을 분주히 차용했다. 「영광」과 「튀니스 정복」처럼 정치적으로 보다 강압적이고 시각적으로도 더욱 매력적인 태피스트리들은 카를 5세의 대관식이든 혹은 튀니스의 정복이든 간에 중요한 정치적·군사적 순간에 맞추어 일단의 상징적인 의미를 그려냈다. 결과적으로 그러한 이미지들은 인식될 수 있는 '의미'를 생산하려는 정치적 경쟁자들에 의해 전유되었다. 물론 이 전유를 통해 정치적 권위를 빼내려던 뚜렷한 목적에서는 실패했지만, 그러한 이미지들이 지니는 상징적 효능은 우리로 하여금 이러한 내러티브가 그 사이의 시간을 넘어 '끝없이 영원한' 것이 되었다는 점을 이해하도록 도와준다.

94 Yates, *Valois Tapestries*, p. 121.

제3장

불신자 다루기:
패기만만한 마상예술

초상메달과 태피스트리는 여러 궁정과 공동체 사이에서 자유롭게 유통될 수 있었고, 또 서로 다른 지리적 공간 사이를 이동하면서 그들 모두가 이해할 수 있는 읽을거리로 제공될 수도 있었다. 간편하게 손바닥에 딱 들어가는 크기로 제작되었던 초상메달은 그저 크기가 작았기 때문에 쉽게 퍼져 나갔던 것은 아니었다. 그와 함께 별다른 어려움 없이 복제될 수 있었다는 점 또한 한몫했다. 본래 고가의 재질로 주조된 메달은 시장에서 유통된 최고의 사치 품목이었지만, 이후 질 낮은 금속으로 계속 재생산될 수 있었고 또 필요에 따라 다시 유포될 수도 있었다. 메달의 특징적인 윤곽, 모양, 배경은 넓게 나뉘어 있던 체제와 지역을 넘어 되풀이되어 재생산되었다. 어떻게 이러한 현상이 가능했는지를 살펴보면서 우리는 메달 유통의 규모를 가늠할 수 있게 된다.

커다란 크기에도 불구하고 태피스트리 역시 눈에 띄게 편리한 운반성, 유연한 활용 방식, 그리고 원본 밑그림을 바탕으로 대규모의 복사품이 작업장 생산을 통해 제작될 수 있다는 당연한 사실 등으로 특징지어질 수 있다. 태피스트리는 저명한 사람들이 서로를 방문하면서 스스로를 과시해야 할 경우에 중요한 역할을 수행했다. 우리가 논의해왔듯이, 모든 연작 태피스트리들은 외교적 협상과 왕조적 동맹의 구축이라는 중요한 순간에 내용물을 풀고 눈에 띄게 전시될 수 있도록 적절히 포장되어 궁정의 주인이 여행하는 곳이라면 어디든지 동행했다.

이러한 관행은 승리를 기념하는 여행이라는 장관을 연출했던 16세기의 합스부르크 궁정에서 그 절정에 이르렀다. 1555년의 퇴위 연설에서 카를 5세는 재위 기간 동안 자신이 저지대 국가를 열 차례, 독일을 아홉 차례, 이탈리아를 일곱 차례, 스페인을 여섯 차례, 프랑스를 네 차례, 영국과 아프리카를 각각 두 차례 방문했다고 회고했다. 그렇다면 그와 그의 아들 펠리페가 연작 태피스트리 「튀니스 정복」처럼 쉽게 휴대할 수 있는 인공물을 통해 자신들의 영광스러운 도시 입성을 표현해야 한다고 생각했다는 점은 결코 놀랍지 않다.[1] 고전적 기원을 지닌 제국의 상징을 다양한 방식으로 재생하고 또 이를 유럽 전역에 확산시키면서 그러한 카를의 방문 방식 역시 널리 모방되었다. 「튀니스 정복」은 16세기에 다양하고 호사스러운 방식으로 메리, 알바 공, 페레노(Perrenot) 등 합스부르크 궁정의 핵심 인사들을 위해 적어도 네 차례 주문되고 또 재생산되었다.[2] 그것들의 운반과 재배치는 그 자체로 극적인 장관이었으며, 또 뛰어난 수송 및 보급 능력이 결합된 결과였다. 카를의 「튀니스 정복」 초판은 펠리페 2세와 메리 튜더의 결혼에 맞추어 의도적으로 전시되었다. 이와 함께 알바 공은 자기 자신의 작품을 스페인으로 운반하는 데 막대한 돈을 썼다. 하지만 사료에 의하면 튀니스 원정에 기초한 알바 공의 또 다른 태피스트리 역시 저지대 국가에 남아 있었다.[3] 우리는 전통적으로 근대 초의 세계로 생각되던 지리적·지적 경계를 넘어서는 보다 확대된 지역에서도 이러한 사치스러운 소비재의 이

1 카를 5세와 그의 아들 펠리페가 휴대하고 다녔던 승리의 기념물에 대해서는 Roy Strong, *Art and Power: Renaissance Festivals 1450-1560*, Woodbridge, 1973, pp. 75~97을 보라.

2 이처럼 후대에 새로운 유형으로 의뢰된 「튀니스 정복」에 대해서는 Hendrick Horn, *Jan Cornelisz Vermeyen*, The Hague, 1989, vol. I, pp. 129~32를 보라.

3 *Ibid.*, p. 131.

동이 이루어졌다고 주장해왔다. 그것의 유통은 그리스도교 세계와 이슬람 세계 모두가 이해할 수 있는 다양한 이미지의 보고(寶庫)의 순환을 의미하는 것이었다. 그리고 실제로도 이처럼 동일하게 인식할 수 있다는 점이 그러한 이미지들을 그토록 강력하고 위압적인 것으로 만들었다.

이 연구의 주제를 마지막으로 검토하면서 우리는 지금까지 논의해온 것과 같은 유형의 예술품 유통의 차원을 넘어 동양과 서양 세계 모두에서 예술적 잠재력이 높이 평가된 또 다른 사치품에 초점을 맞추고자 한다. 초상메달과 태피스트리의 상징적 의미에 대해 살펴본 우리의 논의에서 말(馬)은 이미 수차례에 걸쳐 등장한 바 있다. 이제 우리는 보다 자세히 한 동물, 즉 그 자체로서 미적 대상으로 인식된 사물이었으며, 욕구의 대상이자 교환 가능한 고가의 품목이었고, 군주들 사이에 주고받았던 선물이자 신분적 상징으로 기능했던 말이 어떻게 그와 같은 형상적 의미를 지니게 되었는지 검토하고자 한다.

I

근대 초에는 지리적으로 멀리 떨어진 국제 공동체 사이에 여러 인공물들이 교환되었고, 또 그것들과의 직접적인 접촉의 결과로 유럽의 문화적 정체성이 형성되었다. 바로 이것이 우리가 주장하고 있는 점이다. 보다 분명하게 이미지를 벼리는 과정이 뒤따랐고, 그 속에서 문화적 거래에 참여한 양 진영 모두가 이해할 수 있는 재현의 관행이 지배적인 현상으로 대두했다. '의미'의 규명 혹은 문화역사적인 용어로 말하자면, '읽기'란 결국 두 세계가 공유하는 해석적 토대에 기초해서 이루어지기 마련이다. 하지만 시간이 흐르면서 더 많은 합의와 통합이 둘 사이에서 이루어지곤 해서 어느 정도는 본래의 강력했던 상징적 의미에 대한 감각을 유지하는 것이 어려워지기도 했다.

그러한 과정이 투영된 본질적 대상으로서 우리는 이제 생명력 있는 사치 품목이었던 혈통 좋은 말에 주목하려고 한다. 말은 감각을 지닌 생명체다. 그리고 바로 그 점 때문에 비록 귀중품으로 소중하게 소유되었을지라도, 말을 구입한 사람들은 생명이 없는 다른 사물들보다 더 복잡하게 그것에 대응했고 또 그것과 관계를 맺었다. 이 점은 말이 보다 구체적이고 어쩌면 바람직한 방식으로 지리적으로 분리된 지역과 사람들 사이에 교량을 놓았다는 것을 의미했다.[4]

1465년경 밀라노의 공작 프란체스코 스포르차(Francesco Sforza)의 어린 아들 루도비코 마리아 스포르차(Ludovico Maria Sforza)는 어머니의 대리인으로 활동하기 위해 크레모나로 보내졌다. 크레모나는 그의 어머니가 지참금을 가져온 도시였다. 그가 그곳에 머무는 동안 아버지가 그에게 말 한 마리를 보냈다. 이에 대해 아들이 표현할 수 있는 적절한 감사의 표시로 루도비코 마리아는 그 말의 초상화 제작을 의뢰했고, 다음과 같은 편지와 함께 완성된 그림을 아버지에게 보냈다.

> 아버님께서 제게 보내주신 말은 그 우수함과 아름다움으로 인해 한 명의 왕에게나 어울리는 것으로 보였고 지금도 그렇습니다. 저는 말 그 자체에서, 그리고 아버님께서 그 말을 보내시면서 제게 보여주신 자상함으로 인해 더욱더 커다란 즐거움을 느꼈습니다. 그래서 저는 이 그림을 전달한 사람이 가져간 작은 판넬로부터 폐하께서 확인하실 수 있도록 말의 초상화를 그려야 한다고 생각했습니다. 이 초상화를 보내면서 저는 칭송할 만한 두 생각을 한데 모아 폐하께 전할 수 있을 것이라고 생각했습니다. 첫째는 제가 요즘은 그리 건강이 좋은 편이 아님에도 불구하고 요구되는 곳을 갈 수 있게 되어 이 도시를 움직이고 있는 능력과 행정, 그리고 사람들이 여기에서 발

4 이 점에서 문화적 대상으로서 말과 봉사가 강요된 인간 사이에는 명백한 상관관계가 존재한다. 여기에서 우리는 특히 노예를 염두에 두고 있다.

견할 수 있는 삶의 조건들을 눈으로 목격하는 즐거움을 향유하고 있다는 것을 아버님께 보여드릴 수 있다는 점입니다. 둘째는 제가 폐하의 선물에 대해 어떠한 존경심을 가지고 있는지를 폐하께서 분명하게 이해하실 수 있도록 할 수 있다는 점입니다. 저는 단순히 살아 있는 생명체로서뿐만 아니라 이 초상화에서도 역시 이 말을 보고 끊임없이 경탄해 마지않을 수 없습니다.

병 때문에 저는 제가 원하던 대로 말에 올라탄 저의 모습을 그릴 수 없었습니다. 그래서 저는, 비록 훌륭한 초상화를 그리기 위해 이름을 넣는 일이 불필요하다고 생각했음에도 불구하고, 제 식솔 가운데 한 사람이 그 그림 속에 표현되도록 했습니다. 저는 이를 통해 아버님의 통치권의 향취를 느낄 수 있는 무엇인가를 했다고 믿고 있으며, 이러한 목적에서 이 그림을 아버님께 보냅니다.[5]

5 Paris, BN ms Ital. 1590, fol. 4: "Illustrissimo princeps et excellentissime domine genitor et domine me precolendissime. Havendome questa dì vostra Excellentia mandato uno cavallo, quale come respondendo alla lettera di quella scripsi, me parse e anche mi pare, sì per bontà, sì per belezza, degno d'uno re. De quello ho preso tanto piacere, et per lo cavallo in se, ma senza comparatione molto più per reventia de vostra Sublimità qual se dignata mandarmelo, che me parso farlo ritrare como in la tavoletta qual porta il presente cavalaro, vostra Excellentia potrà vedere. Parendomi con esso ritracto far due cosse laudabile mandandolo a vostra Excellentia. L'una demonstrarli ch'io anche, benchè sia stato infermo questi dì, pur ho havuto caro de intendere le vertute et exercitii si operano in questa cità, aciò a bisogni sapesse dove ricorere e anche per intendere la conditione d'essa. L'altro aciò vostra Excellentia comprehenda in quanta reverentia ho le cosse de vostra Sublimità, qual nel vero per rispetto de quella non solo el cavallo in carne, ma etiam esso ritratto non mì è perso may sufficientemente potere contemplare et riguardare. In esso cavallo, non potendo, per la infermità, far ritrarmi, como seria stato mio desiderio, glio ho facto ritrare il mio famiglio, benchè per la bontà d'esso ritracto sicondo el giuditio mio non bisognaria gli ponesse il nome. Io me ho creduto con questo far cossa grata a vostra Celsitudine e a questo fine el mando a quella …… devotissimum servitor et filius Ludovicus Maria Sfortia Vicecomes". E. Welch, "Naming Names: The Transience of

미술사가 에벌린 웰치(Evelyn Welch)는 "이름이 거명되지 않은 하인의 신원을 밝힘으로써 [이] 초상화가 말 자체의 이미지보다 그 말을 탄 사람의 초상화가 될 수 있다"고 지적한다.[6] 그렇다면 이것은 선물로 받은 말의 초상화, 즉 선물을 받은 이가 제작을 의뢰했고 또 본래 받은 선물의 미학적 즐거움을 배가했던 하나의 예술품이다. 말 자체에게도 그리고 그것의 회화적 재현에도 즐거움이 존재한다. 이것이 바로 당대의 다른 회화 이미지들에서도 되풀이해 나타난 중요한 사실이었다(그림 68).

만약 이 사례를 조금 더 깊이 들여다본다면, 우리는 이를 통해 '전시된 권력'이라는 우리의 중심 주제가 전개되는 시나리오 속에 흐르던 중요한 두 실타래를 확인할 수 있다. 밀라노에서부터 크레모나까지 말을 타고 가는 일은 비교적 쉬웠으며, 따라서 '외국에 나가 있는' 아들에게 훌륭한 말을 선물하는 행위는 상대적으로 그리 대단한 일이 아니었다.[7] 하지만 특별히 사육된 고가의 동물이며 그와 동시에 커다란 미적 대상이던 말과 같은 호사스러운 선물이 화려하고 격식 있게 도착했다는 것은 밀라노 통치 가문의 부와 권력을 크레모나인들 앞에 전시하는 것을 의미했다. 그러므로 지리적 거리를 넘어서 살아 있는 말과 관련해 벌어진 거래는 이미 확인할 수 있는 정치적 기능을 수행하고 있었다.

루도비코 마리아가 아버지에게 선물했던 그림은 말이라는 선물에 보다 심도 있고 뚜렷한 상징적 의미를 부여했다. 크리벨리(Crivelli)의 「수태고지」

Individual Identity in Fifteenth-century Italian Portraiture", in Nicholas Mann and Luke Syson, eds., *The Image of the Indiviudal*, London, 1998, pp. 214~15에서 인용.

6 Welch, "Naming Names", p. 94.

7 밀라노에서 크레모나까지의 거리는 일직선으로 재면 50마일이다. 앤 하이랜드(Ann Hyland)는 중세 말에 전령(nuncius)이 10마일마다 말을 쉬게 하면서 하루에 35마일가량 여행했을 것으로 추산한다. 이를 고려했을 때 루도비코 마리아 스포르차에게 보내진 선물이 수송되는 데에는 고작 이틀 남짓 걸렸을 것이다. Ann Hyland, *The Horse in the Middle Ages*, Stroud, 1999, pp. 118~20을 보라.

에 등장하는 중국산 도자기나 판 에이크(Van Eyck)의 그림에 나타나는 성모의 백합을 담은 이즈니크(Iznik) 화병처럼 훌륭하게 제작된 아름다움으로 인해, 고귀한 말 그림은 고색창연한 골동품처럼 매력적인 예술의 소재로 자리 잡았다. 달리 표현하면 말은 지구상의 가장 먼 곳에서 수집된 일련의 사치품 가운데에서도 또 다른 이국적 취향을 담고 있는 소비품이 되었으며, 그것이 등장한 그림 속의 모델들에게는 그에 걸맞은 상징적 지위를 부여했다.[8]

오늘날에도 역시 말은 특히 전투에서 지배의 상징으로 훌륭히 재현되고 있으며, 말과 기사의 모습에는 승리의 마상 이미지로 확인될 수 있는 전통이 깃들어 있다. 바로 그 기능을 나타내면서 루도비코는 말에 올라탄 자신의 모습을 표현하지 않음으로써 자신의 그림이 말을 선물로 받은 것에 대한 감사의 뜻을 기록하려는 것이라는 점을 우아하게 강조했다. 만약 새 말에 올라탄 자신의 모습을 그렸다면, 정복자 영웅이라는 마상의 인물이 밀라노 공작의 권위에 도전하는 위험성을 내포하게 될 수도 있었다. 말에 탄 사람의 신원을 밝히지 않음으로써 이 그림에서는 말이 주된 주목의 대상으로 부상한다. 그러므로 말 탄 사람을 그리지 않은 것은 단순한 생략이 아니었다. 오히려 그것은 그 말을 선물한 사람에게 새 주인이 전달하려던 존경심을 능동적으로 재현한 표현 방식이었다. 동시대 초상메달의 뒷면들은 어김없이 두 번째 유형에 나타난 주인공의 모습, 즉 말 탄 인물의 모습을 담고 있다(그림 54).

1480년대에 형을 암살하고 스스로 밀라노 공국의 섭정 자리에 올랐을 때, 루도비코 마리아는 레오나르도 다 빈치를 고용해 그에게 자신을 위해 정복자의 통치권을 표현한 보다 장엄한 마장 예술품을 제작하도록 지시했다. 이번 경우에는 스포르차 가문이 밀라노에서 누리던 권력과 권위를 기

8 Lisa Jardine, *Worldly Goods: A New History of the Renaissance*, London, 1996을 보라.

그림 54 안토니오 피사넬로, 말에 올라탄 루도비코 3세 곤차가의 메달(앞면과 뒷면), 1447/48, bronze. Museu Calouste Gulbenkian, Lisbon.

리기 위한 기념비로서 말의 형태가 고안되었다. 앞에서 인용한 편지를 고려할 때, 우리는 논쟁의 소지가 많은 통치권을 주장하고 이를 재현하는 데 기마상이 담당할 수 있는 역할을 루도비코가 충분히 이해하고 있었다고 생각한다. 거대한 크기의 말과 그것을 타고 있는 기병의 모습은 각각 전장에서의 실제적인 정복에 토대를 두고 창출된 권력을 재확인하고 선전했다.

실제로 레오나르도는 미래의 고용인에게 보낸 '이력서'(curriculum vitae)처럼 보이는 편지에서 루도비코가 만들기를 원했던 거대한 크기의 청동 말에 관해 다음과 같이 언급한 바 있다.

> 평화시에 저는 제가 건축과 공적인 혹은 사적인 건물의 축조에서, 그리고 한 지역에서 다른 지역으로 물길을 내는 작업에서 다른 모든 동등한 사람들에게 완전한 만족을 줄 수 있다고 생각합니다. 저는 대리석, 청동, 흙으로 조각품을 만들 수 있습니다. 그리고 또한 저는 회화를 통해 사물이든 인간이든 가능한 모든 것을 그릴 수 있습니다. 다시 한 번 말씀드리건대, 당신은 당신이 원하는 기념비적 청동 말도 손에 넣을 수 있을 것입니다. 그것은 군주였던 당신의 아버지에 대한 행복한 기억과 스포르차라는 명망 있는 가문의 불멸의 영광과 항구적인 영예를 기리는 일이 될 것입니다.[9]

그림 55 안토니오 델 폴라이우올로, 「프란체스코 스포르차 기마상을 위한 디자인」, 1489년경, pen and ink and wash. Staatlich Graphische Sammlung, Munich.

스포르차 가문에서 청동 기마상을 제작하려 했던 목적은 1450년 비스콘티(Visconti) 가문으로부터 밀라노의 권력을 탈취하여 스포르차 왕조를 설립했던 위대한 용병 프란체스코 스포르차(Francesco Sforza)를 기리기 위해서였다. 안토니오 델 폴라이우올로(Antonio del Pollaiuolo)가 그린 스케치(그림 55)에서도 볼 수 있듯이, 이를 위한 초기의 디자인들은 넘어진 한 명의 적군 위에 앞발을 들고 선 말의 모양을 취하고 있었다. 이것은 왕조적 권력을 표현한 위압적인 이미지였다. 하지만 동시에 이 이미지는 청동 주조와 관련해 상당한 기술적 어려움을 내포한 것이기도 했다.[10]

그러나 레오나르도의 지휘 아래 탑처럼 곧추선 거대한 말의 동상을 제작하는 것으로 계획이 변경되었다. 이러한 변화는 디자인과 공학의 승리를 뜻하는 것이었다. 사람 없이 말만 제작하는 것으로 레오나르도가 계획한 말 동상은 7미터를 넘는 키와 대략 72,000킬로그램의 무게에 달하는

9 J.-C. Frère, *Léonard de Vinci*, Paris, 1994, p. 75. 이와 함께 D. C. Ahl, *Leonardo da Vinci's Sforza Monument Horse: The Art and the Engineering*, London, 1995를 보라.

10 A. Cole, *Art of the Italian Renaissance Courts*, London, 1995, pp. 100~01.

거대한 규모였다. 그 모양은 최초의 비잔티움 황제였던 콘스탄티누스가 로마에서 콘스탄티노폴리스로 가져왔고, 13세기 십자군들이 전리품으로 베네치아로 다시 가져와 현재 성 마르코 성당 앞에 서 있는 네 마리의 말 동상을 면밀하게 본뜬 것이었다. 레오나르도의 말 동상에 영감을 준 또 다른 작품은 당시 로마의 라테라노 성당 앞에 서 있던 높이 4미터가 넘는 청동 기마상이었다(그림 56). 콘스탄티누스의 동상으로 생각되어왔기 때문에 이 기마상은 당시까지 아무런 손상 없이 보존되고 있었다.[11] 그렇다면 레오나르도가 계획했던 동상의 의도는 콘스탄티누스의 제국주의적 힘을 그에 상응하는 인상적인 규모를 통해 상기시키는 것이었다.[12]

하지만 이번 장을 통해 점차 우리가 익숙해질 시대의 변화 속에서 레오나르도는 아무리 잘 제작된 것일지라도 고대의 원형들을 그대로 모방하는 것에만 머무르지 않았고, 오히려 실제의 삶에서 많은 사전 연구를 수행했다. 그는 말을 사육하던 저명한 밀라노인들의 마구간에서 말들을 면밀히 연구하고 측정했다.[13] 그의 연구 노트는 실제로도 레오나르도가 살아 있는 말에 대해 주의 깊게 관찰했다는 점을 보여준다. 말을 스케치한 지면의 여백에는 '메세르 갈레아초(Messer Galeazzo)의 큰 스페인 종 조랑말(genet)', '메세르 갈레아초의 시칠리아산 말', '시칠리아산 말의 크기, 뒤에서 본 다리, 들어올리고 확장된 앞면' 등 말에 관한 이런저런 언급이 남아 있다. 1493년에 기록한 노트에는 말의 육체적 특징에 관한 레오나르도의 세밀

11 현재 이 동상은 '마르쿠스 아우렐리우스 기마상'으로 확인되고 있다. 중세 시대에 이 기마상이 보존될 수 있었던 것은 4미터 높이에 금박을 입힌 이 청동 기념물이 비잔티움의 첫 황제였던 콘스탄티누스의 동상으로 생각되었기 때문이다. 1642년 피에르 당(Pierre Dan)은 이 동상을 마르쿠스 아우렐리우스와 관련된 것이라고 주장했다(J. Cox-Rearick, *The Collection of Francis I: Royal Treasures*, New York, 1995, p. 361).

12 아마도 지금이야말로 기념비적 기마상들과 트로이 목마, 그리고 다시 한 번 말과 기념할 만한 군사적 승리 사이의 피할 수 없는 연관 관계를 지적하기에 적절한 시점일 것이다.

13 Ahl, *Leonardo*, pp. 101~02.

그림 56 「말 탄 마르쿠스 아우렐리우스」(이 기마상의 인물은 르네상스기에 이르기까지 콘스탄티누스 대제로 간주되었다), bronze. Museo Capitolino, Rome.

한 묘사가 나타난다. 거기에는 "메세르 마리올로(Messer Mariolo)의 곰보 버섯색, 즉 흑색 피렌체산 말은 훌륭한 목과 아름다운 머리를 가진 큰 말이다", "매 부리는 사람이 소유한 흰색 종마는 훌륭한 뒷다리를 가지고 있다" 등의 언급이 등장한다.[14] 하지만 주조 피트(그림 57)를 포함해 레오나르도가 공들여 그린 밑그림에도 불구하고, 그리고 1499년 프랑스군에 의해 밀라노가 함락되기 전에 완전한 규모의 모델이 흙으로 제작되었음에도 불구하고, 이 기마상은 결국 주조되지 못했다.[15]

14 Ann Hyland, *The Warhorse, 1250-1600*, Stroud, 1998, p. 4.

15 1540년대에 프란체스코 프리마티초(Francesco Primaticcio)는 '마르쿠스 아우렐리우스 기마상'을 제작하기 위한 주형을 만들었고 그것을 다시 프랑스로 운송했으며, 그곳에서 석고로 만든 주형이 제작되었다. 그 기마상은 1626년까지 퐁텐블로의 가금 사육장(Basse Cour)에 서 있었다(Cox-Rearick, *The Collection of Francis I*, pp. 360~61). 1977년 미국인 찰스 덴트(Charles Dent)가 처음 구상했던 프로젝트의 결과물로서, 최근 레오나르도의 디자인에 기초한 완전한 크기의 청동 스포르차 기마상이 완성되었다. 프랑스의 침략으로 레오나르도의 첫 작업이 마무리되지 못하고 500년이 지난 후인 1999년 9월 10일에 이 기마상은 미국 시민의 명의로 밀라노에 선물로 보내졌다. 1999년 6월 6일자 *Independent on Sunday*를 보라.

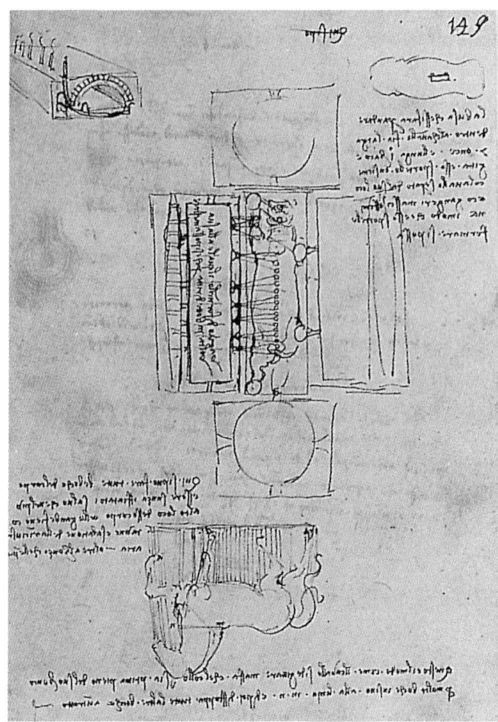

그림 57 레오나르도 다 빈치, 스포르차 청동 말 동상 제작을 위한 주조 피트, 1493년경, ink on paper. Biblioteca Nacional, Madrid.

그렇지만 우리는 방금 개괄했던 위대한 청동 말 동상에 관한 이야기를 루도비코 마리아 스포르차의 오만에 대한 상징으로 너무 쉽게 간주해버리는 것에는 주의를 기울여야만 한다. 이와 마찬가지로 우리는 잔인한 폭력으로 권력을 잡은 한 용병 가문 역시 왕조의 통치권을 기릴 수 있는 지속적인 기념비의 제작을 열망할 수 있었을 것이라는 그릇된 믿음 또한 쉽게 받아들여서는 안 된다. 이와 유사한 흥미로운 이야기는 같은 시대를 살았던 부유하고 성공적인 또 다른 용병 바르톨로메오 콜레오니(Bartolommeo Colleoni)에 관한 것이다. 콜레오니는 베네치아 공화국을 위해 혁혁한 군사적 성과를 거두었고 또 이를 통해 재산을 축적했다. 본래 베르가모 출신이었던 콜레오니는 1476년 죽으면서 많은 유산을 남겼고, 그것으로 말을 탄 자신의 모습을 동상으로 제작해 산마르코 광장에 세우도록 했다. 1479년 작품의 제작자를 선정하기 위한 경합이 벌어졌고, 피렌체인 안드레아 베로키오(Andrea Verrochio)는 실물 크기의 말 모형을 제작한 후 그것을 분리하여 베네치아로 보냈다. 다른 베네치아 조각가가 말에 탄 사람을 디자인하기 위해 고용되었을 때 바사리에 따르면, 이에 베로키오가 몹시 분개했고 결국 모형의 머리와 다리를 부수고 피렌체로 돌아왔다는 이야기가 전해진다. 하지만 아주 많이 오른 급료에 설득된 그는 베네치아로 다시 돌아갔고, 1488년 죽을 때에는 말과 말에 탄 사람을 제작하기 위해 흙으로 된 모형을 제작하기에 이르렀다. 결과적으로 청동 주조 분야의 전문가였던 베네치아인 알레산드로 레오파르디(Alessandro Leopardi)가 그 기념물을 완성했고, 이 기마상은 1496년에 공개되었다. 하지만 그 기마상이 '산마르코 교회' 앞에 놓여야 한다는 콜레오니의 주장에도 불구하고, 베네치아 의회는 그저 용병에 지나지 않았고 게다가 외국인이었던 그에게 그러한 영예가 주어지는 것을 달갑게 생각하지 않았다. 이 때문에 산마르코 광장 대신에 캄포 조반니 에 파올로(Campo SS. Giovanni e Paolo)의 스쿠올라 그란데 디 산마르코(Scuola Grande di San Marco)에 동상이 놓이게 되었다.[16]

이러한 모습의 이야기는 레오나르도가 계획했던 스포르차의 말 동상이 변화해온 과정과 꼭 닮았다. 용병으로 고용된 어떤 한 인물의 권위와 권력, 그리고 부가 마치 유성처럼 성장한 것을 기리기 위한 웅대한 기념비로서 한 위대한 예술가가 거대한 규모로 말의 동상을 제작하는 초인적인 위업에 착수한다. 정복적인 제국의 힘을 재현할 수 있는 '권리'를 소유한 인물로 인식될 수 있는 상징을 담고 있다는 점에서 이러한 기마상에 나타난 서사 구도는 방어적 성격을 지닌다. 또한 이러한 방어적 서사의 움직임 속에서 그 권리의 획득 여부는 동상 그 자체 그리고 동상 제작의 어려움을 어떻게 극복하는가의 문제로 넘어가게 된다. 결국 그와 같은 동상이 완성되지 못하거나 혹은 그것을 통해 기념하고자 했던 인물을 다소 열등한 모습으로 표현하면서 완성된다. 예를 들어 영국 출신의 용병 존 호크우

16 P. F. Brown, *The Renaissance in Venice*, London, 1997, pp. 50~51을 보라.

드 경(Sir John Hawkwood)은 사려 깊게도 욕심을 버리고 실물 기념비적 동상과 구별하기 어려울 정도로 정밀하게 묘사된 일종의 훌륭한 속임그림(trompe-l'oeil)을 통해 당당한 기사의 모습으로 자신이 기억되도록 만들었다(그림 69). 메디치 가문의 영향력이 위세를 떨치던 당시의 피렌체에서는 결코 그러한 동상을 세울 공간이 허락되지 않았을 터이기 때문이다.

II

말 탄 군인의 모습을 재현한 기념비는 단지 말을 타고 있는 어떤 한 군인의 모습을 보여주는 데에만 그치는 것이 아니다. 기마상은 곧 '실제의 재현'(real representation)이며, 왕조적 혹은 제국적 인물의 권력과 영광이 전환되어 나타난 상징적 초상이다. 실제의 말과 그것이 예술로 표현된 재현물은 서로 아주 밀접하게 결합되어 있어 꼼꼼하게 표현된 사실주의적 이미지와 그것을 통해 의도된 상징적 의미를 분리하는 것은 쉽지 않다. 게다가 시간이 지나면서 이 둘은 더욱 긴밀한 관계를 맺게 되고, 그 결과 동양과 서양 모두가 이해할 수 있는 문화적 통화의 함축된 의미와 '자연을 모방하여' 세심하게 그것을 그대로 재현한 것 사이에서 우리가 주목해온 '명멸 효과'(flicker-effect)의 파장은 더욱 복잡해진다. 우리가 주장하려는 것이 바로 이 점이다. 말을 사육하고 소유하는 엘리트의 여가 활동—달리 말해 오늘날까지도 계속해서 동·서양의 통치 가문들 사이에서 공유되고 있는 동일한 열정—이 그토록 정력적으로 계속될 수 있었던 것은, 우리의 생각으로는 그것이 권력과 권위의 '실제적인' 그리고 재현적인 영역 모두에 관여하고 있기 때문이다.

우리는 15세기 유럽에서 기마상이라는 기념비적 기념물에 권위를 부여하는 것을 둘러싸고 발생했던 권력 투쟁의 마지막 예로 페라라를 지배했던 에스테 가문에 대해 살펴보고자 한다.[17] 메디치 가문처럼 에스테 가문의 왕조적 명성은 1438년 피렌체 공의회에 참석하면서 확고해졌다. 이 공의회의 처음 몇몇 회기가 페라라에서 열렸기 때문이다. 제1장에서 보았듯이, 흥미롭게도 이 기간 동안의 공의회 활동은 동양과 서양 모두에서 공유되던 사냥에 대한 열정, 그리고 동양산(産) 훌륭한 말에 접근하고 또 그것을 탈 수 있는 권한을 지닌 사람들 주위에서 활기차게 전개된 일련의 정치적 움직임과 연결되어 있었다. 에스테 가문의 경우에도, 역시 이후의 이 가문에 대한 학문적 연구는 예술 활동에 기초가 된 휴머니즘적이고 그리스-로마적인 문화적 토대와 그들이 후원한 문학적 활동에만 그 관심이 집중되어왔다. 그 결과, 동양과 서양의 그리스도교 사이의 협력이 시도된 이 중요한 시기 동안, 동양적 함의와 영향이 에스테 가문에 끼친 현저한 역할이 적지 않게 간과되어왔다.

에스테 가문에서 기획한 두 거대한 기념비적 기마상 가운데 그 어느 것도 오늘날 남아 있지 않다. 실제로 에르콜레 1세(Ercole I)를 기리기 위한 목적으로 계획된 첫 기마상은 결코 제작조차 되지 못했으며, 1438년 비잔티움의 사절단을 맞았던 니콜로 3세(Niccolò III)를 기념하기 위해 제작된 나머지 다른 기마상도 1796년에 파괴되고 말았다(그림 58).[18] 니콜로의 서자였던 레오넬로(Leonello)가 권좌에 오르고 나서 2년이 지난 후인 1443년

17 이후의 논의는 주로 C. M. Rosenberg, *The Este Monuments and Urban Development in Renaissance Ferrara*, Cambridge, 1997을 따른다.

18 "프랑스의 페라라 점령은 [에스테 가문의 기마상과 보르소가 스스로를 위해 세운 후대의 좌상 기념물인] 두 동상 모두에 파국적인 결과를 가져왔다. 1796년 10월 10일 나폴레옹은 시민 개혁의 일환으로 페라라의 모든 직위를 폐지했다. 귀족주의적이었던 도시의 과거 관습을 철폐하는 것과 맞물려 전형적인 에스테 가문의 몇몇 문장들이 훼손되었다. …… 에스테의 두 기념물은 더욱 심각한 운명을 맞게 되었다. 1796년 10월 19일에 적어도 부분적으로는 도시가 경험했던 '사악한' 에스테 가문의 과거를 정화하기 위한 상징의 일환으로서 동상들이 그 기초부터 끌어내려져 파괴되었던 것이다. 몇 주 후에 부서진 동상 조각이 거룻배에 실려 파노라의 포강을 따라 모데나로 흘러 내려가는 것이 목격되었고, 그곳에서 대포를 제조하기 위해 녹여졌다"(Rosenberg, *The Este Monuments*, p. 109).

그림 58 니콜로 3세 데스테의 기념비, 17세기, drawing. Biblioteca Apostolica Vaticana.

에 도시 페라라는 그를 기념하기 위한 청동 기마상을 제작하기 위한 디자인 콩쿠르를 개최했다. 건축가이자 휴머니스트였던 레온 바티스타 알베르티(Leon Battista Alberti)가 심사위원으로 참가했으며, 제출한 말의 모형에 근거해 안토니오 디 크리스토포로(Antonio di Ciristoforo)가 근소한 차이로 1위를 차지했다.[19]

이 콩쿠르에 관해 상세히 다룬 문헌 기록은 많이 읽히지 않고 있는 알베르티의 논고 『살아 있는 말에 관하여』(*De equo animante*)를 이해하는 흥미로운 시각을 제공한다. 현재 보들리 도서관(the Bodleian Library)에 소장된 이 논고의 15세기 필사본 하나에는 알베르티가 레오넬로 데스테에게 쓴 헌정문이 포함되어 있다. 여기에서 알베르티는 니콜로를 기념하기 위한 기마상을 제작할 예술가를 찾는 일에 참여하도록 자신에게 요청했던 사

19 이 사건에 관한 완벽하고 흥미 있는 설명으로는 Rosenberg, *The Este Monuments*, pp. 54~57을 보라.

람이 바로 레오넬로였다고 진술한다. 또한 알베르티는 바로 에스테 가문의 이 기념비 제작에 관여하면서 자신이 오랫동안 말의 모양과 성격에 관해 열심히 생각할 수 있게 되었고, 그 결과 『살아 있는 말에 관하여』를 저술할 수 있게 되었다고 언급한다. 아마도 알베르티는 완성된 기마상이 놓이게 될 승리의 석조 아치를 디자인하는 작업에 참여했을 것이다. 하지만 몇몇 학자들은 아치의 일부 디자인이 당시 에스테 가문에 고용되어 있던 마테오 데 파스티(Matteo de' Pasti)의 작품이라고 주장한다.[20]

아무튼 이 기마상 제작에 알베르티가 관여했다는 것과 관련해 아마도 우리에게 더욱 흥미로운 사실은 건축에 관한 그의 영향력 있는 저작인 『건축론』(*De re aedificatoria*)에는 기념비적 기마상에 관한 그 어떤 논의도 개진되지 않고 있다는 점이다. 다른 곳에서 알베르티가 이 작품을 집필하도록 고무한 사람이 이번 경우에도 역시 레오넬로였다고 기술한 바 있기 때문이다. 반면에 『살아 있는 말에 관하여』에서 다음과 같이 그는 잘 훈련된 말과 그 말을 탄 사람을 직접적으로 연결한다.

> 그러므로 이러한 이유에서 고결한 기질을 지닌 말들은 적으로부터 국가를 보호하고, 제국을 강하게 만들고, 통치자들에게는 평화를 가져오도록 태어났다고 회자된다. 그와 같은 많은 장점으로 인해 그들은 훈련자와 조련자의 기술과 기예에 의해 영예를 뽐낼 만하게 된다. …… 개별 시민이 이러저러한 순간에 소환되어 동료 병사의 모범에 따라 혹은 영예를 얻으려고, 혹은 장군들의 독려에 의해 무기를 들게 되는 것처럼 전통적이고 공유된 행위들은 …… 지식에 의한 가르침 없이, 또한 확언컨대 근면한 연구 없이는 행해질

20 로젠버그는 "이 아치의 특히 장식적인 성격을 삼각 소간과 소벽에 풍부한 화관으로 장식된 론델(Rondel)과 약간 축소된 작품의 규모와 함께 고려하면, 이 아치의 기부(基部) 부분이, 알베르티 같은 휴머니스트-예술가의 작품에서처럼, 마테오 같은 메달 장식가나 제작자로 알려진 일급 예술가의 스타일을 반영하는 듯하다"라고 적는다(Rosenberg, *The Este Monuments*, p. 59).

수 없다. 이것은 말의 경우에도 마찬가지다.[21]

『건축론』에서 알베르티는 모방할 만한 세 유형의 고대의 기념비적 건축물 가운데 하나로, 에스테 가문의 기마상을 지지하고 있는 것과 같은 유형의 아치형 개선문을 제시한다. 그의 조언에 따르면, 누군가의 지도력을 찬양하는 공적 기념비는 그것을 통해 영예를 얻게 되는 개인 자신이 아니라 공동체에 의해 세워져야 했다. 스스로 자신의 권위를 과장하고 있다는 비난을 피하기 위해서였다. 니콜로 기마상은 기마상의 재현과 기능에 관한 휴머니즘적 사고를 이해하기 위해서는 『살아 있는 말에 관하여』를 공적 기념비에 관한 『건축론』의 논의와 함께 읽어야 한다는 점을 보여준다. 다시 한번 이것은 '실제' 말과 말의 모습을 제작된 형태의 말과 그것이 수행하는 재현적 기능과 함께 다루고, 또 그럼으로써 하나의 아주 특수한 경우에는 '실제'와 '재현'의 차이를 무시해야 한다는 것을 의미한다.

니콜로 기마상을 받치고 있는 아치 가장자리의 대리석 장식대에는 다음과 같은 글이 새겨져 있다. "알베르트(Albert)의 아들이며 이탈리아에 세 번의 평화를 가져온 후작 니콜로 데스테의 [이 기마상]은 [니콜로의] 합법적 계승자인 후작 레오넬로에 의해 제작되었다."[22] 현존하는 그림들은 에스테의 공직자들이 착용했던 아주 긴 베레모와 망토, 즉 에스테의 예복을 착용하고 있는 모습으로 그가 묘사되었음을 보여준다. 여기에서 그는 관직을 상징하는 지팡이를 쥔 오른손을 들어올리고 있는 모습으로 나타나며, 그의 말은 꼬리를 땋은 채 한쪽 앞발을 들고 선 모습으로 등장한다. 그러므로 이 기마상은 그의 군사적 업적—이것은 니콜로가 이탈리아에 평화를 가져온 세 경우 가운데 하나였던 피렌체 공의회를 암시하는 것이라고 할 수 있다—과[23] 서임 의식의 일환으로서 도시를 '소유하기' 위해 시민

21 Ahl, *Leonardo*, p. 60에서 인용.

22 Rosenberg, *The Este Monuments*, p. 68.

의 복장으로 말을 타고 영광스럽게 도시에 입성했던 장면과 관련된 이미지를 결합했다.

찰스 로젠버그(Charles Rosenberg)는 에스테 가문의 후계자로서의 정당성 시비가 불거지던 바로 그때에 레오넬로가 니콜로 기마상을 의뢰했다고 주장한다. 이런 맥락에서 로젠버그는 "새로운 후작은 자신의 통치권을 공적으로 그리고 신속하게 선포해야 할 필요성을 느꼈다. 두 명의 적법한 이복형제가 지근거리에서 대기하고 있던 상황에서 레오넬로가 자신의 통치권에 추호의 의심도 남기려 하지 않았을 것"이라고 적는다.[24] 또한 1433년 레오넬로는 에스테 가문의 지위를 높이려는 기대를 품고 나폴리의 왕 알폰소의 비(非)적통 딸인 마리아 다라고나(Maria d'Aragona)와 결혼했다.

1444년에 동상의 제작 작업이 거의 중단되었고, 레오넬로가 죽은 후인 1451년 보르소 데스테(Borso d'Este)가 재개하기 전까지 아무런 적절한 작업이 다시 이루어지지 못했다.[25] 저자가 알려지지 않은 17세기의 한 연대기에 따르면, 팔라초 두칼레(palazzo ducale)의 안뜰에 주조장이 마련되었고 그곳에서 동상의 주형이 제작되었다. 그 후 그것을 깊은 구덩이(basa profonda) 속에 넣고 이틀간 묻어두었다. 그다음에 청동을 녹여 주형 속에 부었다. 식혀서 모양을 만들기까지 나흘이 걸렸고, 그 후 그것을 땅에서 파냈다. 하지만 그 동상이 땅에서 나왔을 때, 말의 한쪽 다리가 거의 엉덩이 중반까지 잘려나간 상태였다. 이에 모든 사람들은 실망하지 않을 수 없었다. 아마도 잘려 나간 부분은 들어올린 모습으로 제작하고자 했던 앞발

23 로젠버그는 에스테 가문의 니콜로 3세가 주목할 만한 평화 중재자로 활동했을 가능성이 높은 두 사례를 제시한다. 우리는 피렌체 공의회가 세 번째였을 것이라고 생각한다.

24 Rosenberg, *The Este Monuments*, p. 53.

25 보르소의 계승에도 역시 정당성이 없었다. 레오넬로의 의도는 다시 한 번 아버지 니콜로 3세의 두 적통 아들을 배제하고, 자신의 아들 니콜로에게 권력을 계승하는 것이었다. 하지만 1450년 레오넬로의 형제였던 보르소가 이를 무시하고 스스로 권력을 쟁취했다. Rosenberg, *The Este Monuments*, pp. 80~81을 보라.

이었을 것이다. 추정컨대, 이 들어올려진 다리가 후일 청동 주물과 관련되어 레오나르도 다 빈치를 괴롭혔던 문제였다. 아무튼 새로운 형태의 주형이 제작되었고 이전의 과정이 반복되었다. 아들 그리고 두 조수와 함께 베로나에서 특별히 이 작업을 위해 고용되어 밀라노에 와 있던 청동 주조가 이폴리토 빈델리(Ippolito Bindelli)는 심각한 고민에 빠지게 되었고, 이번에는 성공할 수 있게 해달라고 신께 기도했다. 청동을 붓기 전 묻혀 있던 주형 앞에서 성모에 대한 기도가 암송되었고, 실제로 동상이 성공적으로 제작되었다.[26]

그렇다면 이 이야기는 기마상의 제작과 관련된 일련의 계획과 시도를 보여주는 여러 모험담들 가운데 하나의 성공적인 에피소드다. 니콜로 기념물은 지위가 불안했던 레오넬로가 자신의 정당성과 통치권을 확립하기 위해 열정적으로 시도한 사업—그와 마찬가지로 불안한 지위에 있었던 동생 보르소가 권력을 장악한 직후 완수했던 사업—의 일환으로서 중요한 기능을 담당했다.[27] 역사적으로 레오넬로는 눈에 띌 정도로 개화된 인간적인 군주로 평가되고 있다. 레오넬로가 세련된 문명(urbanity)의 소유자였다는 주장은 그의 궁정이 위대한 휴머니스트 과리노 베로네제(Guarino Veronese)와 친분을 맺고 있었다는 점에서도 설득력을 얻는다. 이러한 명성 덕분에 그는 위태로운 정당성 문제에 개의치 않고 예술과 학문의 후원자라는 명성을 지속하는 데 집중했다.[28]

---

26 *Ibid.*, p. 76.

27 페라라의 팔라초 스키파노이아(Palazzo Schifanoia)에는 보르소를 위해 프란체스코 델 코사(Francesco del Cossa)가 제작한 프레스코화가 있다. 만토바의 곤차가 가문의 팔라초 두칼레에 제작된 만테냐의 프레스코화처럼 이 작품은 궁정 통치의 언어로 말들, 특히 선호되던 말들과 사냥이나 경주 장면 등을 두드러지게 이용하고 있다. Cole, *Renaissance Courts*, pp. 130~31을 보라.

28 예를 들어 L. Jardine and A. Grafton, *From Humanism to the Humanities: Education and the Liberal Arts in Fifteenth- and Sixteenth Century Europe*, London, 1986을 보라.

우리는 여기에서 초상메달을 '명예의 통화'로 부활시키는 데 선구적인 역할을 담당했던 이가 바로 레오넬로였다는 점을 상기해야만 한다. 레오넬로는 그런 식으로 주조된 메달을 천 개 이상 소유하고 있었고, 또 에스테 가문에 유리한 공적 관계를 맺기 위해 그것들을 유포했다고 알려져왔다.[29] 지금의 맥락에서 우리는 오늘날 일반적으로 그 분야의 걸작으로 간주되고 있는 또 하나의 메달, 즉 레오넬로와 마리아 다라고나의 결혼을 기념하기 위해 피사넬로가 제작한 레오넬로 메달(그림 59)에 주목해볼 수도 있다. 학자들은 이 메달이 '르네상스 시대에 만들어진 가장 매력적인 메달 가운데 하나'[30]이며, 또 그런 유형의 작품 가운데 '가장 스스로를 덜 드러내는 이미지 가운데 하나'[31]라고 이야기하곤 한다. 이 메달은 결혼—신분의 상승에도 불구하고 이 결혼은 혈통이 불분명한 가문에서 태어난 두 인물 사이에서 이루어진 두 번째 결혼이었다—과 관련된 위엄을 표현하는 하나의 대상으로 유통되었다. 우리가 제시하려는 바는, 그럼에도 불구하고 교묘하게도 이 메달이 음흉하고 냉철한 권력의 동맹을 감정적인 사랑의 결합이라는 모습으로 표현하면서 왕조의 권위를 강화하기 위한 전술로서 결혼이 주목되는 것을 피하도록 만든다는 점이다.[32]

1471년 드디어 니콜로 3세의 적자 에르콜레가 보르소를 계승했다. 학자들은, 실제로 그랬던 것처럼 에르콜레가 자신의 통치권에 대해 보다 '자신만만했으며', 또한 '보다 독야청청한 제왕적 분위기와 보다 웅대한 형태의 후원'을 발전시켰다고 주장한다. 하지만 사실상 학문적 문헌을 통해 재

29 Cole, *Renaissance Courts*, p. 122.

30 S. K. Scher, *The Currency of Fame: Portrait Medals of Renaissance*, New York, 1994, p. 50.

31 Cole, *Renaissance Courts*, p. 123.

32 이 메달의 뒷면에 나타난 감각적인 사랑의 이미지에 대해서는 Scher, *The Currency of Fame*, p. 50을 보라. 레오넬로의 통치권과 결혼의 정치학에 대해서는 Rosenberg, *The Este Monuments*, pp. 50~53, 78~79를 보라.

그림 59 안토니오 피사넬로, 레오넬로 데스테를 표현한 초상메달(앞면과 뒷면), 1444, bronze. National Gallery of Art, Washington, DC.

현된 그와 같은 에르콜레의 이미지에는 아이러니가 존재한다.[33] 1499년에 시작된 에르콜레를 기념하기 위한 기마상 건립 계획에 따르면, 이 기념물은 그가 페라라에 큰 돈을 들여 증축했던 성과 방어시설이 자리 잡고 있던 광장에 위엄 있게 놓이게 될 터였다(그림 60). 비록 이 기념물의 제작과 관련된 사업이 니콜로 기념물의 경우처럼 페라라 시민들의 후원이라는 공적인 모습으로 재현되었다—이것은 그런 식으로 처리함으로써 개인적인 과시라는 비난을 피할 수 있게 된다는 알베르티의 조언을 따랐기 때문이었다—고 해도, 현전하는 자료들에 따르면 실제 이 작품을 의뢰했던 이는 바로 에르콜레 자신이었다. 1501년에 그는 밀라노에 있던 자신의 대사와 편지를 교환했다. 그는 편지에서 기마상의 이미지로 기념물을 제작하는 것과 관련된 어려움을 암시하고, 이 분야의 대가라 할 수 있는 스포르차의 말 동상의 모형으로 레오나르도 다 빈치가 거대한 규모로 제작했던 흙 말의 상태에 대해 물었다. 닷새 뒤 대사는 에르콜레에게 회신을 보내, 밀라노 주재 프랑스 대사가 이 흙 모형을 얻는 일에 아주 협조적이지만 그것은 오직 프랑스 왕의 허락이 있을 경우에만 가능한 일이 될 것이라고 이

33 Cole, *Renaissance Courts*, p. 132.

그림 60 에르콜레 데스테 기념비, 17세기, drawing. Biblioteca Apostolica Vaticana.

야기했다.

이에 대해 더 이상 알려진 사실은 아무것도 없다. 하지만 적어도 이것은 에르콜레가 스포르차 기마상을 제작하려 했던 레오나르도의 계획을 알고 있었다는 점을 우리에게 알려준다. 그리고 예기치 않게 이 편지들은 프랑스군이 그것을 파괴했다는 이야기가 누구나 기대하는 것처럼 흙으로 빚어진 말의 죽음이라는 이야기를 문학적으로 윤색한 것이라는 점을 우리에게 전해준다.[34] 하지만 에르콜레 기념물의 운명에는 스포르차의 그것보다 나은 면이 없었다. 이 기마상을 지지하기로 되어 있던 거대한 대리석 열주 혹은 아마도 열주들과 관련된 일련의 불행한 사건이 발생한 후에, 스스로 그렇게 알려지기 원했던 것처럼 '에르콜레 아우구스투스'가 사망하면서 1505년 사업 계획 자체가 포기되었다.[35] 1810년 프랑스가 페라라를 침공하고 프랑스에 의해 에스테 가문의 통치와 관련된 모든 청동물이 파괴된

34 Rosenberg, *The Este Monuments*, p. 155를 보라.

35 이에 관한 완전하고 흥미로운 이야기로는 *ibid.*, pp. 153~81을 보라.

이후, 나폴레옹 보나파르트(Napoleon Bonaparte)의 대리석 동상이 열주 위에 잠시 세워졌다. 그곳은 본래 에르콜레를 위한 기념물이 놓일 자리였다.

III

우리가 지금까지 검토해온 그러한 유형의 상징적 의미 이외에도 말은 오늘날의 우리들에게는 대부분 사라져버린 동양과의 강한 유대 관계를 분명히 유지하고 있었다. 아시아적 기원에도 불구하고 튤립을 유럽의 꽃으로 생각하는 것처럼 우리는 날마다 말과 관련되어 텔레비전에서 보게 되는 품종이 외국에서 유래한 것이라는 점을 느끼지 못한다. 친숙함이 우리로 하여금 그것을 낯설지 않은 것으로 만들었으며, 우리는 더 이상 그것에 내재한 매우 특수한 '오리엔탈리즘'을 떠올릴 수 없게 된 것이다.[36]

초기의 역사부터 동양과 서양 사이의 문화적·상업적 교류는 말을 사육하는 일과 긴밀히 연결되어 있었다. 유명한 박트리아(Bactria) 혹은 투라니아(Turania)산(産) 말은 비단길의 중간 지점인 아프가니스탄 산악지대의 북쪽 경사면 지역에 위치한 박트리아에서 출현했다. 전해오는 기록에 따르면, 알렉산드로스 대제는 인도로 가던 도중에 자신의 기병들로 하여금 박트리아산 말을 타도록 했다고 한다.[37] 6세기에는 말의 품종이 보다 쉽게 알 수 있는 이웃인 투르키스탄(Turkestan)의 투르크메니스탄(Turkmen)산 말로 발전했다.[38] 8세기 아라비아인들이 투르키스탄과 박트리아를 정복했

36 튤립이 유럽의 문화적·원예적 삶에 어떻게 유입되었는지에 대해서는 Anna Pavord, *The Tulip*, London, 1999를 보라.

37 Miklos Jankovich, *They Rode Into Europe: The Fruitful Exchange in the Arts of Horsemanship between East and West*, trans. Anthony Dent, London, 1971, p. 29를 보라. 말을 역사적으로 개괄한 연구는 다수 존재한다. 그 가운데 특히 하이랜드의 뛰어난 연구인 *The Horse in the Middle Ages*와 *The Warhorse*; R. H. C. Davis, *The Medieval Warhorse*, London, 1989를 보라.

을 때, 아라비아의 저술가들은 그 지역 말들의 품질과 그것을 수출하는 것이 얼마나 중요한 일인가를 예찬했다.[39] 십자군 원정으로 인해 투르키스탄 말과 서유럽 말의 혼혈이 생겨났고, 이와 함께 투르키스탄, 아라비아, 스페인 혈통을 도입한 결과 많은 예찬을 받은 스페인의 안달루시아(Andalusia) 말이 생산되기에 이르렀다.[40] 하지만 좋은 품종의 말을 사육하고 훈련시키며 분배했던 상업적 중심지는 여전히 오스만과 페르시아 제국에 의해 통제되던 동양 지역이었다. 유럽 전역에서 온 상인과 여행가들은 동양을 여행하면서 자신들이 목격한 말의 품질을 예찬하고, 또 자신들이 교역했던 말의 수와 세련미에 경탄을 금치 못했다.[41]

동양과 서양 사이에서 전개되던 순혈종 말의 교환으로부터 사람들이 몹시 열망하는 종이나 '혈통'이 출현하게 되었다는 이야기는 두 지역 사이의 정치적·교리적 통합 시도에 관해 우리가 논의해온 이야기와 놀라울 정도로 유사하다. 예를 들어 군사적 위용을 통해 콘스탄티노폴리스에서 동방교회를 재건했고, 또 전설에 의하면 예수가 못 박힌 십자가를 예루살렘으로 가져왔다고 전해지는 비잔티움의 황제 헤라클리우스 1세 역시 비잔티움에 명성을 가져다준 말의 품종을 개량하는 데 중요한 역할을 담당했다.

황제 헤라클리우스는 …… 나중에 현인 레오(Leo the Wise)가 쓴 것보다

38 Jankovich, *They Rode Into Europe*, p. 33.

39 *Ibid.*

40 Hyland, *The Warhorse*, pp. 54~55.

41 『마르코 폴로 여행기』(*The Travels of Marco Polo*)는 말과 말의 교역에 관한 언급으로 가득 차 있다. 페르시아에 관한 부분에는 다음과 같은 이야기가 기록되어 있다. "이 나라는 훌륭한 품종의 말로 유명하다. 대부분의 말은 판매를 위해 인도로 수송되며, 높은 가격이 매겨지는데 일반적으로 200리브르 투르누아(livres tournois) [1,500~2,000루피] 이하가 아니다"(John Masefield, ed., *The Travels of Marco Polo*, London, 1908). 이와 함께 중국의 말 수출과 인도의 수입에 대해서는 *ibid.*, pp. 84, 248, 356, 402를 보라.

> 더 잘 알려진 작품의 기초가 되는 전략적 매뉴얼을 집필했다. 그것은 주로 기병 단위의 재조직 문제를 다룬 것이었다. …… [그의 개혁]이 매우 효과적이어서 비잔티움은 드디어 페르시아인들을 정복하고 물리칠 수 있었다.[42]

15세기에 군사적 지배와 상업적 지배는 모두 먼 거리를 통해 수많은 말들을 기동시킬 수 있는 수단을 통제하는 능력과 상관관계를 맺고 있었다. 오스만의 힘이 성장하는 것을 견제하려는 시도로서 1471년 베네치아는 페르시아의 통치자 우준 하산(Uzun Hassan)을 군사적으로 지원했다. 하산을 지원하기 위해 코르푸로 파견된 조사파트 바르바로(Josefa Barbaro)는 자신의 통제권 아래 있었던 말의 수송에 관해 다음과 같이 생생하게 설명한 바 있다. "그것들은 아흔아홉 척의 갤리선이었다. 그곳에는 우리의 411마리의 말이 알바니아 출신의 기병 용병과 함께 실려 있었다. 다섯 척을 제외하고 각각의 갤리선에는 그들 여덟 명이 타고 있었다."[43] 15세기 후반 아시아와 인도양 지역에 경제적으로 개입하기 시작한 포르투갈은 가장 경제성 있고 특권적인 무역 행위 가운데 하나로서 그 지역 말의 구입과 분배에 관한 독점권을 확립하려고 노력했다.

포르투갈의 인도양 무역 개입은 그 지역의 상업, 특히 가장 돈벌이가 되었던 사업 가운데 하나였던 말의 교역에 심대한 영향을 끼쳤다. 인도 궁정은 포르투갈인들이 도래하기 훨씬 이전부터 아라비아산 말을 수입하고 있었다. 하지만 1510년 고아(Goa), 그리고 뒤이은 1515년의 호르무즈(Hormuz) 함락은 그 지역 상업 권력의 균형을 뿌리째 변화시켰으며, 인도양 연안 지역에서 말의 이동에 결정적인 영향을 끼쳤다. 아시아 무역에 관한 매우 영향력 있는 저작 『수마 오리엔탈』(*Suma Oriental*, 1513)에서 포르투갈의 외교관 토메 피레스(Tomé Pires)는 그 지역에서 전개되던 말의 교역

42 Jankovich, *The Rode Into Europe*, p. 56.

43 *Ibid.*, pp. 65~66.

에 관해 자세히 묘사했다. 아덴(Aden)에 관해 기술하면서 그는 "아덴은 고아 왕국과 교역하고 있으며, 그곳과 카이로에서 온갖 종류의 상품과 말들을 가져온다"고 적는다.[44] 또한 호르무즈에 관해 논의하면서 그는 다음과 같이 이야기한다.

> 호르무즈는 아덴과 캄베이(Cambay), 데칸(Deccan)과 고아 왕국, 나르싱가(Narsinga) 왕국의 항구들 그리고 말라바르(Malabar)와 교역하고 있다. …… 고아, 데칸, 나르싱가 왕국에서는 말들이 고가의 가치를 지니고 있다. 이 때문에 호르무즈 [상인들은] 매년 말을 가지고 이 왕국들로 간다. 품질이 좋을 경우에 말 한 마리는 700크세라핀(xerafin)의 가치를 지녔다. 이것은 320레알(real)의 가치에 맞먹는 것이었다. 최상품은 아라비아산, 그다음은 페르시아산, 그리고 셋째는 캄베이산 말이었다.[45]

말의 교역에 관한 이 정확한 묘사는 포르투갈이 점차 이 교역에 대한 공격적인 통제를 늘려가기 시작한 것과 밀접하게 연결되어 있었다. 1513년 아폰수 드 알부케르크(Affonso de Albuquerque)는 마누엘 왕에게 편지를 보내 호의를 보이고 있던 비자야나가르(Vijayanagar)의 힌두 왕국을 적대적인 비자푸르(Bijapur) 무슬림 국가와 대립시키면서 자신이 '고아에서 마누엘 왕의 말을 사육하기 위한 조련장'을 세웠다고 알렸다.[46] 말의 교역을 효

---

44 Armando Cortesão, ed., *The Suma Oriental of Tome Pires and The Book of Francisco Rodrigues*, London, 1944, p. 17.

45 *Ibid*., p. 21. 디우(Diu) 왕국에 관해 논의하면서 피레스는 "마구간에는 300마리의 말들이 있는데, 그들은 그곳의 수입원에서 제외된다"고 적는다. 인도 서부 해안에 위치한 '바트칼'(Bhatkal)에 대해 논의하면서 피레스는 "많은 말들과 다른 상품들이 그곳에서 하역되었다. 이 말들은 나르싱가 왕국을 위해 구입되었고 이를 위해 막대한 돈이 지불되었다"고 기록한다(*Ibid*., p. 62).

46 Ronald Bishop Smith, *The First Age of the Portuguese Embassies to the Ancient Kingdoms of Cambay and Bengal, 1500-1521*, Bethesda, 1969, p. 34에서 인용.

과적으로 독점하게 되면서 알부케르크 스스로도 말 교역에 직접 뛰어들기 시작했다. 1514년 비자야나가르 궁정은 말의 수입에 관한 독점권을 확립하기 위해 그에게 충분한 금액을 제공했다. 비자푸르 궁정은 이로 인해 야기된 절망적인 상황을 타개하기 위해 역제안을 제시했고, 이에 따라 알부케르크는 매우 강력한 위치에 오르게 되었다.

> …… 그는 먼저 비자야나가르에 편지를 보내 만약 라야(Râya)가 말을 공급한 것에 대해 매년 30,000크루자도(cruzado)를 지불한다면 그에게 자신의 모든 말들에 대한 선매권을 줄 것이며, 고아에 하인을 보내 말들을 이동시킬 것이라고 말했다. 그리고 그는 만약 군대의 비용을 지불받는다면 [비자푸르에 대한] 전쟁에서 왕을 지원할 것이라고 전했다. 이후에 그는 비자푸르에도 편지를 보내 만약 [고아] 섬 맞은편의 내륙 지역 일부를 포르투갈 왕에게 양도한다면, 고아로 온 모든 말에 대한 선매권을 줄 것이라고 술탄에게 약속했다.[47]

같은 해 11월, 알부케르크는 마누엘 왕에게 힌두 왕국을 지원하기 위해 아라비아와 페르시아로부터 말 2,000마리를 수입하도록 인가해달라고 편지를 보냈다. 하지만 1515년 겨울 알부케르크가 사망하면서 명목에 불과하던 비자야나가르의 독점이 무제한적으로 연장되었다.[48] 그렇지만 명백한 포르투갈의 독점은 종종 인도의 통치자들과 상인들 사이의 복잡한 거래 때문에 손상을 입기도 했다. 1520년 술탄 영토의 중심부를 여행하던 포르

47 Robert Sewell, *A Forgotten Empire*, London, 1900, pp. 127~28.

48 아이러니하게도 1547년 주앙 드 카스트로가 체결한 평화 협정의 조항에 따라 공식적인 독점이 이루어졌다. 이 협정에 명기된 바에 따르면, "고아의 통치자는, 적절한 주의와 대가로 그리고 말들이 비자푸르에 보내지는 것을 허락하지 않는다는 조건으로, 비자야나가르의 왕이 구입하려는 아라비아와 페르시아의 모든 말이 고아에 하역되는 것을 허용한다"(Sewell, *Forgotten Empire*, p. 186에서 인용).

투갈의 중매인 페르낭 누녜스(Fernão Nuniz)는 어떻게 비자야나가르의 라이(Rai)가 자신의 재정적 이익을 위해 포르투갈의 제한 규정을 조작하고 있었는지를 다음과 같이 기록했다.

> 매년 왕은 호르무즈와 시골에서 기른 13,000마리의 말을 구입한다. 그는 그 가운데서 최상품을 자신의 조련장에서 사육하기 위해 선택한 후, 나머지는 자신의 군지휘관들에게 배분했다. 그는 이것으로 많은 돈을 벌었다. 왜냐하면 훌륭한 페르시아 말을 골라낸 후, 시골에서 기른 말을 다섯 마리당 1,000파르다오스(pardaos)의 가격으로 지휘관들에게 팔았으며, 그들이 9월까지 그에 대한 돈을 지불해야 했기 때문이다. 또한 그는 그렇게 벌어들인 돈으로 포르투갈인으로부터 구입한 아라비아 말의 대금을 지불했고, 그런 식으로 국고를 사용하지 않고 지휘관들이 모든 비용을 지불하게 했다.[49]

라이는 본래 열두 마리에서 열다섯 마리의 말에 1,000파르다오스를 지불했었다. 따라서 이제 그의 경제적 투자 그리고 가치 있는 동물을 개인적으로 소유하려는 생각이 명약관화해졌다. 이것은 아라비아, 페르시아, 그리고 그 지방의 '시골에서 기른' 말의 순서로 품종을 나눈 토메 피레스의 위계 구조를 반영한 것이었다.

고가의 이국적 동물의 이동을 표현한 「캘리컷으로의 항해」(그림 44)는 포르투갈인들이 어떻게 인도의 한 지역에서 다른 지역으로 충분한 수의 말들을 이동시킬 수 있는 능력을 주장할 수 있었는지를 생생하게 보여주는 사례다. 이러한 능력은 왕국 사이의 교역에 참여했던 상업 중개인으로서 그들이 지닌 힘을 보여주었고, 또한 그들의 군사력을 의미하기도 했다. 말을 선적할 수 있는 능력은[50] 미래의 군사적 교전에서 말들을 배치하는

49 *Ibid*., pp. 381~82.

50 이 태피스트리에는 마치 유니콘처럼 보이는 동물이 등장한다. 하지만 수송된 동물

데 영향을 끼칠 수 있는 그들의 힘을 보여주는 것이었다. 이러한 맥락에서 「포르투갈 알폰수 5세 군대의 위업」에서 「튀니스 정복」(그림 70) 연작에 이르기까지 우리가 검토해온 거의 모든 태피스트리들이 과연 어떤 방식으로 말 탄 기사 집단으로 쉽게 확인될 수 있는 많은 기병들을 묘사하고 있는지를 재고해보는 게 유용할 것이다.

그토록 많은 수의 말들을 정기적으로 수송해야 할 실제적인 필요성 때문에 포르투갈의 선박 설계에서 중요한 발전이 가능해졌다. 이때 등장한 것이 30문의 대포를 장착한 아래가 둥근 형태의 육중한 선박, 즉 나우 타포레이아(Nau Taforeia)였다. 이 배는 장기간의 여행 동안 가능한 한 편안하게 화물칸에 말을 적재할 수 있도록 특별히 설계되었다. 알부케르크는 1515년 호르무즈를 정복할 때 이 배 두 척을 이용했고, 이후 호르무즈와 아덴, 그리고 고아 사이에서 이 배를 이용하여 말을 수송했다.[51]

말의 교역과 수송에 관한 이 간략한 이야기는 상당수의 좋은 등급의 말에 접근하고 그것을 소유하는 것이 정치적·군사적·상업적 권력의 지표가 되었으며, 그들의 공급 및 품질을 통제하는 중심지가 오스만과 페르시아 제국의 중심부에 자리하고 있었다는 점을 우리에게 알려준다.[52] 이 지역에

의 이국적 성격 그리고 「튀니스 정복」 같은 후대의 태피스트리에 나타난 말의 움직임을 묘사한 이미지와 비교해볼 때, 여기에서도 말을 표현하면서 정확하게 같은 기술을 사용했다는 점이 강조되어야 한다. 그러므로 여기에서는 「튀니스 정복」에 나타난 실제적인 교역 장면이 멋진 유니콘의 초상으로 대체되었다.

51 이것들이 대서양을 거쳐 아메리카로 아프리카 노예들을 수송했던 악명 높은 유형의 배였다. 노예의 생명을 평가절하하기 위해 한 마리의 말이 여덟 명의 노예와 동일한 가치를 지닌다는 관습적인 이야기가 빈번하게 인용되었다. 이 점은 선체의 깊은 곳에 배치된 공간의 분할과도 상응한다. 여덟 명의 노예는 한 마리의 말에게 필요한 공간에 적재되었다. 1535년 튀니스를 공격할 때 포르투갈인들이 카를에게 대여한 것 역시 이 배들이었다.

52 동양의 말 사육사들은 서양의 사육사들보다 자신들이 세운 정확한 품종 기준에 맞지 않는 망아지들을 끊임없이 더욱 무자비하게 없애버렸고, 그럼으로써 '종'의 순수성을 유지했다. 물론 유전학의 발견 이전에 잡종 교배의 의미가 완전하게 이해되지 못했던 탓이다.

서의 포르투갈의 개입은 인도의 힌두 국가와 무슬림 국가 사이에서 돈벌이가 되는 중개인 역할로 제한되곤 했다. 희망봉을 경유해 인도를 오가며 진행되던 원거리 무역에는 여러 수송상의 어려움이 뒤따랐고, 그로 인해 아라비아산 말을 유럽에 수입하는 것이 잠재적인 돈벌이가 될 것이라는 시나리오를 현실에서 구현하기가 만만치 않았던 것이다.[53]

말의 수송을 보다 적절하게 통제하고 말의 품종을 개량해야 한다는 필요성이 유럽에서 재빠르게 인식되었고, 그와 같은 일들이 열정적인 귀족들의 후원 아래 하나의 전문 분야로 성장하게 되었다. 일찍이 1329년 만토바의 곤차가 가문은 아라비아산 말과 지역의 토종말을 교배하여 유명한 만토바 혈통의 말을 생산했다.[54] 1488년 만토바 공작의 말 사육장에는 스페인, 바르바리(Barbary), 사르데냐, 아일랜드, 영국에서 온 품종을 포함해 650마리의 말이 사육되고 있었다. 이 유명한 '말' 왕조의 생활 양식에 대해 좀 더 자세히 살펴봄으로써 우리는 동양과 서양 두 방향에서 전개되던 말의 교역이 어떻게 공통된 문화적 환경이 조성되는 데 기여했고, 또 잘 사육된 실제 말들이 뽐내던 기술적인 아름다움이 어떻게 말과 관련된 예술품의 정교한 미학으로 변화되는지를 이해할 수 있게 될 것이다.

1490년대에 만토바의 후작 프란체스코 곤차가는 콘스탄티노폴리스를 함락했던 메흐메트 2세의 계승자인 오스만 황제 바예지드 2세와 친밀한 편지를 교환했다. 둘 사이의 우호적 관계는 말 사육과 관련된 열정을 공유하면서 유지되었다. 프란체스코는 순종(純種)의 아라비아와 페르시아 말을 수집했고, 또 그것들을 타고 경주하기를 즐겼다. 부인 이사벨라 데스테가 골동품 수집 분야의 전문가였다면 그는 이 분야의 전문가였다. 그는 한때 "우리는 문양이 새겨진 보석보다 말과 군대에 대해 더 잘 알고 있다"고 고

53 물론 이와 같은 사실이 향료나 그와 유사한 소비재의 경우에도 동일하게 적용될 수 있는 것은 아니다. 이 점은 말이 지니던 특별한 의미에 대한 우리의 논점을 강조한다.

54 Hyland, *Warhorse*, p. 54.

백하기도 했다.[55]

1492년 프란체스코는 순종말의 구입과 관련된 문제를 협상하기 위해 알렉시스 베카구트(Alexis Becagut)를 이스탄불로 보낸 적이 있었고, 그의 아들 페데리코 2세 역시 1525년 오스만의 술탄과 말 교역 관계를 맺으려고 시도했다. 페데리코는 자신의 시종 마르첼리 안코니타노(Marcelli Anconitano)를 이스탄불에 선물을 들려 보내면서 상당수의 순종 아라비아산 암말을 구입하겠다는 의사를 표시했다. 안코니타노는 1525년 11월 15일 앙코나를 출발했지만 심한 폭풍우로 인해 23일이 지난 후에야 라구사(Ragusa)에 도착했다. 그곳에 있던 한 이탈리아 대리인이 그의 안전한 도착을 보고했다. 이스탄불의 이탈리아 대리인은 안코니타노가 1526년 3월 6일 그곳에 도착했음을 다음과 같이 기록했다. "만토바의 후작이 보낸 특사가 이곳에 도착했다. 그는 술탄을 위한 선물로 보병과 기병을 위한 병기류, 안장, 팔코넷(소형 경포), 그리고 다른 물품들을 가져왔다. 그는 말 몇 마리를 구입하기 위해 협상하기를 원했다."

3월 14일 술레이만은 페데리코에게 튀르크어로 쓴 다정한 편지를 보내 안코니타노의 방문에 화답했는데, 그 편지는 이탈리아 번역본과 함께 만토바로 보내졌다. 3년이 지난 뒤 곤차가 가문이 튀르크 말의 계약과 관련된 편지를 통역할 목적으로 튀르크 '번역가'를 고용하고 있다는 점을 뽐낼 정

---

55 거의 탐닉에 가까웠던 유럽 귀족의 경마에 대한 열정은 사냥처럼 그 나름대로의 독자적인 주제가 될 수 있다. 프란체스코의 재무관 가운데 하나였던 실베스트로 다 루카(Silvestro da Lucca)는 자신이 직접 비용을 들여 벨럼(vellum)에 아름다운 도안을 넣어 제작한 필사본 책을 그에게 선물했는데, 이 책에는 후작의 상을 받은 35마리 경주마의 모형이 그 말들의 이름과 그들이 받은 상과 함께 기록되어 있다. 제목 페이지에는 페라라, 피렌체, 만토바에서 황금 견장을 받은 말 '일 다이노사우로'(Il Dainosauro)가 나타난다. 다 루카에 따르면, 프란체스코는 자신의 바르바리 경주마의 도록 기록과 그들이 받은 상의 목록을 소유하기를 원한다고 여러 차례 언급했다. David Chambers and Jane Martineau, eds., *Splendours of the Gonzaga*, exh. cat., Victoria and Albert Museum, London, 1981, p. 147을 보라. 『농경』(*The Georgics*)의 제3권에서 베르길리우스가 말의 교배에 환호했다는 점은 말에 대한 만토바인들의 관심을 자극하는 선례였다.

도로 상황이 발전해 있었다. 아무튼 1526년의 술레이만은 헝가리에 대한 일촉즉발의 적개심에 사로잡혀 있었고, 3개월 후 안코니타노는 여전히 그의 마지막 결정을 기다리고 있었다. 7월 18일 라구사에서 그는 다른 곳에서 어렵사리 구입한 열일곱 마리의 말에 관해 아주 세세하게 묘사하면서 술탄으로부터 말을 얻는 일이 실패로 끝났음을 편지로 전했다.[56] 1554년 만토바의 필리포 오르소(Filippo Orso)는 말과 무기류를 잘 표현한 그림 앨범을 출간했다. 여기에 포함된 「이탈리아의 투르초」(Turcho d'Italia)라는 제목의 말 그림(그림 61)은 이처럼 주의 깊게 통제된 교배를 통해 어떠한 결과가 생겨났는지를 이해하는 몇몇 단서를 제공한다.[57]

훌륭한 말에 대한 페데리코 곤차가의 열정은 만토바 궁전을 장식하는 호사스러운 예술품에 말을 포함시키려는 그의 열정과도 부합하는 것이었다. 그는 자신이 선호하던 말 그림들로 여름 궁전인 팔라초 델 테의 연회접대실을 장식했다. 여기에 그는 실물과 구별할 수 없을 정도로 정교하게 표현된 말 그림이 프레스코화로 제작되도록 만들었다(그림 72). 만토바 중앙에 자리 잡고 있는 팔라초 두칼레의 커다란 정찬실 역시 말의 초상화로 장식되었다. 이번 경우에 말의 초상은 마찬가지 방식으로 장식된 커튼 뒤에 절묘하게 숨겨져 있어, 마치 한쪽에서는 발굽과 거모(距毛)를 그리고 다른 쪽에서는 귀와 목을 드러내기 위해 커튼이 나부끼는 것처럼 보인다. 정

---

56 이 이야기를 '말 거래 상인'으로서 1502년 리스본을 여행했던, 에르콜레 데스테의 대리인 칸티노(Cantino)의 이야기와 비교해보라. 이 방문 과정에서 그는 포르투갈의 항로 발견을 기록한 중요한 포르투갈 지도 하나를 훔쳤다. 우리의 주장은, 필요한 사치 품목으로서 순혈 품종의 말을 얻으려는 것과 칸티노가 훔친 평면 지도에 나타난 것처럼 동양으로의 무역로를 찾으려는 것 사이에 빈번한 연결고리가 존재한다는 점이다. Jardine, *Worldly Goods*, p. 107; Brotton, *Trading Territories*, pp. 22~23을 보라.

57 오르소의 필사본 앨범은 현재 빅토리아/앨버트 박물관의 인쇄실(The Print Room)에 소장되어 있다. 이에 대해 알려준 레이철 자딘(Rachel Jardine)에게 감사한다. 이 앨범에 대해서는 Peter Ward-Jackson, *Italian Drawings*, London, 1979, vol. I, pp. 101~05를 보라.

그림 61 필리포 오르소, 「이탈리아의 투르초」, 1554년경, pen, ink, and wash on paper. Victoria & Albert Museum, London.

찬에 모인 손님들은 이처럼 연출된 장면을 통해 조금씩 드러나는 말의 모습을 보면서, 아마도 주인이 허락한다면 특별한 말의 정체를 확인하려고 시도했을 것이다.

모든 곤차가 가문이 제작한 모든 유형의 예술품들에는 말에 관한 이미지가 가득 차 있다. 그런데 21세기의 우리 시선은 별다른 생각 없이 그 이미지들을 놓쳐버리곤 한다. 우리는 말에 대한 영감으로 빚어진 예술에 대한 곤차가 가문의 기호가 부분적으로는 그들의 말에 대한 열정에서 기인한 것으로 알고 있다. 하지만 그러한 사실에는 약간의 아이러니가 존재한다. 곤차가 가문은 16세기 초반의 다른 유럽 지역에서 선호되었고 또 유행했던 값비싼 태피스트리 대신에 벽화의 제작을 의뢰하곤 했다. 이것은 만토바의 말 사육장과 가치 있고 개성 있는 순종말을 구입하는 데 많은 돈이 투자되었기 때문이다. 따라서 기념할 만한 축연이 있을 경우에 심지어 이사벨라 데스테조차 그에 걸맞은 허세의 표시로서 태피스트리를 빌려 접견실을 장식해야만 했다.

15세기와 16세기에는 유럽의 군주들이 프레스코에서 동상에 이르는 모든 매체를 이용해 말을 시각적으로 재현하도록 의뢰하는 현상이 더욱 크게 증가했다. 그 결과로 탄생한 예술품들은 유럽의 권력가와 재력가들이 주장하는 특권을 강하게 보여준다. 하지만 유럽의 귀족들 가운데 그 어느 누구의 예술품도 오스만 술탄이 소유한 것에 필적할 수는 없었다. 그는 자신을 방문한 권위 있는 이들에게 예술품이 아닌 실제 살아 있는 말을 통해 자신의 권력을 호화롭게 전시했다(그림 62). 오스만의 술탄은 이스탄불을 통해 선적된 열 마리의 말마다 한 마리의 순혈종 말을 조공으로 받았다. 1544년 프랑스 대사를 수행한 한 수행원은 술탄에게 경의를 표하기 위해 자신이 걸어갔던 궁정에 열 지어 서 있던 대(大) 술레이만의 말의 장엄한 광경을 다음과 같이 묘사했다. "말들은 매우 잘생긴 튀르크 혹은 바르바리 말이었다. 그들은 흑색, 짙은 갈색, 적갈색, 회색, 얼룩반점이 있거나 흰색이었으며, 각각은 적어도 200두카토의 가치를 지니고 있었다(그림 63)."[58]

IV

우리는 권력을 재현하는 방식과 생생하게 공유된 미학적 관념이 훌륭한 품종의 말을 통해 하나로 결합되었고, 또 말의 유통과 말에 대한 평가가 제국으로 인정받는 중요한 요소 가운데 하나였다는 점을 논의하고 있다. 16세기 초의 영국인과 프랑스인들은 토종말들을 개량하기 위해 족보 있는 말을 구하려고 노력했다. 1514년 봄에 만토바의 후작은 헨리 8세에

58 Jardine, *Worldly Goods*.

그림 62 피터르 쿠케 판 앨스트, 「아트메단을 지나가는 술탄 술레이만 2세의 행렬」 중에서 대(大) 술레이만의 세부묘사, 목판화, 1533, *Ces Moeurs et fachons de faire de Turcz* …….

게 보내는 선물이었던 순종말—이 말은 거의 모든 면에서 오늘날 영국 순종 경주마의 선조가 된다—과 함께 조반니 라토(Giovanni Ratto)를 영국으로 보냈다.[59] 3월 20일에 라토는 후작에게 자신의 임무가 성공했음을 알리는 편지를 보냈다. 그는 같은 날 햄프턴 궁에서 헨리에게 말을 선물했을 때 영국 왕이 너무도 기뻐해, "만약 후작이 그에게 왕국 하나를 주었더라도 그가 이보다 더 즐거워하지는 않았을 것"이라고 보고했다. 그리고 그는 한 귀족이 다른 귀족에게 "이 말들에 대해 어떻게 생각하는가? 이 말들은 나의 사촌인 만토바의 후작이 보낸 것이다"라고 했다는 말도 덧붙였다.[60] 선물이 증정되는 현장에 있었던 프랑스인 롱그빌(Longueville) 공작은 헨리에게, 실제로는 프랑수아 1세가 당시 이보다 훨씬 우수한 말을 소유하

59 J. P. Hore, *The History of Newmarket*, London, 1986, vol. I, p. 71.
60 *Ibid*.

그림 63 필리포 오르소, 「투르초」, 1554년경, pen, ink and wash on paper. Victoria & Albert Museum, London.

고 있었지만, 이 말들이 프랑스 왕이 갖고 있던 다른 어떤 말보다 질적으로 우수하다고 말했다.[61]

> 라토는 헨리에 대한 후작의 우정의 표시로 말을 선물했다. 그리고 그는 후작이 "영토와 아이들 그리고 자기 자신과 함께" 왕에게 선물한 바르바리 암말, '미케'(miche)와 스페인산 조랑말, 그리고 훌륭한 암말의 종자 역시 소유하고 있다는 점을 덧붙였다. 이 대화 자리에 왕비가 함께 있었다. 그녀의 참석은 라토로 하여금 스페인 방식대로 '밝은 적갈색 말'의 역량을 시험해 보도록 이끌었고, 결국 모든 이들로부터 그 말에 대한 경탄을 불러일으켰다. 왕은 그에게 "이것이야말로 최고의 말이 아니냐"라고 물었다. 그는 긍정적인 대답을 했고, 흡족해하던 왕은 말에게 가까이 다가가 토닥이며 "오,

61 *Ibid*., pp. 71~72.

이 귀여운 것"이라고 말했다.

이 마지막 말(馬)이 "만토바의 '바바리 말'(barb) 혹은 경주마였다. 후작은 말에 대한 대가로 은으로 만든 문진을 받았지만, 헨리 8세에게 그 동물을 선물하기를 원했다". 이후 왕은 어떤 선물이 후작을 즐겁게 할 수 있을지 은밀히 라토에게 물었고 "그는, 비록 몇몇 조랑말과 여섯 마리의 튼튼한 사냥개를 구입한 것에서 자신의 의도가 명백해졌을지라도, 왕의 사랑 이외에는 아무것도 없다고 대답했다". 다시 한 번 '밝은 적갈색 말'의 역량을 시험해 보이면서 라토는 후작이 보낸 다른 선물인 신월도를 헨리에게 주었다. 왕은 '동양에서 만들어진 그 선물'에 매우 즐거워했다.[62]

헨리가 후작에게 보낸 감사의 편지는 신분과 지위를 얻기 위한 주의 깊은 전략적 움직임을 분명히 보여준다. 이것은 말을 선물로 교환하면서 진행된 마치 무용과도 같은 움직임을 통해 그 효과가 발휘된 것이었다.

우리는 가까운 친구 토머스 체니(Thomas Cene)로부터 어떠한 애정과 위엄, 그리고 우리를 향한 단일한 호의와 관심으로 폐하께서 그를 즐겁게 했는지 알게 되었습니다. 당신의 고귀한 사육장이 그에게 공개되었고, 우리를 위해 그 스스로 가장 인정하는 말이 무엇인지 선택하도록 최대한 정중하게 요구받았다는 것도 알게 되었습니다. 이러한 관대함에 대해 그 스스로 선택하기를 거절했을 때, 폐하께서는 친히 우리를 위해 그 가운데 가장 아름다운 네 마리의 말을 뽑았습니다. 우리는 당신의 전령인 라토가 가져온 편지와 함께 그것들을 받았습니다. 라토는 가장 사려 깊고 주의 깊은 사람이며, 또 단지 말에 관한 문제뿐만 아니라 모든 품위 있는 행동에서도 매우 조예 깊은 사람이었습니다. 나는 그의 행동에서 커다란 즐거움을 느꼈습니다. …… 당신이 우리에게 해준 많은 친절한 일들이 그 자체로 우리에게는 선물입니다.

62 *Ibid.*, p. 72. *Calender of State Papers, Venetian*, II, 1509-19, p. 162에서 인용.

> 그래서 우리가 무엇으로 먼저 감사의 보답을 해야 할지 결정하기가 매우 어렵습니다. 하지만 우리는 무엇보다 우리를 향한 당신의 최고의 선의에 가장 가슴 깊이 감사의 뜻을 전합니다. 여기에 허언은 있을 수 없습니다. 또한 마땅히 우리에게 받아야 할 당신의 희망에, 그리고 우리가 방금 받은 가장 아름다운 우수한 혈통의 훌륭한 말에 대해서도 감사의 뜻을 전합니다. 우리는 이 말들을 기꺼이 환영하며 소중히 간직하겠습니다. 왜냐하면 그것들은 가장 우수할 뿐만 아니라 바로 최고의 감정과 최선의 의도로 우리에게 보내졌기 때문입니다.[63]

같은 해 가을에 헨리는 '우리의 가까운 친구이자 기사인 그리피스(Griffith)'를 '완전한 말 장식을 갖추고 안장과 마구가 장착된' 몇 마리의 영국 말과 함께 만토바로 파견하면서 후작에게 네 마리 말과 두 마리 스페인산 조랑말에 대한 감사의 편지를 보냈다.

말들은 헨리 8세와 프랑수아 1세 사이에 벌어진 '황금 옷의 들판'(Field of the Cloth of Gold) 회합에서도 두드러진 역할을 수행했다. 이 회합은 1520년 6월 칼레의 영국령 지역이었던 긴느(Guines)와 아르드르(Ardres) 마을 사이에서 이루어졌다. 이것은 새로운 신성로마제국 황제 카를 5세의 정치권력이 성장하는 것에 맞서 두 젊은 통치자의 외교적 우호 관계를 보여주려는 의도로 기획된 모임이었다. 두 통치자가 마치 과시하듯 보여준 부와 세련미에는 훌륭한 말의 전시와 교환이 포함되었다. 헨리의 무기류를 관장하던 에드워드 길드퍼드(Edward Guildford)는 이를 준비하기 위해 1520년 초 막대한 양의 무기류와 말을 구입하라는 명령을 받았다.[64] 길드퍼드와 그의 관료들은 아주 멀리 떨어진 헤이그, 브뤼셀, 델프트, 아라스, 릴(Lille), 제일란트(Zeeland) 지방에 이르기까지 그 회합에서 눈에 띄

63 *Ibid.*, pp. 73~75.

64 Joycelyne Russell, *The Field of Cloth of Gold*, London, 1969, p. 118.

게 전시될 말을 찾아 나섰다. 동물을 구입하고 수송하는 데 든 비용은 막대한 것이었고, 선박을 통한 수송 비용은 브뤼셀에서 이미 한계를 넘어섰다. 구입한 말 가운데에는 헨리가 긴느에서 자신의 경호를 책임지던 그리피스 라이스 경(Sir Griffith Rice)에게 선물했던 피에르 드 란노이(Pierre de Lannoy) 소유의 회색 말, 여왕의 마차를 끌기 위한 구렁말, 헤이그에서 구입해 서퍽(Suffolk)의 공작에게 선물한 털이 없는 검정색 말이 포함되어 있었다.

드라마틱하면서도 정치적으로는 민감했던 마상 창 시합과 마상시합을 위해 말이 필요해졌을 경우에 헨리는 심지어 더 먼 곳에서 그것을 구했다. 일찍이 1514년 토머스 체니 경(Sir Thomas Cheyney)은 나폴리 왕국에서 헨리를 위해 열 마리의 말을 구입했다. 그리고 뒤이어 그는 만토바의 종마를 선택하게 되었는데, 그것의 소유자였던 페라라의 공작은 자신의 하인 한 사람과 함께 그것들을 헨리에게 보내겠다고 자원했다. 1519년 체니는 만토바의 말을 가지고 영국으로 돌아왔다. 이것은 두 왕국 사이의 외교적 우호 관계의 성장을 상징하는 매우 의미 있는 교환을 보여주는 사건이었다.[65] 만토바의 말을 그린 당대의 그림들은 고도의 선택적인 과정을 통해 개량된 품종인 그것의 '혈통적'(racial) 성격을 강조하고 있다. 필리포 오르소의 1554년 앨범은 헨리가 선물로 받은 것과 동일한 유형의 '만토바의 경주마'(Corsier della Razza di Mantova)를 그린 그림(그림 64)을 담고 있다.

영국 왕과 그의 수행원을 위한 훌륭한 말이 요구되었을 뿐만 아니라 프랑수아에게 선물할 만한 충분한 자질을 갖춘 준마 역시 필요했다는 점에 기초해 볼 때, 긴느 회합은 말 교역이 더욱 강렬해졌음을 의미하는 사건이었다. 1520년 6월 9일 두 군주가 만났고, 이때 헨리는 자신의 만토바 말을 그리고 프랑수아는 자신의 나폴리 말을 각각 상대방에게 선물하면서 말들을 교환했다. 6월 18일 프랑수아는 헨리에게 여섯 마리의 준마를 선물

65 *Ibid.*, p. 119.

그림 64 필리포 오르소, 「만토바의 경주마」, 1554년경, pen, ink and wash on paper. Victoria & Albert Museum, London.

했다. 그 가운데 네 마리는 교환을 통해 헨리가 선물한 모든 말들보다 더 가치 있다고 생각되는 얼룩반점의 '모자우르차'(Mozaurcha) 말을 포함한 만토바산이었다.[66] 햄프턴 궁의 공간이 부족하다고 느낀 헨리는 스태퍼드

66 헨리의 궁정에서 일했던 학자들 가운데 한 사람인 알렉산더 바클리(Alexander Barclay)는, 자신의 세 번째 『전원시』(*Eclogue*)에서 말에 대한 왕의 애착을 논의하면서 말에 대한 헨리의 태도를 다음과 같이 요약했다. "만약 그들이 누군가를 사랑한다면 그것은 친구로서 그를 사랑하는 것이 아니다, / 최고의 우정과 같은 것들 사이에서 우리가 발견하는. / 진정으로 위대한 군주는 기쁘게 그러한 사람들을 사랑한다, / 그들로 인해 어떤 기쁨과 이익을 얻게 되었을 때 / 군주들이 말, 개, 그러한 것들을 사랑할 때처럼, / 내가 말하건대 그들이 그토록 많이 사랑하지 않는다는 것은 거짓이다. / 그들이 사람 대신 말이나 개를 사랑한다면, / 미나클라스(Minaclas)에 관해 물어보라, 그러면 진실이 자신이 할 수 있는 이야기를 해줄 것이다. / 보통 어떤 사람도 죽게 되면 곧, 다른 이가 이내 그의 자리를 채울 태세를 갖춘다, / 관습과 기도로 그의 자리가 애타게 갈구되고 / 아주 자주 군주들은 그들의 봉사를 무가치한 것으로 만든다. / 하지만 한 마리의 말이나 개가 죽음의 운명을 맞이하면, 다른 것이 그의 자리를 채워야만 한다"(Beatrice White, ed., *The*

셔(Staffordshire)의 터트버리(Tutbury)에 최초의 왕실 말 사육장을 세웠다. 우리의 생각으로는, 이때 만토바 종과 동일한 기원을 지닌 바르바리와 아라비아 종에서 순수 혈종마가 생겨났다고 보는 것이 타당해 보인다.[67]

준마의 교역이라는 새로운 능력과 관련해 헨리가 보여준 제국적 권력의 협상은 대단한 효력을 발휘했다. 1526년 그는 프랑수아 1세에게 선물로 열여덟 마리의 말을 보냈다. 한편 카를 5세 역시 스물다섯 마리의 스페인산 말을 구해 자신의 사촌에게 보낼 준비가 되어 있었다.[68] 이러한 교환이 헨리의 죽음과 함께 끝난 것도 아니었다. 1551년 겨울 프랑스 궁정은 에드워드 6세에게 말을 선물로 보냈다. 에드워드의 일기에는 이에 관한 다음과 같은 기록이 남아 있다. "말과 함께 파리(Paris)가 도착했고, 파리는 어떻게 프랑스 왕이 내게 여섯 마리의 코르탈(cortalles), 두 마리의 튀르크 말, 한 마리의 바르바리, 두 마리의 스페인 말, 한 마리의 강한 말, 그리고 두 마리의 작은 노새를 보냈는지를 보여주었다."[69] 그와 같은 교환은 튜더와 발루아 왕조가 주장했던 제국의 권위를 반영하고 있었다. 이것은 주의 깊게 선택되고 훈련받은 말에 접근하고 그것을 소유하면서 미학적·군사적 맥락에서 정의되던 권위였다. 하지만 이 시기의 태피스트리 교역에서와 마찬가지로 상대적으로 권력이 미약했던 이 두 제국의 궁정은 그러한 과정 속에서 카를 5세의 합스부르크 제국의 권력에 맞서 말과 관련된 우월성을 주장하고 싶어 하던 스스로의 모습을 발견하지 않을 수 없었다. 앞으로 논의하겠지만, 16세기 후반 합스부르크 가문은 영토적·종교적 권위에 대한 이데올로기적·미학적 지배력을 강화하면서 재빠르게 '명멸하는'(flickering) 기마상 이미지를 이용해 위압적이고 무시무시한 효과를 얻고 있었다.

Eclogues of Alexander Barclay, Oxford, 1928, p. 119).

67 C. M. Prior, *The Royal Studs of the Sixteenth and Seventeenth Centuries*, London, 1935, p. 2.

68 Hore, *Newmarket*, p. 79.

69 *Ibid.*, 82.

V

1584년 3월 여왕 엘리자베스 1세에게 쓴 한 편지에서 북유럽의 교육가이자 종교개혁가 요하네스 슈투름(Johannes Sturm)은 유럽 본토에서 돈이 많이 드는 새로운 유형의 전투가 점차 중요하게 부상할 것이라고 경고했다. 이것은 뒤러의 그림(그림 65)에 나타난 것처럼 신속하고 기동성 있으며 권총으로 무장한 '기병'(reiters) 혹은 경무장 기병의 군사력에 기초한 전투를 의미하는 것이었다. 그는 분별력 있는 통치자라면 이러한 현상을 고려하여 앞을 내다본 계획을 세울 필요가 있다고 조언했다.

> 외국의 군대, 특히 말을 중심으로 한 외국의 군사력보다 왕국의 힘을 더 약화시킬 수 있는 것은 없습니다. 자원과 재력이 고갈되지 않을 우리 시대의 어떤 군주도, 그가 아무리 부유하다 할지라도 그러합니다. 그의 전투력은 이러한 말 탄 기사들 덕분에 약화됩니다. 그러므로 돈이 부족해지면서 빈번하게 휴전이 요구됩니다. 이 기간 동안 기병들이 회복할 수 있지만, 그러한 막간의 휴지기는 종종 약자에게 해롭고 또 때로는 파국적인 결과를 가져오기도 합니다. 이러한 사악함이 우리 세기에 매년 크게 성장하고 있고, 확대되고 있으며 또 확인되고 있습니다.

슈투름은 계속해서 국가의 안위라는 장기적인 관심에서 볼 때, 여왕이 영국에서 말의 사육에 대한 '연구와 발전'에 투자하는 것만이 이에 대한 해결책이라고 말했다.

> 저는 폐하의 왕국보다 말을 사육하고 훈련하는 이러한 사업에 더 적당한 곳이 없다고 생각합니다. 왜냐하면 말의 공급이라는 측면에서 영국이 다른 국가들을 능가하고 있기 때문입니다. 하지만 영국의 토종말이 약하기 때문에 저는 점차 적이나 미래의 적들에게 알려지지 않은 독일과 프리슬란트

그림 65 알브레히트 뒤러, 「기병」, 1498, watercolour and pen on paper. Graphische Sammlung Albertina, Vienna.

(Friesland)에서 약간의 종마를 구입할 수 있을 것이라는 점을 조언드리고자 합니다. 그러한 종마들은 영국 암말의 후손들을 보다 강하게 만들 것입니다.

…… 제 조언의 일부는 영국이 미래에 확보하게 될 보다 강건하고 건강한 말, 즉 종마에 관한 것이며, 또 영국에서 훌륭한 말의 공급이 증가할 것이

라는 점입니다. 게다가 저는 비밀리에 소수의 독일의 마구 제조공과 무릎보호대 및 신발 제조공을 초대하는 게 좋을 것이라고 생각합니다. 그들은 막대한 지출이 소요되는 가계의 수장들이 아니라, 그들과 동등한 기술을 보유하고 있으면서도 적당한 급료로 우리에게 올 수 있으며 또 스스로 장인이라고 할 수 있는 사람들로서 앞서 말한 수장들을 보좌하는 사람들입니다. 의복을 만드는 독일의 재단사 그리고 갑옷 제작을 위한 대장장이들 역시 소수의 마구 제조공과 함께 초대해야 합니다.

단지 보여주기 위해서가 아니라 실질적인 차원에서 이러한 일들이 실행되어야 합니다. 새로운 형태의 안장뿐만 아니라 총과 전쟁의 동력을 겸비한 마구들, 그리고 몇몇 사람들이 등자라고 부르는 안장의 아나프라테스(anaphrates)가 필요합니다. 또한 이러한 일은 기병과 보병 대장의 용기, 그리고 병사의 훈육과 군사훈련에 의해 이루어져야 합니다. 만약 이를 위한 법이 폐하의 의지와 권위에 의해 확인만 된다면 이것은 쉽게 효과를 발휘할 것입니다.[70]

---

70 *Calendar of State Papers, Foreign Series 1583-1584*, p. 406. #484, "Sturm to Elizabeth", 15 March 1584, Nordheim, Germany, States. 3/6. "외국의 군대, 특히 말을 중심으로 한 외국의 군사력보다 왕국의 힘을 더 약화시킬 수 있는 것은 없습니다. 자원과 재력이 고갈되지 않을 우리 시대의 어떤 군주도, 그가 아무리 부유하다고 할지라도 그러합니다. 그의 전투력은 이러한 말 탄 기사들 덕분에 약화됩니다. 그러므로 돈이 부족해지면서 빈번하게 휴전이 요구됩니다. 이 기간 동안 기병들이 회복할 수 있지만, 그러한 막간의 휴지기는 종종 약자에게 해롭고 또 때로는 파국적인 결과를 가져오기도 합니다. 이러한 사악함이 우리 세기에 매년 크게 성장하고 있고, 확대되고 있으며 또 확인되고 있습니다. / 저는 얼마 전 한 편지에서 수수께끼처럼 제이슨(Jason)과 메데아(Medea)의 우화를 실례로 제시하면서, 어떻게 이러한 기병에 드는 비용을 줄일 수 있는지에 관해 썼던 것을 기억합니다. / 저는 폐하의 왕국보다 말을 사육하고 훈련하는 이러한 사업에 더 적당한 곳이 없다고 생각합니다. 왜냐하면 말의 공급이라는 측면에서 영국이 다른 국가들을 능가하고 있기 때문입니다. 하지만 영국의 토종말이 약하기 때문에 저는 점차 적이나 미래의 적들에게 알려지지 않은 독일과 프리슬란트에서 약간의 종마를 구입할 수 있을 것이라는 점을 조언드리고자 합니다. 그러한 종마들은 영국 암말의 후손들을 보다 강하게 만들 것입니다. / 하지만 제 견해가 마음에 안 들었기 때문이든지 아니면 수수께끼가 해독될 수 없었기 때문이든지, 저는 이 일이 수행되었다는 것을 듣지 못했습니

학자와 학교 교사로서 그가 한 이 진술은 저간의 사정에 밝은 박식한 조

다. 그래서 저는 이 편지를 통해 다시 한 번 수수께끼[ainittein]처럼 말하기보다, 공개적으로 이 문제를 폐하께 알려드리기로 했습니다. 조언이라기보다 생각이라고 할 수 있는 제 견해가 만약 인정된다면, 제가 제 삶을 빚지고 있는 폐하와 폐하의 왕국에 침묵하면서 해를 끼치기보다 제 어리석음을 반복하기로 결심했기 때문입니다. / 그러므로 제 조언의 일부는 영국이 미래에 확보하게 될 보다 강건하고 건강한 말, 즉 종마[equaria]에 관한 것이며, 또 영국에서 훌륭한 말의 공급이 증가할 것이라는 점입니다. …… / 게다가 저는 비밀리에 소수의 독일의 마구 제조공과 무릎보호대 및 신발 제조공을 초대하는 게 좋을 것이라고 생각합니다. 그들은 막대한 지출이 소요되는 가게의 수장들이 아니라, 그들과 동등한 기술을 보유하고 있으면서도 적당한 급료로 우리에게 올 수 있으며 또 스스로 장인이라고 할 수 있는 사람들로서 앞서 말한 수장들을 보좌하는 사람들입니다. 의복을 만드는 독일의 재단사 그리고 갑옷 제작을 위한 대장장이들 역시 소수의 마구 제조공과 함께 초대해야 합니다. / 단지 보여주기 위해서가 아니라 실질적인 차원에서 이러한 일들이 실행되어야 합니다. 새로운 형태의 안장뿐만 아니라 총과 전쟁의 동력을 겸비한 마구들[406], 그리고 몇몇 사람들이 등자[stapedes]라고 부르는 안장의 아나프라테스(anaphrates)가 필요합니다. 또한 이러한 일은 기병과 보병 대장의 용기, 그리고 병사의 훈육과 군사훈련에 의해 이루어져야 합니다. 만약 이를 위한 법이 폐하의 의지와 권위에 의해 확인만 된다면 이것은 쉽게 효과를 발휘할 것입니다. / 기억컨대, 저는 특정 수의 말이 기사, 주요 성직자와 주교, 남작, 백작 그리고 공작들에 의해 옛 제도나 새로운 관습에 따라 제공되기 위해 주문되었다는 이야기를 들은 적이 있습니다. 이 법은, 새롭게 갱신되고 준수된다면, 환영받을 만합니다. 아마도 어리석게도, 그렇지만 아주 주의 깊게, 저는 그것이 좋은지 그른지, 폐하와 폐하의 왕국을 위한 것인지 고려합니다. / 독일식 훈육이 단일 부대 속의 누군가에 의해 이루어진다면, 이 기술과 기능에 대해 설명하고 그것에 착수하는 일이 용이해질 것입니다. 그리고 만약 모든 기병들이 옥스퍼드 백작, 레스터 백작 혹은 필립 시드니 같은 한 명의 믿음 있고 열정적인 인물을 따른다면, 이 문제를 그에게 위임하는 게 보다 용이하고 빠르고 적당할 것입니다. 만약 이 계획이 폐하를 기쁘게 한다면, 능력과 재능을 보유한 과묵한 장인과 기병의 이름을 알려드리겠습니다. 그리고 만약 이것이 폐하를 기쁘게 한다면, 최고사령관으로 삼을 만한 사절 혹은 대리인으로 분별력 있고 많은 전투 경험을 쌓은 숙련된 독일의 군인과 함께, 훈육과 과묵함으로 인해 적절하다고 생각되는 한 사람 이상을 저는 알고 있습니다. 또 다른 대리인으로 영국 시민을 추가하지 않는 것이 아닙니다. 결국 독일과 영국인들이 시기심 없이 보다 커다란 권위를 지니고 훈육을 강화할 것입니다. / 50명의 독일 기능공과 같은 수의 기병이면 충분할 것이며, 그들에게 소요되는 임금과 비용은 크지 않을 것입니다. 한 가정의 가장보다 독신남이나 홀아비를 채용하는 게 나을 것입니다. 왜냐하면 그들에게 비용이 훨씬 적게 들고, 그들의 복종심이 더 크며, 그들이 보다 충실하게 입을 다물고 있을 것이기 때문입니다."

언이었다. 프리슬란트 말 혹은 '프리즈'(Frizes)(그림 66)는 육중하고 조련하기 용이하며, 강건한 말이었다. 하지만 훌륭한 폐활량과 정력에도 불구하고 승마보다는 수송에 보다 적합한 말이었다.[71] 아마도 그것들과 '이름 없는' 영국 종의 말들을 교배함으로써 근대적인 군사적 기동에 어울리는 빠르고 강한 말의 생산을 기대할 수 있었을 것이다.

슈투름의 '조언'은 1540년 이래 끊임없이 영국의 군사적 의제가 되어왔던 문제를 제기한 것이었다.[72] 16세기 초반의 몇십 년 동안 프랑스에 대한 군사 원정에서 말은 말 그대로 대포의 밥이 되었고, 이로 인해 말의 수가 철저히 감소했다. 이렇게 말이 고갈되자, 처음에는 헨리 8세 그리고 이후 엘리자베스 1세는 특히 군사적 용도로 영국 말의 수를 늘리고 또 그 품종을 개량하기 위한 정책을 도입했다.[73] 이러한 정책들에는 영국 말의 수출

71 17세기 말에 "거마창"(cheval de frise)은 공격군의 전진을 저지하기에 알맞은 이동식 군사 방책이었다. 만약 우리가 이것을 로저 윌리엄스(Roger Williams)가 기록한 전술과 비교하고 또 프리슬란트 말이 아주 덩치가 컸다는 점을 생각한다면, 그 용어의 기원이 분명해진다. "우리는 20~30마리의 야윈 말과 암말을 얻어, 우리가 지나오면서 시골 촌뜨기의 집에서 얻은 오래된 마구, 쿠션, 그리고 고삐로 그것들을 정비했다. 우리는 이 말들을 매복병 뒤에 배치하고, 매복병들이 일제사격을 할 때까지 그들 가까이 있도록 명령했다." 호송단이 매복병과 함께 있을 때, 야윈 말과 암말들이 기병들을 돋보이게 하기 위해 그들에게 끌려왔고, 반면 보병들은 호송단을 급파했다(D. W. Davies, ed., *The Actions of the Low Country by Sir Roger Williams*, Ithaca, 1964, p. 69).

72 왕에게 봉사를 간청하는 조언에서 일반적으로 나타났던 것처럼 실제 그의 편지는 이전에 제시되었던 정책을 안전하고 적절하게 다시 제기한 것이었다. 그것은 수혜자를 기분 상하게 하지 않기 위해 계산된 것이었다. 게다가 이 편지를 쓸 때 슈투름은 70대였다.

73 J. Thirsk, *Horses in Early Modern England: for Service, for Pleasure, for Power*, Reading, 1978, p. 11. 1580년 스페인과의 전쟁을 목전에 둔 위험한 상황 아래에서 엘리자베스는 "말의 수를 늘리고 품종을 개선하기 위해, 그리고 말을 유지하고 이용 가치를 높이려는 의도에서 거세하기 위한" 명령을 하달했다. 레스터와 해턴(Hatton), 그리고 헨리 시드니 경을 포함해 그녀의 가장 저명한 귀족들이 이 일을 담당했다. 말을 사육하고 관리하는 일과 관련된 엘리자베스의 태도를 이해하기 위해서는 Thomas Blundeville, *The Four Chiefest Offices belonging to Horsemanship*, London, 1593을 보라.

그림 66 필리포 오르소, 「프리즈」, 1554년경, pen, ink and wash on paper. Victoria & Albert Museum, London.

을 금지하는 법령, 토지 소유자가 사냥지인 사슴 공원을 말의 사육을 위한 공원으로 재분할하고 국가의 군대 소집에 특정 수의 인원을 제공할 것을 요구하는 조항, 그리고 귀족들이 국가의 전쟁 노력에 공헌하고 "지금까지 이 왕국에서 사육되었던 훌륭하고 빠르고 강한 말의 생산과 사육의 일반적인 쇠퇴"를 막도록 기여해야 한다는 권고사항 등이 포함되었다.[74]

개인적으로도 헨리 8세는 말의 품종을 개량하기 위한 일련의 야심찬 종마 사육장 사업에 스스로 뛰어들었다. 에드워드 윌러프비(Edward Willoughby) 경은 1540년 헨리(Henley)에 있던 자신의 공원을 왕의 사육장으로 만들었고, 1545년 워릭셔(Warwickshire)의 신사 니컬러스 스트렐리(Nicholas Strelley) 경은 워릭(Warwick) 성에 있던 왕실 사육장에서 30마리의 암말을 자신의 공원으로 가져와 방목했다.[75] 1544년 헨리는 200마

74 Thirsk, *Horses in Early Modern England*, p. 12.

리의 플랑드르 암말을 얻게 되었고, 그것들을 영국으로 수입해 들여오기 위한 허가를 얻기 위해 합스부르크의 여왕 섭정과 정교한 교섭에 들어갔다.[76] 프랑스의 대사는 1542년 프랑수아 1세에게 자신이 목격한 바에 따르면, 헨리가 100마리의 말을 보유한 두 사육장을 소유하고 있으며, 또 웨일스와 노팅엄셔(Nottinghamshire)의 사육 공원에서도 매년 150마리의 말을 확보할 수 있다고 보고했다.

1585년 8월 안트베르펜 함락 직후, 드디어 엘리자베스는 스페인에 대항하던 네덜란드인들을 지원하기 위한 군사 원조를 승인했다. 이에 맞추어 저지대 국가로 떠나기 전날, 레스터(Leicester)는 세인트올번스(St Albans)의 왕립 사육장에서 '여왕의 위대한 말들'을 조사하고 아마도 군사 원정을 위한 '장비'를 돌아보는 일 등을 포함해 여러 곳의 말 사육장을 시찰했다.[77] 레스터와 엘리자베스의 궁정인 월싱엄(Walsingham) 같은 다른 저명인사들은 각각 백 마리 이상의 말을 보유한 사육장을 가지고 있었다. 그리고 그곳에서는 훌륭한 종마에서 유래한 선물용 말들이 사육되고 있었다. 1589년 월싱엄이 소유한 말 가운데에는 리처드 빙엄(Richard Bingham) 경이 선물한 '그레이 빙엄'(Grey Bingham), 헨리 시드니(Henry Sidney) 경이 준 '베이 시드니'(Bay Sidney), 로버트 마크엄(Robert Markham)이 준 '파이드 마크엄'(Pied Markham) 등이 포함되어 있었다. 로버트 마크엄의 아들 저베이스 마크엄(Gervase Markham)은 마장술에 관한 주목할 만한 책을 저술하기도 했다.

슈투름의 편지를 보다 자세히 살펴보면, 우리는 거기에서 일부 눈에 거슬리는 언급을 발견하게 된다. 그것은 말과 마장술에 관한 한 '독일적'인

75 *Ibid*., p. 13.

76 *Ibid*., p. 12.

77 S. Adams, *Household Accounts and Disbursement Books of Robert Dudley, Earl of Leicester, 1558-1561, 1584-1586*, Camden fifth ser., vol. 6, Cambridge, 1995, p. 314.

그림 67 바르바리 말, 뉴캐슬의 공작의 목판화, *Méthode de Dresser le Cheveaux*, London, 1737. 흑인 소년의 모습은 공유된 타자성이라는 가정을 암시한다.

모든 것이 우수하다는 주장이다.[78] 독일산 '혈통'은 영국의 토착종과 그것의 '관리'를 강화하기 위해 은밀히 영국에서 도입하려던 것이었다. 그러므로 저지대 국가에서 태어나고 길러진 동물과 인간 모두로부터 복제되면서 고유한 민족적 특질이나 지역적인 기술이 무시되었다. 영국의 말을 개량하기 위해서는 그 동물과 그 동물의 관리자 모두를 은밀히 도입해야 한다는 것이 그의 조언이었다. 앞에서 인용했듯이, 이러한 맥락에서 그는 "점차 적이나 미래의 적들에게 알려지지 않은 독일과 프리슬란트에서 약간의 종마를 구입할 수 있을 것입니다. 그러한 종마들은 영국 암말의 후손들을 더 강하게 만들 것입니다", 그리고 "게다가 저는 비밀리에 소수의 독일의 마구 제조공과 무릎보호대 및 신발 제조공을 초대하는 게 좋을 것이라고 생각합니다"라고 말했던 것이다.

영국의 암말과 교배하기 위해 독일의 종마들이 도입되어야 했다. 그리고 이와 유사한 군사적 '교배'를 위해 영국의 병사들 곁에 독일의 군수 제조

78 이 시기 '독일적'(German)이라는 용어를 사용하면서 발생한 복잡한 문제에 대해서는 L. Jardine, "Penfriend and Patria: Erasmian Pedagogy and the Republic of Letters", *Erasmus of Rotterdam Society Yearbook* 16, 1996, pp. 1~18을 보라. 하지만 이러한 맥락에서 스스로를 '독일인'이라고 불렀던 다양한 저지대 국가의 여러 사람들을 구분하는 것은 중요한 문제가 아니다.

그림 68 안드레아 만테냐, 아무도 타지 않은 말과 신랑의 모습을 묘사한 카메라 픽타(Camera Picta) 프레스코의 세부묘사, 1465~74. Camera degli Sposi, Castello San Giorgio, Palazzo Ducale, Mantua.

그림 69 파올로 우첼로, 「영국 용병 존 호크우드 경의 상상의 기마상 그림」, 1436, fresco. Duomo, Florence.

그림 70 얀 페르메이언, 「카르타고 항구 상륙」, 1548~50년경, charcoal and watercolour cartoon on paper. Kunsthitorisches Museum, Vienna.

그림 71 소(小) 한스 홀바인, 「클레브의 앤의 초상」, 1539, oil on canvas. Musée du Louvre, Paris.

그림 72 줄리오 로마노, 말을 보여주는 프레스코, 1527~30년경, Salone Cavalli, Palazzo del Te, Mantua.

그림 73 프랑수아 클루에, 「말을 타고 있는 프랑수아 1세의 초상」, 1548년경, oil on panel. Galleria degli Uffizi, Florence.

그림 74 티치아노, 「뮐베르크 전투에서의 카를 5세」, 1548, oil on canvas. Museo del Prado, Madrid.

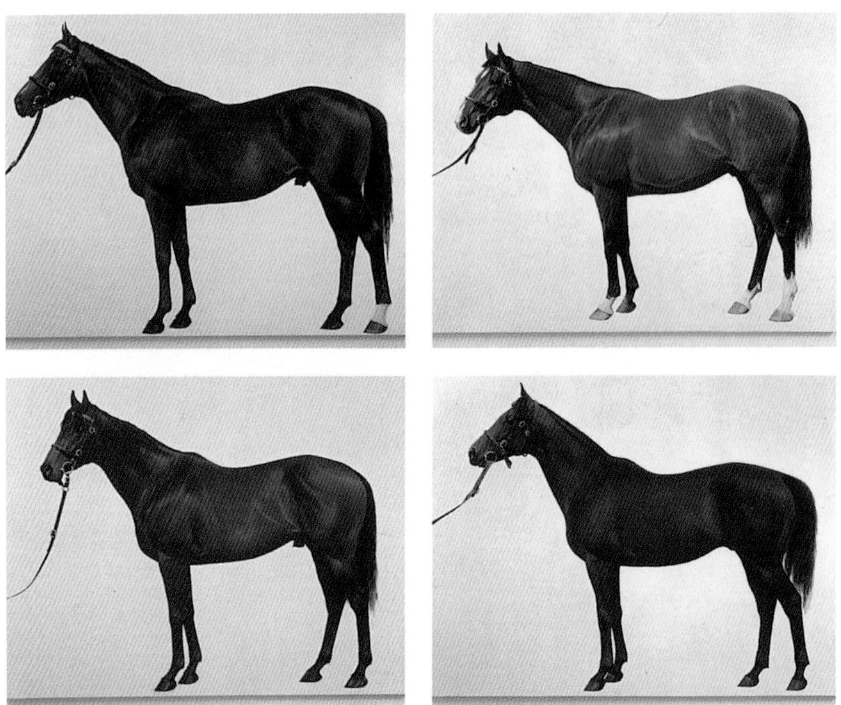

그림 75 마크 월링거, 「종, 계급, 성」, 1992, oil on canvas. The Saatchi Gallery, London.

업자나 훈련원들이 초대되어야 한다는 것이었다. 아마도 약간은 놀랍게도 이러한 유형의 교배가 품종을 강화할 수 있을 것이라고 간주되었다. 하지만 그와 동시에 외국 물질의 유입이 오염과 약화를 가져온다는 함의 역시 분명 존재했다. 슈투름은 "외국의 군대, 특히 말을 중심으로 한 외국의 군사력보다 왕국의 힘을 더 약화시킬 수 있는 것은 없습니다"라고 적었다.

품종 개량에 관한 시각적 이미지가 잡종 번식이나 '교배'라는 관념을 매우 쉽게 수용하는 곳에서 문헌적 텍스트들은 그것의 기저에 흐르는 번뇌를 숨기고 있다. 멘델의 유전학이 출현하기 이전에는 그러한 것들이 품종의 개량과 개선에 적절히 요구되는 응용과학이었다. 아무튼 한 종을 강화하고 개량하기 위해 이루어진 교배가 순수한 민족적 혈통을 더럽히기도 한다는 이러한 생각은 말의 품종을 둘러싼 문학작품에 되풀이해서 등장한다. 셰익스피어의 『헨리 5세』(*Henry V*)에서 프랑스가 아르플뢰르(Harfleur)에서 패한 후 도팽(Dauphin)의 수치심이 폭발했던 근본 원인이 바로 거기에서 기인했다. 아쟁쿠르(Agincourt) 전투 전날, 앵글로색슨과 노르만의 혈통이 섞인 가공할 만한 영국군과 마주하게 되었을 때, 그는 다음과 같이 말했다.

> 오 살아 있는 신이여! 우리의 [잡종] 잔가지에 불과하고,
> 우리 선조들의 찌꺼기에 불과하며,
> 들에 자란 야생 싹, 어린 가지에 지나지 않는 것이,
> 아주 갑자기 자라 구름 속까지 다다라서,
> 그 어미 나무를 아래로 내려다보려고 하는가?

우리의 기대처럼 동물 교배라는 비유적 표현은 이에 상응하는 원예와 식물 접목의 이미지와 중첩된다. 무관장(武官長)은 이에 대해 다음과 같이 대답한다.

아 군신이여! 그들은 어디에서 이러한 활력을 얻었는가?
그들의 날씨는 안개 짙고, 쌀쌀하고, 음산하며,
태양은 창백한 얼굴을 한 채,
낯을 찌푸리고 과실을 썩혀버릴 듯하지 않은가? 흠뻑 젖은 물,
강력하게 고삐 잡힌 말을 위한 용액, 즉 그들의 보리수프가,
그들의 냉혈을 덥게 하여 그러한 용기를 내게 하는 것인가?
그리고 포도주에 영감을 받은 우리의 활발한 피는
식어 보여야만 하는가?

이에 대해 도팽은 동물의 교배와 인간의 혼교를 명백히 결합하는 마지막 언급을 덧붙이며 다음과 같이 대답한다.

우리의 귀부인들은 우리를 비웃고 쉽게 말한다,
우리의 활력은 이종 교배된다고. 그리고 그들은 줄 것이다,
영국 젊은이의 욕정에 그들의 육신을,
잡종 전사들로 뒤섞인 새로운 프랑스를 위하여.[79]

인종적 가정—만토바 종에 대한 언급에서 이미 강조된 것처럼 품종(breed)은 이탈리아어로 라차(razza)다—과 마찬가지로 여기에 나타난 언어는 슈투름의 언어와 동일하다. 급한 성미를 지닌 프랑스 종마를 냉정한 성격의 영국의 '강력하게 고삐 잡힌 말'과 교배하라, 그러면 강한 잡종 전사를 얻게 될 것이다. 하지만 이로 인해 발생하는 국가적 자존심이라는 문제에 대해서는 어떠한 대가를 지불해야 하는가?[80]

79 Shakespeare, *Henry V*, III. v. 5-31, in *The Norton Shakespeare*, New York, 1997.

80 품종의 특징을 기술한 언어에서 유럽산 말은 '냉혈'(cold-blooded)로, 그리고 무어인들이 사용한 아라비아와 바르바리 말은 '온혈'(hot-blooded)로 간주된다. 온혈과 냉혈의 말 사이에 생물학적 차이는 존재하지 않는다. 보다 작은 아라비아와 바르바

이 질문은 대답하기 어려운 주제를 담고 있다. 지금 우리는 말 사육과 관련된 유럽 귀족들의 열정이 그들의 또 다른 경쟁적 믿음, 즉 '피의 순수성'이라는 관념과 함께 검토되어야 한다는 점을 지적하고 있다. 16세기의 남부 스페인에서는 혈통적으로 아라비아와 스페인 종이 교배되어 생겨난 것으로 알려진 안달루시아 말이 사육되었다. 그런데 바로 그 지역에 살던 당시의 사람들은 무슬림과 유대인들이 바로 '피' 때문에 결코 '진정한' 그리스도교도가 될 수 없다고 주장했다. 개종자 페르난도 히메네스(Fernando Jiménez)에게 성직록을 수여하는 것을 막으려고 했을 때, 톨레도의 대주교는 한 명의 말 거래인의 예를 이용해 그리스도교도로서의 히메네스의 혈통을 부인했다. 만약 말 거래인이 '불완전한' 말을 받았다면 설령 자유롭게 처분할 수 있다고 하더라도 그는 그 말을 자신의 사육장에 수용하지 않을 것이라고 적었다. 왜냐하면 자신이 알고 싶어 했던 첫째 사항이 바로 그 동물의 '혈통'(race)이었기 때문이다. 말의 혈통적 오염에 대한 그와 같은 과도한 관심으로 인해 그는 심지어 고귀한 '혈통'(그림 67)이라고 확신할지라도 그 말을 거부해야만 했다.[81]

16세기의 혈통과 품종의 문제와 관련해 우리가 제시하려는 보다 근본적인 가정은, 설령 다른 곳에서 보다 명백하게 검토될 수도 있지만 이 구절에서도 확인할 수 있다. 전통적인 말 사육 이론에 따르면, 재생산적 결합으로 출현하게 된 생산물에 그것의 근본적인 자질을 부여하는 것은 종마 하나다. 셰익스피어의 도팽이 암시하는 것처럼 암말의 성격, 저장소로서 암말의 자궁 상태, 그 외의 지리적 위치, 기후, 영양 상태 등 모든 측면에서의 양육조건들이 결과에 영향을 준다. 하지만 품종과 유형 혹은 혈통

리 말에서 유래한 말은 '따뜻한 피를 가진'(warm-blooded) 것으로 간주되었다. 중세의 전투마에서 기원한 근대의 짐수레 말을 포함한 다른 말들은 모두 "냉혈"이다("Museum of the Horse" website).

81 A. A. Sicroff, *Les Controverses des statuts de "pureté de sang" en Espagne du xve au xviie siècle*, Paris, 1960, p. 101.

은 바로 종마의 품종, 유형, 혈통에 의해 결정된다.[82]

몇몇 '저장소'는 특히 성공적인 인큐베이터를 제공하는 것으로 여겨졌다. 저지대 국가의 품종은 특히 강하고, 견고하고, 다루기 쉬운 것으로 간주되었다. 네덜란드를 차지한 후, 카를 5세는 번식을 위해 플랑드르 지역의 말을 선호했다.[83] 앞에서 언급한 헨리와 네덜란드의 합스부르크 섭정 사이의 씨암말을 둘러싼 협상과 함께 이 점은 홀바인이 그린 클레브의 앤(Anne of Cleves)의 초상화(그림 71), 그리고 1540년 드디어 그녀를 직접 보았을 때 헨리 8세가 했던 다음과 같은 말을 이해하는 새로운 시각을 제공한다. "왕은 그녀가 그녀의 그림과 아주 다르다는 점을 발견했고 …… 그래서 …… 그는 그들이 자신에게 한 마리의 플랑드르 암말을 가져왔다고 단언했다." '미녀가 아닌 번식하는 종'이 그가 의미한 것이었다. 물론 결국 '번식'은 실패했고, 결합은 단지 6개월만 지속되었다. 우리는 여기에서 결혼이 완성되지 못했다는 점을 증명하는 이혼 문서를 심각하게 다룰 필요가 없다. 실제 우리의 현재 논의가 제시하는 것은 완전히 반대 현상이 일어났다는 점이다. 문제는 플랑드르의 암말이 임신에 실패한 것처럼 앤이 자신의 역할을 완수하는 데 무능했다는 사실이다.

여기에서 우리는 초국가적 관계라는 보다 심도 있는 함의에 주목할 수도 있을 것이다. 우리는 말의 품종 개량에 관한 초기의 믿을 만한 자료를 통해 저지대 국가의 말들이야말로 혈통이 '관통하는' '저장소'로서 적합했다는 점을 확인할 수 있다. 실제로도 그랬듯이 이러한 식의 이야기는 동시대의 국가들에 관한 이야기와 놀라울 정도로 유사하다. 16세기 근대 초 유럽인들의 생각과 국가 사이의 위계질서 속에서 저지대 국가는 하나의

82 이 전통은 서러브레드(thoroughbred) 경주마의 계보로 이어져 내려오는데, 이것은 비얼리 튀르크(Byerly Turk), 달리 아라비안(Darley Arabian), 고돌핀 아라비안(Godolphin Arabian)이라는 세 아라비아 종마의 직접적인 후손인가 아닌가에 따라 결정된다.

83 Hyland, *Warhorse*, pp. 2~3.

물산 집산지, 즉 마치 암말처럼 제국의 발전에 중요한 역할을 담당했으면서도 자신 스스로는 세계적인 권력이 되지 못했던 일종의 저장소였기 때문이다.

한 명의 프로테스탄트 개혁가로서 슈투름은 설혹 마지못해서였을지라도, 또 한 명의 데보라(Deborah)가 될 수 있기를 기대했던 여왕 다시 말해 프로테스탄트 유럽의 지도자에게 '기병'에 군사적인 역량을 집중하라고 조언했다. 그리고 그의 이 조언은 미래를 내다본 선견으로 판명되었다. 저지대 국가에 대한 1580년대의 원정 기간 동안에 새로운 경무장 기병을 적절히 사용하는 데 능숙하지 못했던 영국이 펠리페 2세의 스페인 군대에 맞서 서투른 전투를 수행할 수밖에 없었기 때문이다. 그리고 그 결과는 이 작전의 상징적 최저점이었던 1586년 9월의 쥐트펀(Zutphen) 전투에서 유럽 프로테스탄티즘의 수호자이며 백기사였던 필립 시드니(Philip Sydney) 경의 죽음으로 나타났다. 시드니는 자신과 동등한 능력을 보유한 50명의 젊은 귀족 기병들로 구성된 군대에서 영국의 '기병'으로 활동하다가 죽음을 맞이했다. 그의 죽음은 유럽 프로테스탄트들의 희망을 좌절시키는 것이었다. 그들은 자신들이 영국 귀족정 세계의 떠오르는 별로 간주했던 이 젊은이가 영국해협을 경계로 분리되어 있던 칼뱅주의자들 사이에 영속적인 가교를 놓을 것이라고 기대했었다(그림 76).

'기병'은 오늘날의 매우 기동성 있는 탱크에 필적하는 양질의 마력을 필요로 했다. 레스터와 노리스(John Norris)의 원정에 사용된 말은 저지대 국가에서 생산된 것들이었다. 존 노리스 경은 군대의 장비를 마련하기 위해 여러 곳에 자신의 목적에 부합하는 상품을 보러 다녔다. 영국의 시장들을 돌아본 후 그는 이번 경우에는 장비를 갖추지 않은 채 기병들을 파견하고, 그들이 네덜란드에 도착한 후 그곳에서 말과 무기를 구입하는 것이 보다 저렴할 것이라고 월싱엄에게 비공식적으로 추천했다.[84]

84 J. S. Nolan, *Sir John Norreys and the Elizabethan Military World*, Exter, 1997,

38 *Non locus virum, ſed vir locum ornat.*

To the Honorable Sir PHILLIP SIDNEY *Knight, Gouernour of the Garriſon and towne of Vliſsing.*

THE trampinge ſteede, that champes the burniſh'd bitte,
Is mannag'd braue, with ryders for the nones:
But, when the foole vppon his backe doth ſette,
He throwes him downe, and ofte doth bruſe his bones:
His corage feirce, dothe craue a better guide,
And eke ſuch horſe, the foole ſhoulde not beſtride.

Claud. 4. Honor.
By which is ment, that men of iudgement graue,
Of learning, witte, and eeke of conſcience cleare,
In highe eſtate, are fitte theire ſeates to haue,
And to be ſtall'd, in ſacred iuſtice cheare:
Wherein they rule, vnto theire endleſſe fame,
But fooles are foil'd, and throwne out of the ſame.

Horat. 1. Ser. 6.
———magnum hoc ego duco,
Quòd placuit tibi, qui turpi ſecernis honeſtum.

Medio

그림 76 말을 탄 필립 시드니, 제프리 휘트니, 「엠블렘의 선택」 가운데 목판화, London, 1568.

1586년 9월 22일 레스터의 군대는 쥐트펀을 에워싸고, 총병이 배치된 참호를 이용해 도시를 고립시키면서 포위했다. 존 노리스 경은 동쪽 둑을 맡았고, 레스터는 서쪽에서 본진을 지휘했다. 그들의 의도는 파르마의 왕자가 도시에 물자를 재공급할 때, 그를 전장으로 이끌어내는 것이었다. 짙은 안개 속에서 파르마의 왕자가 쥐트펀에 접근했을 때, 레스터는 물자공급 호송단을 공격하기 위해 3백의 기병과 2백의 보병을 노리스와 함께 보냈다. 이때 그는 중요한 교전을 예상하지 못했다. 아무튼 그러는 한편, 레스터 자신은 그 들판을 노리스에게 맡겨둔 채 50명의 강력한 '경기 창병'(light-horse lancer) 혹은 '기병'을 지휘하면서 계속해 들락날락거리며 크

p. 89를 보라.

지 않은 접전을 펼쳐 나갔다.[85] 필립 시드니를 포함한 레스터의 부대가 호송단을 막 소탕했을 때, 안개가 걷히면서 삼천 명의 스페인 군대가 오백 대가 넘는 마차와 함께 그 모습을 드러내기 시작했다. 더욱이 그들 뒤에는 참호에 깊이 몸을 숨긴 스페인의 머스캣 총병들이 전투 태세를 갖추고 있었다. 시드니는 허벅지에 머스캣 탄환을 맞아 상처를 입었다. 비록 작은 부상이었지만, 결국 이로 인한 감염으로 이 상처는 그에게 치명상이 되었다.[86]

---

85 *Ibid.*, pp. 98~99. 놀런은 이 교전 전략의 의미를 완전하게 이해하지 못했다. 그러므로 이 설명은 놀런의 교전에 대한 묘사가 아니다.

86 이 전투에 대한 보다 나은 설명으로는 A. Stewart, *Philip Sidney: A Double Life*, London, 2000을 보라. "레스터는 노리스와 합류하기로 결정하고 50~60명의 병사들과 강을 건넜다. 짙은 안개가 잠시 그들을 방해했지만 그들은 결국 노리스의 진영을 발견했고, 그곳에서 따뜻한 환영을 받았다. 그들에게 알려지지 않았던 후속 군대가 마르케스 델 바스토(Marques del Vasto)의 지휘 아래 이제 그들 가까이로 접근했다. 쥐트펀의 성문에서 갑작스러운 기습을 기대하며 그들이 참호에서 뛰쳐나왔다. 갑자기 안개가 걷혔다. 삼천 명의 보병과 적어도 천오백 마리의 말로 구성된 스페인 군대에 의해 둘러싸인 음식물 마차가 시야에 들어왔다. 다시 생각할 여유가 없었다. 레스터와 그의 군대가 진격했다. 영국 기병들은 스페인 기병들을 책임지면서 멀리 참호 너머 창병들이 줄지어 서 있는 곳까지 밀어붙였다. 스페인 참호에서 머스캣 소총이 영국군을 내쫓았기 때문에 그들은 더 이상 진격할 수 없었다. 급속히 재정비해서 영국군은 다시 돌격했고, 다시 한 번 머스캣 총병이 있는 곳까지 스페인의 군대를 밀어붙였다. 하지만 또다시 그들은 소총 공격에 의해 격퇴되었다. 제임스 박사(Dr James)가 '매우 위대한 사람'으로 평가한 한니발 곤차가(Hannibal Gonzaga) 공은 페로(Perrot)에 의해 치명적인 부상을 당했고, 알바니아 기병을 이끌던 지휘관 조지 그레시아(George Grescia)는 윌러프비에 의해 낙마하여 포로로 잡혔다. 비록 스탠리는 상처를 입지 않았지만 그의 말은 여덟 차례 총상을 입었다. 시드니의 말도 두 번째 공격에서 그의 발밑에서 죽었다. 세 번째 공격이 스페인 기병들을 혼란에 빠뜨렸지만, 다시 한 번 총알이 많은 것을 증명했다. 베르두고(Verdugo)가 쥐트펀 성문에서 이천 명 이상의 군대를 몰고 와 결국 영국군이 강을 넘어 도망치도록 만들 때까지, 약 90분가량 전투가 지속되었다. 영국군의 손실은 22명의 보병과 열둘 혹은 열셋의 기병이었다. 스페인군의 손실은 250~300명으로 추산되었다. 하지만 다시 한 번 이것은 공허한 승리였다. 신나는 전투 이후에 적의 호송단이 간단히 쥐트펀으로 들어갔기 때문이다. 부상자 가운데 한 사람이 바로 필립 시드니 경이었다. 말을 잃은 후에도 당황하지 않고 그는 대체물을 찾고 세 번째 공격 때 스페인 적진으로 돌격했다. 하지만 후퇴할 때 그는 참호에서 발사된 머스캣 탄환을 맞았다. 총알 세 개가 왼쪽 무릎에 박혔고 뼈가 부서졌다"(pp. 311~21).

우리는 문자 그대로 '무의미한 것으로' 폄훼하며, 말의 이미지를 중요하게 취급하지 않아왔다. 여기에서도 또다시 우리의 이러한 경향은 사후에 출현한 성인 열전식의 이야기와 정반대로, 살아생전 시드니의 명성을 이해하는 데 나쁜 영향을 끼친다. 『시를 위한 옹호』(*Apology for Poetry*)의 서두에서 그가 우리에게 상기시키는 것처럼 그는 직업적으로 능력 있는 기병, 다시 말해 유럽의 권력이 매우 특수하고 새로운 형태의 위기의 순간에 직면했던 바로 그 순간에 존재했던 한 명의 전사-영웅이었다.

VI

지금 우리는 이 시기의 개별적인 말들이 지닌 고도의 특수한 성격에 대해서는 심각하게 고려하지 않고 있다. 그 이유 가운데 하나는 말과 관련된 어떤 유형의 재현 방식, 달리 말해 곰브리치와 파노프스키 같은 학자들의 작품을 통해 '고전적 전통'과 연결하도록 배워왔던 그러한 재현 방식에 우리가 매우 친숙하기 때문이다. 로마의 마르쿠스 아우렐리우스 동상에서부터 스포르차 가문을 위해 거대한 말 동상을 제작하려던 야심찬 계획에도 불구하고 결국은 미완에 그쳤던 레오나르도에 이르기까지, 우리는 말과 말에 올라탄 인물을 재현한 기념비적인 작품들에서 초시간적이고 보편적인 권력의 형상을 인식한다고 믿고 있다.[87] 레오나르도의 말에 대한 연구(그림 77)와 고대의 기마상 사이에는 정확한 연결고리가 존재한다. 그리고 이 때문에 우리는 이러한 예술품의 제작에 영향을 끼친 특화된 당대의 '실제' 맥락을 상기해야 할 필요성을 깨닫지 못한 채 그저 개념적으로 고전시

87 르네상스 시대에는 마르쿠스 아우렐리우스의 로마 동상이 콘스탄티누스의 동상으로 여겨졌으며, 궁극적으로 그것의 '소유권'을 둘러싸고 동양과 서양 사이에서 경쟁이 벌어졌다.

그림 77 레오나르도 다 빈치, 스포르차 말 동상을 위한 연구, 1490년경, silver-point on paper, Royal Library, Windsor Castle.

대와 르네상스를 대변하는 전통만을 자신만만하게 확인할 뿐이다.

이제부터 잠시 우리는 근대 초에 어떻게 국제적 교역 상품으로서의 말에 대한 전문 지식과 이해가 커져갔고, 말에 관한 이미지들은 과연 어떻게 발전했는지 살펴보아야 한다. 우리는 말을 일용품으로 부를 수 있다고 믿지 않는다.[88] '말과 권력이 같다'는 식으로 양자를 동일시하는 것은 실제로 동양과 서양 모두에서 나타난 현상이었다. 그리고 이 때문에 15세기와 16세기에 제국을 재현하는 데 그와 같은 생각이 이용되었다는 사실은 많은 함의를 지니게 된다.

88 경제학자들의 주장에 따르면, '상품'(commodity)이라는 용어를 정당하게 사용할 수 있는 경우는 밀이나 구리처럼 문제가 되는 물품(goods)이 동일하거나 교환 가능한 상태로 위탁될 수 있을 때뿐이다. 다른 사치품들처럼 말은 품종과 거명된 동물에 의해 구분되는 개인적 토대 위에서 판매되었다.

그림 78 코스탄초 다 페라라, 말 탄 술탄의 모습을 묘사한 메흐메트 2세의 초상메달(뒷면), 1481년경, bronze. National Gallery of Art, Washington, DC. 그림 10을 참조하라.

가장 성공적으로 권력의 성장을 담아낸 기마 이미지 가운데 몇몇은 실제로는 전혀 대단한 규모로 제작된 것이 아니었다. 오히려 그것들은 우리가 첫째 장에서 15세기와 16세기 초의 초상메달의 뒷면에서 확인할 수 있었던 바로 그러한 이미지들이다. 15세기 전반에 그리스도교 서양 세계와 무슬림 동양 세계가 둘 사이의 통로인 콘스탄티노폴리스에 대한 통제권을 놓고 다투게 되면서 초상메달을 통해 스스로의 모습을 표현했던 경쟁자들은 제국주의적 통제를 가장 크게 반영하던 상징의 소유권을 둘러싸고 경합을 벌이게 되었다. 코스탄초 다 페라라가 제작한 메흐메트 2세의 초상메달(그림 78)은 어떻게 이 위대한 통치자의 초상이 그러한 대상에게도 동일하게 인식될 수 있는 가치와 힘을 서양에서 동양으로 그리고 동양에서 서양으로 부여하는지를 매우 명징하게 보여준다. 더욱이 이 초상은 한 마리의 말을 둘러싸고 도상학적으로 전개된 장면을 묘사한 뒷면의 장면과 결

그림 79 안토니오 피사넬로, 황제 요하네스 8세 팔라이올로구스의 초상메달(뒷면), 1438(그림 8 또한 참조). Staatliche Mussen zu Berlin-Preußischer Kulturbesitz.

합된다. 제1장에서 말했듯이, 메흐메트 메달은 피사넬로의 요하네스 팔라이올로고스 메달(그림 79)의 경우처럼 "확고한 오스만의 예술품이다. 하지만 그것은 강한 유럽의 예술적 전통에 따라 제작되었다".[89]

우리는 초상메달의 유통이, 중요한 도상학적 '의미'가 권력의 이미지로 유통되던 바로 그 경로를 다른 무엇보다 분명하게 뒤밟아간다고 생각한다. 그럼으로써 이미지들의 상징적 효력이 강화되고, 또 우리는 그와 같은 서사적 내러티브와 이미지들을 '초시간적'인 것으로 느끼게 된다. 메달들은 그리스도교 세계를 무슬림 세계로부터, 그리고 유럽을 튀르크로부터 고립시켰다고 간주되던 보이지 않은 이데올로기적 경계를 넘어서고 또 넘어섰다. 오늘날의 우리가 익숙하게 생각하듯이, 소유에 대한 욕구는 경계를 넘어서며 교역은 교황청이든 아니면 다른 곳이든 금지된 모든 곳 속으로 침투한다.

'예술품으로 제작된 말'과 함께 초상메달의 교환은 그것이 모델로 삼았던 그 동물의 교환을 반영한다. 말은 국가의 수장들 사이에서 교환된 전통적인 선물이었다. 특히 아라비아의 말이 선호되었고, 순수한 아라비아

89 이 책의 제1장을 보라.

말을 구하는 데 실패할 경우에는 아라비아 종으로부터 직접적으로 얻어진 안달루시아 혹은 남부 스페인의 말이 인기를 끌었다. 아라곤의 캐서린과 결혼할 때 헨리 8세는 자신의 새로운 장인에게 훌륭한 스페인 종의 말, 좀 더 정확히 말해 한 마리의 스페인산 조랑말, 한 마리의 나폴리산 말, 한 마리의 시칠리아산 말을 신속히 보내달라고 요구했다.

요하네스 팔라이올로고스를 묘사한 피사넬로 메달의 뒷면에 나타난 말은 실제의 삶에서 유래한 것이었다(그림 80). 즉 그것은 요하네스 황제가 피렌체 공의회 기간 동안 사냥에 대한 자신의 열정을 충족했을 때 탔던 바로 그 말이었다. 요하네스 자신 혹은 에스테나 메디치 가문 그 누구의 의뢰로 제작되었는가라는 문제와 상관없이 그 메달은 동양과 서양의 청중 모두에게 하나의 상징으로 읽힐 수 있도록 제작되었다. 아마도 나중에 제작된 메흐메트 메달과 조반니 벤티볼리오(Giovanni Bentivoglio)의 만토바 스페란디오(Sperandio) 메달(그림 81)은 모두 피사넬로뿐만 아니라 팔라이올로고스 메달로부터 직접적인 영향을 받았을 것이다. 제1장에서 보았듯이, 후자의 경우에는 동양과 서양의 그리스도교 권력 사이에서 교환이 이루어졌다.[90] 위엄과 관대한 궁정의 상징으로서 실제로도 말이 그들 사이에서 열정적으로 교환되었다는 사실은 예술의 형태로 표현된 그와 같은 공적 진술이 세계적인 중요성을 지니고 있었다는 울림과 주장을 강화할 뿐이다.

90 하지만 이 메달의 양면은 모두 동양의 비(非)그리스도교적·이국적 이미지로 복제되기에 충분했다. 우리가 제1장에서 지적했듯이, 후대의 그림에서 요하네스의 두상 윤곽이 오스만 혹은 맘루크 술탄의 모습을 종종 대신하곤 했다.

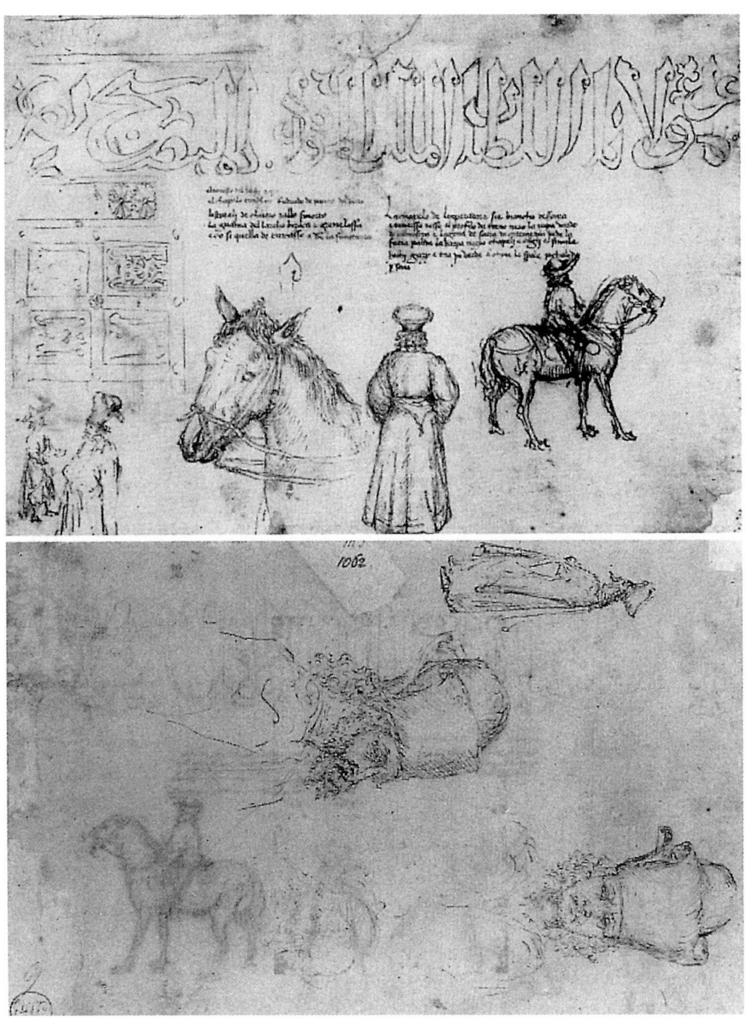

그림 80 안토니오 피사넬로, 요하네스 팔라이올로고스 메달 뒷면(그림 70)을 제작하기 위해 사전에 스케치한 말 그림, 1438년경, ink on paper. Musée du Louvre, Paris.

VII

근대 초의 세계에서는 제국의 권력을 시각적이고 조형적인 이미지를 통해 표현하면서 말에 관한 한 실제의 사물과 그것이 재현된 대상물 사이에

그림 81 만토바의 스페란디오, 조반니 벤티볼리오의 초상메달(앞면과 말을 탄 그의 모습을 표현한 뒷면), 1480년경, lead. University of Art Museum, University of California at Santa Barbara.

서 그 의미를 놓고 경합이 벌어졌고, 또 그러면서 둘은 서로서로 수렴하고 있었다. 이것이 바로 지금 우리의 주장이다. 말들이 더욱더 '사실적으로 재현될수록', 달리 말해 발끈 성이 난 순간 말 탄 기사에 의해 통제되는 모습으로 말의 모습이 설득력 있게 포착될 경우에 우리는 더욱더 우리의 반응이 '자연적'이고 당연한 것이라고 확신하게 된다. 고귀한 사람이 통제하는 실제 동물은 앞발을 들고 선 말에 올라타 있는 제국의 권위 있는 인물을 환상적이면서도 가끔은 알레고리적으로 재현한 것과 같은 것으로 생각되곤 한다. 스포르차 기념비를 제작하기 위해 레오나르도가 그린 디자인(그림 82)에서 시각적으로 강조된 것처럼 이런 식으로 재현된 인물은 이상화된 적을 무찌르는 모습으로 표현된다.

지금 우리는, 우리가 검토하는 이 시기 동안 이러한 기마 이미지들이 제작되고 그들의 의미가 조작되는 과정이 주의 깊게 창안된 것이라는 점을 독자들이 이해할 수 있기를 희망한다. 이러한 시각에서 볼 때, 한 뛰어난 예술가가 제작한 기마 이미지를 비교해보는 것은 흥미로운 일일 것이다. 우리는 보는 사람의 입장에서 그것이 서로 다른 반응을 가져올 수도 있으리라고 생각한다.

프랑수아 1세의 치세 말기인 1540년대에 궁정화가였던 프랑수아 클

그림 82 레오나르도 다 빈치, 스포르차 기마상을 위한 연구, 1488~90년경, metalpoint on paper. Royal Library, Windsor Castle.

루에(François Clouet)는 작은 판넬에 말을 타고 있는 왕의 모습을 재현한 초상화를 그렸다(그림 73). 프랑수아가 마리냐노(Marignano) 전투에서 거둔 군사적 승리가 가져온 제국의 위엄을 보여주는 이미지로서 이 작품은 1517년 그의 루앙(Rouen) 입성을 기념하기 위한 장식물로 한동안 기능했다. 그럼에도 불구하고 그와 같은 기마상 이미지는 이제까지 제작되지 않았던 새로운 것이었다. 재닛 콕스-리어릭(Janet Cox-Rearick)은 설득력 있게 이 초상화를 블루아의 중앙 현관 위에 있는 루이 12세의 기마상과 연결해 논의한다. 그곳에서 기사-왕(roi-chevalier)의 이미지는 왕실의 문장(fleur-de-lis)으로 장식된 푸른색 배경 뒤에 놓였다.[91] 클루에의 그림에 나타난 배경 역시 밝은 푸른색이다. 노년의 군주에서 기사-왕이라는 아이콘

91 Cox-Rearick, *The Collection of Francis* I, p. 19.

으로 변신한 프랑수아는 보석을 휘감은 채 무장한 모습으로 등장하고 있으며, 이 때문에 이렇게 정교한 장식의 과정 속에서 말에 탄 프랑수아와 그의 말을 구분하는 것은 실제로 거의 불가능해진다. 콕스-리어릭의 지적처럼 말은 왕만큼이나 '허세를 부리는 형식적인' 모습으로 표현되어 있으며, 따라서 '그 자체로 일종의 왕의 아이콘'이 된다. 정교하고 장식적인 마구들은 1520년대 클루에 부자 — 장 클루에와 프랑수아 클루에 — 가 그린 국가의 공식 초상화에 나타난 프랑수아의 개인적인 상징물, 즉 왕의 의복을 장식하던 열여섯 매듭과 같은 특징을 보여준다.[92]

여기에서 우리가 주장하려는 바는 말에 탄 사람을 도상학적 의미가 부가된 하나의 상징으로 이해해야 한다는 점이다. 즉 그것은 루이 12세에 대한 암시, 장식적인 궁정의 우아함, 그리고 젊은 모습으로 정교하게 표현된 노년의 왕에 대한 상징이다.[93] 실제로도 프랑수아는 훌륭한 기사라는 명성을 누리고 있었다. 포로로 잡혔던 치욕적인 파비아 전투에 관한 이야기에서도, 통풍에 걸려 고생하던 황제 카를 5세가 두 차례나 낙마한 것과 반대로 프랑수아는 용감하게 말 탄 기사로 등장한다. 벤베누토 첼리니의 프랑수아 1세 메달의 뒷면(그림 17)은 설령 알레고리적인 형상이라고 해도, 바로 그러한 숙련된 기사의 모습을 표현하고 있다. 손에 들고 뒤로 넘기면서 메달을 보고 있는 사람에 관해 우리가 제1장에서 논의한 바를 고려해 보자. 그렇다면 여기에서는 프랑수아와 앞발을 들고 선 말을 탄 기사의 이미지가 하나로 합쳐지고 있으며, 그와 달리 '운명에 대한 덕의 승리'라는 희망과 프랑스의 왕은 생략되고 있다.[94]

---

92 앞에서 논의한 것처럼 오르소의 앨범에 '만토바의 경주마'라는 제목으로 등장하고 있으며, 이 책의 그림 64에 제시된 말의 그림은 클루에 그림에서 직접 유래한 것으로 보인다. 이 점은 그림에 나타난 아이콘적 성격에도 불구하고, 이 그림을 본 당대 사람들에게는 프랑수아의 말이 여전히 '실제' 만토바 말로 인식되었음을 암시한다.

93 이를 로이 스트롱이 *The Cult of Elizabeth*, London, 1977에서 주장하는 영국 엘리자베스 1세의 후대 초상화가 지니는 아이콘적 지위와 비교하라.

94 이 책의 제1장을 보라.

그림 83 대 술레이만을 표현한 카를 5세의 메달, 1530년경, bronze. British Museum, London.

하지만 우리가 거듭 강조해왔듯이, 국제적인 경쟁의 장에서 프랑수아 1세의 정치적 지위는 상대적으로 미약했고, 이는 곧 상징적인 문화적 힘에 대한 그의 주장이 그다지 커다란 설득력을 지니지 못했다는 점을 의미했다. 아마도 오스만의 술탄 술레이만(그림 83)이라는 드러나지 않은 인물을 제외한다면, 주도적인 제국의 상징으로 스스로를 드높이려던 카를 5세에게는 그 어떤 것도 제약이 되지 못했을 것이다.

우리는 말에 초점을 맞추어 제국의 권력을 시각적으로 재현한 16세기의 작품 가운데 가장 오래도록 우리의 시선을 사로잡고 있는 한 작품을 검토하면서 우리 논의의 마지막에 다가가고자 한다. 그것은 티치아노의 「뮐베르크 전투에서의 카를 5세」(Charles V at the Battle of Mühlberg)(그림 74)다. 우리는 이 그림이 지금까지 우리가 논의해온 계통에 직접적으로 닿아 있는 작품이라고 생각한다. 그리고 우리의 생각으로는, 지금까지 우리가 논의해온 문화적 재현에 나타난 말 자체 그리고 그것과 결합된 동양과 서양의 상징적 교역에 대한 섬세한 감각이 부족했기 때문에 오늘날 이와 같은 그림을 이해하고 '읽고' 해석하는 능력이 훼손되고 있다.

중요한 군사적·정치적 승리를 고차원적인 예술의 형태로 기념하고 있다는 점에서 이 그림은 전형적인 합스부르크의 작품이다. 진정한 가톨릭의 수호자임을 자임하던 카를에게 헤스의 필립(Philip of Hesse)이 이끌던 루터파 프로테스탄트군을 무찌른 뮬베르크 전투는 결정적인 승리를 의미하는 사건이었다. 우리는 티치아노의 그림 역시 우리가 지금까지 묘사해온 기마상의 재현에 나타났던 실제와 상징 사이의 '결합'을 보여주는 놀라운 예라고 생각한다. 그것은 우리로 하여금 그 속으로 되돌아가 더 이상 우리가 즉시 이해할 수 없는 사악한 모습을 권력의 실체로 해석하도록 요구하고 있다.

그림 속에서 카를 5세가 타고 있는 말은 안달루시아산 말로 확인될 수 있는 실제 그의 말이다(그림 84). 이것은 아라비아와 유럽 '혈통' 사이의 스페인 유형의 교배라는 아주 부러워할 만한 예다.[95] 당대의 자료에 따르면, 말과 말에 탄 사람은 모두 전투 당시와 똑같은 복식을 하고 있다.[96] 전장에서 카를은 혁대에 권총을 차고 있는 '근대적인' 병사의 모습을 갖추고 있었다. 이 때문에 비록 분명 카를이 마르쿠스 아우렐리우스나 콘스탄티누스의 동상처럼 권력을 상징하는 고대의 원형들에 호소했을지라도, 아마도 누군가는 혼란을 느끼며 그를 전투 중인 '사실적인' 군인으로 간주할 수도 있을 것이다.[97]

이와 동시에 '실제' 전투 상황을 묘사하고 있는 한, 이 그림은 합스부르

---

95 만약 '품종'(breed)에 반대되는 '혈통'(race)으로의 이러한 전환이 견강부회처럼 보인다면 Carlo Cavriani, "Le razze Gonzaghesche di cavalli nel mantovano e la lora influenza sul puro sangue inglese", Rassegna contemporanea 2, 1909와 같은 2차 문헌에 암시된 논점을 참조하라.

96 Luis de Avila y Zuñiga, reprinted in F. Checa, *Tiziano y la Monarquia Hispanica*, Madrid, 1994, p. 40에 나타난 당대의 전투에 관한 설명을 보라. 이 문헌을 알려준 존 엘리엇(John Elliott)에게 우리는 깊은 감사의 뜻을 전한다.

97 이 전투를 표현한 다른 이미지와 비교하면서 우리는 이 그림에서 카를의 갑옷과 무기가 얼마나 정확히 재현되었는지를 알 수 있게 된다. 그럼에도 불구하고 '잔인함', 즉 권총과 '기병'들과 연관된 아마도 신뢰할 수 없고 비밀스러운 이미지와 그림의 제국주의적 도상학 사이에는 하나의 긴장이 존재한다.

그림 84 필리포 오르소, 「스페인산 말」(스페인 혹은 안달루시아 말), 1554년경, pen, ink and wash on paper. Victoria & Albert Museum, London.

크의 권력과 로마 교회의 원조를 널리 홍보하는 승리의 작품으로도 볼 수 있다. 교황청에서 뮐베르크 원정을 재정적으로 지원했기 때문이다. 이러한 모습으로 볼 때, 말과 말에 탄 사람은 다시 본래의 초시간적인 '유형'으로 되돌아간다.[98] 두말할 나위 없이 이것은 작품의 구성을 위해 티치아노의 입장에서 사려 깊고 세심하게 창출한 효과였다. 뮐베르크 전투에 대한 당대 아빌라(Avila)의 설명은 이미 엘베강을 건너는 카를의 모습을 루비콘강을 건너는 카이사르와 도상학적으로 연결하고 있다. 또한 아빌라는 카

98 카를을 '그리스도교 전사'의 상징으로 표현한 스페인 문학작품의 예로는 F. Checa, *Tiziano*, pp. 39~42와 *Felipe II, Un Monarca y su Epoca: Un Principe del Renacimento*, exh. cat., Museo del Prado, Madrid, 1998, p. 285를 보라.

를로 하여금 스키피오의 진술을 상기하도록 만들었으며, 결국은 카이사르의 "왔노라, 보았노라, 이겼노라"라는 말을 그리스도교적 목적에서 카를이 했던 "왔노라, 보았노라, 그리고 신이 이겼노라"라는 말과 비교하는 데까지 이르렀다.

회화작품의 구성에 주목하여 논의하는 미술사가들은 주로 그것과 로마의 관련성, 즉 회화에 명시적으로 드러나는 휴머니즘적인 상징주의에만 과도하게 주목해왔다. 어느 정도 호의적으로 이야기하자면, 이러한 접근은 신성로마 교회라는 이름으로 합스부르크의 제국 군대가 독일의 프로테스탄트 동맹을 무자비하게 격퇴한 것에 정당성을 부여하기도 한다. 하지만 그와 마찬가지로 분명하게 이러한 접근은 이 작품을 통해 아레티노가 의도했던 계획을 이해하지 못하도록 만드는 것도 사실이다. 그에 따르면, 카를은 전장에서 자신이 지니고 있던 무기를 통해 그리고 자신이 실제 타던 말에 올라앉아 있는 모습으로 묘사되어야 했다. 그리고 그에게 정복된 사람들은 그의 말발굽 아래에 짓밟히고 있는 모습으로 나타나게 되고, 이와 나란히 알레고리를 통해 의인화된 두 여성인 종교(Religion)와 명예(Fame)가 다음과 같이 등장하게 된다. 즉 "말과 말에 탄 사람과 보조를 맞추면서 도보로 그리고 움직이면서 …… '종교'는 손에 십자가와 성찬식 성배를 쥐고 하늘을 가리키고 있으며, 날개와 트럼펫을 지닌 '명예'는 그에게 이 세상을 준다."[99]

하지만 티치아노의 카를 5세 기마초상에 대한 최근의 X-레이 투시도(그림 85)는 그림을 제작하는 과정에서 말과 말에 탄 사람의 모습이 의미 있게 변화했음을 보여준다. 본래 말은 아레티노가 제안한 대로 앞발을 들고 있는 실제의 모습, 즉 관례대로 불신자들을 말발굽 아래에 짓밟고 있는 고전적인 구도에 따라 배치되었다.[100] 무슬림과 프로테스탄트는 16세기 중반

99 아레티노는 티치아노에게 보낸 편지에서 그렇게 조언했다. Checa, *Tiziano*, p. 42를 보라.

그림 85 티치아노의 「뮐베르크 전투에서의 카를 5세」(그림 74)의 X-레이 투시.

유럽의 도상학적 전통에서 믿음 없는 사람으로, 불신자로, 그리고 필요에 따라서는 인종적 유형과 민족성을 대체하는 '이교도'와 다름없는 대상이 되었다. 여기에서 티치아노는 창을 들고 실제 전투에서 말을 타고 있는 '그리스도교 군주'의 모습으로 카를을 표현하기 위해 기마상의 이미지를 조절했고, 다른 한편으로는 안정된 걸음걸이의 자세를 취하고 있는 모습으로

100 이에 대한 보다 분명한 해설로는 Strong, *Art and Power*, p. 86, illus. 61을 보라. 카를 5세의 개선문에 관해 논의하면서 스트롱은 다음과 같이 적는다. [이와 같은] "태도는 시에나와 피렌체에서 가장 중요한 제국의 이미지, 즉 기마상이 도입되었다는 데에서 전형적으로 확인할 수 있다. 이것은 고대에는 황제 자신만을 위한 영예였다. …… 1541년 그 주제는, 줄리오 로마노가 카를의 말발굽 아래에 쓰러져 있는 한 명의 무어인, 한 명의 붉은 인도인 그리고 한 명의 튀르크인의 모습으로 디자인한 밀라노의 아치에 카를이 입성할 때 반복되었다. 한편 마지막 모습은 뮐베르크 전투(1547)에서 루터파를 물리친 것을 기념하기 위해 티치아노가 그린 위대한 캔버스화에 나타난다."

그의 말을 재현했다.[101]

피상적으로 이 시점의 스페인의 입장에서 볼 때, 이러한 변화는 절제된 그리고 아마도 보다 사려 깊은 통치의 모습을 암시하는 것일 수도 있다. 우리가 보아온 것처럼 이 전투에 대한 당대의 설명이 강조한 것은 카이사르의 루비콘강 도하와 카를의 엘베강 도하에 대한 명시적이고 상징적인 비교였다. 뒤이은 여러 해설가들 역시 티치아노의 그림에서 정확히 카를이 의도했던 것이 바로 그 점이라고 주장해왔다. 하지만 만약 우리가 티치아노가 그린 말과 말에 탄 사람을 당대에 그 전투와 관련되어 제작된 판화와 비교하면, 목판화에서 강에 빠져 건너려 애쓰는 말과 말 탄 사람들이 실제로 겪었던 고투와 달리, 티치아노가 그린 말과 기사의 모습이 얼마나 담담하고 초연하며 또 말의 자세와 말에 탄 사람의 시선이 얼마나 영속적인지가 명백해진다.[102]

그렇다면 우리가 이번 장에서 계속 그래왔듯이, 말에 탄 사람과 그의 말에 계속 충실하게 주의를 기울여보자. 동시대의 문헌 자료가 강조하듯이, 살아 있던 당시의 모습 그대로 그려진 황제의 말은 '황금양털훈장의 기사이자 황제의 수석 시종인 리 경(monsieur de Ri)이 황제에게 선물로 바친 짙은 밤색 스페인 말'이었다.[103] 그렇다면 여기에 나타난 것은 제국주의

101 이 작품에 대한 스페인의 주석가들은 루비콘강을 건너는 카이사르를 상기시키면서 이 그림이 '엘베강을 건너는' 카를을 재현한다고 주장한다. 하지만 강에 대한 어떠한 상징도, 그리고 강을 건너기에 적합한 말의 자세나 걸음걸이도 여기에 나타나지 않는다. 뮐베르크 전투에 관한 동시대의 판화를 이와 비교할 수 있는데, 그곳에서 우리는 강물을 헤치고 나아가면서 고통스러워하는 말의 모습을 분명하게 볼 수 있다. Checa, *Tiziano*, pp. 40~46을 보라.

102 재생산된 에네아 비코(Enea Vico)의 목판화에 대해서는 Checa, *Tiziano*, p. 43을 보라. 또한 「스폴레토 전투」(Battle of Spoleto, 1537년경)를 제작하기 위해 티치아노가 분필로 그린 밑그림을 보라. 이 그림은 강을 건너는 기병 사이의 교전을 보여준다. 여기에서도 역시 세밀히 관찰된 말의 자세는 「뮐베르크 전투에서의 카를 5세」에 나타난 모습과 전혀 닮아 보이지 않는다(P. F. Brown, *The Renaissance in Venice*, London, 1997, p. 73에서 인용).

103 Checa, *Tiziano*, p. 40. "황제는 투손(Tuson)의 기사이자 수석 시종인 리 경으로

적 지배에 대한 휴머니즘적 혹은 상징적 재현이라기보다 '실제적'인 재현이다. 근대 초의 세계에서 말의 교배가 수렴되는 통합적인 모습이 이 스페인의 군주가 냉철하게 통제하는 짙은 갈색 안달루시아 말이라는 대상을 통해 드러난다. 아라비아 말의 뜨거운 피는 스페인 토착종의 피와 혼합되면서 길들여지고 통제된다.[104] 격퇴된 불신자들의 모습이 말발굽 아래로부터 사라져버렸지만, 제국 스페인의 잠재적 힘은 여전히 거기에 존재하고 있다. 합스부르크 지휘관의 뒤꿈치 아래에서 프로테스탄트 유럽과 무슬림 동양 세계가 격퇴되고, 이와 함께 그들의 희망과 열망도 분쇄된다. 동쪽으로 그리고 서쪽으로, 근대 초의 지구촌 공동체에 함께 살아가던 무슬림과 유대인, 그리고 루터교도들에게 공히 유통되었던 이 이미지와 그것이 담고 있는 위압은 자극적이면서도 또 분명한 것이었다.[105]

티치아노의 강력하지만 혼란스러운 그림에 대한 우리의 새로운 읽기는, 만약 우리가 이 연구의 틀을 잡기 위해 집중해왔던 두 대상, 즉 초상메달과 태피스트리와의 관계 속에 이 그림을 위치시켜 살펴본다면 궁극적인 확증에 도달하게 될 것이다.

부터 밤색 스페인산 말을 선물로 받았다. 그는 금장식을 한 심홍색 우단 말 옷과 금빛 무기를 지니고 있었으며, 금빛 줄무늬가 있는 심홍색 호박직의 넓은 띠, 그리고 독일풍의 투구와 양말, 심지어 손에 쥔 투창 말고는 아무것도 지니지 않았다."

104 엘리엇 교수가 우리에게 제시한 것처럼 만약 리의 선물이었던 그 말이 네덜란드에서 왔다면, 박차를 단 카를의 발뒤꿈치 아래에 나타난 말에는 또 다른 정복지들이 상징적으로 포함되어 있는 셈이다.

105 티치아노는 황제를 그리기 위해, 카를이 유럽의 정치적·교리적 상황을 논의하기 위해 1548년 제국의회(Diet)를 소집했던 아우크스부르크로 갔다. 형식에 구애받지 않고 카를에게 접근하는 것이 가능하도록 티치아노가 황제의 지근거리에 거처를 마련했던 것으로 보인다. 그러므로 우리는 이 고도의 선전적인 작품이 그리스도교 세계를 지배하고 이슬람과 프로테스탄트 군대의 공격을 막아냈던 강력한 힘을 어떻게 하면 가장 잘 재현할 수 있을 것인가에 관한 황제 자신의 생각과 조화를 이루며 구성되었을 것이라고 상상할 수 있다. 완성된 그림은 곧장 저지대 국가에서 카를의 섭정인 헝가리의 메리에게로 보내졌다. 그곳에서 낯선 이교도를 제압하는 그림의 제국주의적 메시지는 그곳을 지배하던 합스부르크 권력의 이미지와 완전히 부합했다. *Felipe II, Un Monarca y su Epoca*, pp. 282~84를 보라.

그림 86, 87 조반니 베르나르디를 모방한 카를 5세의 초상메달(앞면과 뒷면), 1548년경, silver. Kunsthistorisches Museum, Vienna.

1548년 티치아노가 초상화를 완성한 직후에 카를 5세를 기념하기 위한 초상메달이 주조되었다(그림 86, 87). 이 커다란 은메달의 앞면에는 갑옷을 입고 황금깃털훈장을 착용하고 있는 황제의 흉상이 조각되어 있다. 여기에 나타난 그의 두상은 티치아노의 「뮐베르크 전투에서의 카를 5세」를 연상시킨다. 하지만 뒷면은 앞발을 든 말발굽 아래에 쓰러진 병사들과 함께 튀니스 항구의 윤곽과 오스만과 합스부르크 기병 사이의 소규모 전투를 표현하고 있다. 카를의 튀니스 정복 — 이는 불신자 튀르크에 대한 원정을 꼼꼼히 기록하고 있는 태피스트리에 생생하게 포착되어 있다 — 이 있은 지 30년 후에, 이제 티치아노의 초상화에 묘사된 프로테스탄트에게서 거둔 카를의 뮐베르크에서의 승리와 연작 「튀니스 정복」에 시각적으로 묘사된 황제의 초기 튀니스 정복이 이 메달에서 다시 결합된 셈이다.[106]

6년 후 펠리페와 메리 튜더의 결혼에 맞추어 전시되었던 태피스트리와 마찬가지로, 이 메달은 영토적·종교적 맥락으로 그리고 최종적으로는 세계적 규모로 투사된 합스부르크의 정복이라는 무서운 이미지 속에 불신자 프로테스탄트와 튀르크인들을 하나로 결합한다.

106 혼은 카를의 튀니스에서의 승리를 기념하는 또 다른 초기의 메달에도 역시 터키의 해적 바르바로사(the Turkish corsair Barbarossa)로 생각되는 굴복한 포로를 밟고 있는 황제의 모습이 초상화로 그려져 있다고 언급한다(*Vermeyen*, vol. I, p. 324, n. 306). 티치아노의 마상 초상화에서처럼 굴복이라는 시각적 이미지가 여기에서도 명확히 만들어졌다. 한편 이와 비교할 때 티치아노는 보다 과장된 이미지를 제공한다.

우리는 르네상스 시대의 예술품들이 본질적으로 동양과의 강력한 연관관계를 함축하고 있다고 주장해왔다. 하지만 지금의 우리에게 이러한 연관성이 끼친 영향력은 별반 남아 있지 않다. 르네상스 예술의 내용과 형식은 모두 인식과 발전이라는 차원에서 두 방향의 전개과정을 반영하고 있었으며, 그 속에서 우리가 동양과 서양이라고 불렀던 세계는 각자의 역할을 담당하고 있었다. 오늘날에는 유행과 기호를 두고 벌어지는 상업적 경쟁이라는 시대적 압력 그리고 예술적 유산을 형성하는 시장의 영향력 등이 보다 널리 인식되기 시작하고 있다. 여기에서 한 걸음 더 나아가 우리는 기업가적 경쟁이 한 방향으로 이루어지는 것이 아니며, 또한 전적으로 수동적인 다른 쪽의 파트너를 가지는 것만이 아니라는 점을 지적하고자 한다. 만약 15세기 말에 오스만 제국이 자신과 동등한 지위를 지니고 있던 합스부르크 가문과 만났고, 또 각각의 제국이 상대방의 힘을 알고 있었다는 점을 깨닫는다면, 당시의 서양 예술은 동쪽에 자리하던 유럽의 교역 파트너들이 생산한 예술품에 대한 사려 깊은 대응을 통해 생겨난 것으로 이해되어야 한다.

우리는 미술사가나 문화사가들에게 그들의 사고방식에 변화가 필요하다는 경종을 울리고 있다. 이를 위한 토대는 최근 유럽이 자기 자신을 새롭게 이해하기 시작한 변화 속에서 이미 마련되고 있다. 지난 20여 년간 점차적으로 유럽적 비전의 경계선 안으로 동양이 다시 들어오기 시작하고 있다. 지구촌에 관해 계속해서 운위하는 시대에 우리가 발굴해온 문화적 의미가 다시 부각되고 있는 것이다.

「종, 계급, 성」(Race Class Sex)이라는 제목으로 마크 월링거(Mark Wallinger)가 그린 네 마리 말의 이미지(그림 75)는 아주 호소력 넘치게 우리가 이번 장에서 검토해온 숨겨진 의미와 맞닿아 있다. 완벽할 정도의 사실적인 묘사는 아주 자극적으로 제시된 순수성, 혈통, 성, 그리고 지위라는 개념과 맞지 않는다. 오히려 제목이 바로 그것들을 떠올리게 하는 촉매다. 놀라운 점은 월링거가 그린 말들이 우리가 전개해온 이야기를 과연 어느 정도까지 완전히 이해하는 것처럼 보이는가 하는 점이다. 즉 순종말에 대한 평가 혹은 종과 번식의 미학이 함의하는 것에 관해 그가 얼마나 알고 있는가 하는 점이다. 왜 우리는 그렇게 깜짝 놀라게 되는가? 예를 들어 우리가 한 차례 이상 그래왔듯이, 오늘날 경주에 열광하는 사람들에게 주목해보라. 그렇다면 동양 순종말의 혈통, 이국적인 소유자들, 상업적 동기 부여, 그리고 국가와 인종 사이의 강한 경쟁 등이 이 스포츠로 사람들을 유인하는 감각적인 혼합물이라는 점이 이내 분명해질 것이다. 훌륭하고 값비싼 말에 관한 한 우리는 이러한 요인들이 그것들의 '아름다움'과 '성능'을 결정하는 데 중요한 역할을 담당한다고 분명히 이해할 수 있다.

동양과의 일련의 관계를 새롭게 다시 논의하고, 또 동·서양의 이해와 협력을 위한 미래의 가능성을 탐색하고 있는 오늘날의 시점에서 우리는 지금 우리가 목격하고 있는 현재의 상황이 두 세계 사이의 첫 번째 문화적 접촉이 아니라는 점을 이해하는 것이 중요하다고 믿는다. 아무리 긍정적일지라도, 이웃 동양에 관한 우리의 몇몇 이야기에는 하나의 위험이 도사리고 있다. 그것은 우리가 문화의 교역에서 분명한 상위의 파트너로서 동양이라는 이웃에 다가간다는 점이다. 궁극적으로 여기에는 유럽의 문명이 야만인들에게 혜택을 줄 것이라는 생각이 내포되어 있다.

우리는 15세기와 16세기에는 동양과 서양이 훨씬 더 동등한 조건에서 만났다는 점을 제시해왔다. 실제로 우리의 이야기가 시작된 1430년대에 가장 지속적인 영향력을 지닌 상징과 이미지들을 유럽에 제공한 곳은 동양이었다. 뒤이은 세기에 걸쳐 동양은 강하고 건설적인 경쟁 속에서 서양을 만났고, 그로부터 근대의 문화적 통화 내에서 가장 친숙하고 또 아마도 위안을 주는 많은 요인들이 파생되었다. 하지만 보스니아와 코소보 사태 같은 가장 명백한 최근의 사례에서 볼 수 있듯이, 역사적으로는 동양과 서양의 문화, 정신 구조, 그리고 삶의 방식이 뒤섞여 있었다는 점이 재발견되면서 오히려 거칠고 부르크하르트적인 인종적 본질주의라는 비극이 초래되었다.

동양과 서양의 언어를 의미 깊은 유럽의 문화로 직조했던 공유된 역사를 발견하는 것이 유럽 문명에서 야만적인 타자를 '청소'하라는 낭랑한 요구로 귀결되어서는 안 된다. 그것은 진실이 아니다. 오히려 그것은 짧은 기간 동안 존재했던 비행에 지나지 않는다. 우리가 이 연구의 시작 부분에서 보여주었듯이, 그것은 특정한 역사적 순간에 특정한 마음의 상태로부터 발생한 것이라고 추적될 수 있다. 아마도 우리는 이를 광신적 편견이라기보다 부주의한 순간이라고 특징지을 수 있을 것이다. 우리가 공유하고 있는 역사는 미래의 풍요로운 협력과 논쟁의 가능성으로 충만한 문화적 환경 속에서 지금 우리가 살고 있다고 가르친다. 결론적으로 이 점이야말로 저자로서 우리가 이 책을 통해 독자들이 배우게 되기를 바라는 교훈이다.

옮긴이의 말

책 읽기의 즐거움이 한갓진 치기로 폄훼되는 세상에 설렘과 두려움이 뒤섞인 어줍은 마음으로 또 하나의 책을 내놓는다. 내가 이 책 『글로벌 르네상스』(원제: *Global Interests, Renaissance Art between East and West*)를 처음 접하고 언젠가 기회가 된다면 우리말로 옮기고 싶다는 생각을 처음 갖게 된 것도 벌써 10여 년이 훌쩍 지난 오래전의 일이다. 당시 이 책을 읽으면서 나는 르네상스를 읽는 신선하고 흥미로운 시선을 발견했을 뿐만 아니라 이른바 지구촌을 운위하는 오늘날의 세계를 되돌아보는 유익한 기회 또한 얻었다. 한참의 시간이 흐른 지금 이 순간까지도 여전히 내게는 그때의 낯설면서도 소중했던 느낌이 잔잔한 여운처럼 남아 있다. 번역이라는 무모한 작업으로 또다시 나를 이끈 것은 아마도 나의 이 경험을 다른 누군가와도 나누고 싶다는 작은 바람이었을 것이다. 이 책이 안내하는 '낯선' 르네상스 세계로의 여행을 통해 내가 만끽했던 즐거움을 독자들도 함께할 수 있다면, 지난여름 코로나19를 핑계 삼아 작은 연구실에 틀어박혀 이 책과 씨름했던 내 시간도 의미 있는 기억으로 남으리라 믿는다.

우리에게 르네상스는 새로운 시대의 여명으로 각인되어왔다. 마치 어둡고 침침한 긴 터널을 지나온 한 운전자가 그 끝에서 맛보게 되는 강렬한

눈부심처럼 유럽의 역사를 더욱 찬란하게 비추는 어둠의 끝이요 밝음의 시작으로 이해되어온 것이다. 그러나 그러한 도식적인 시각으로는 르네상스를 온전히 갈음할 수 없다. 또한 그와 같은 무의식적인 생각 탓에 르네상스의 여러 중요한 측면이 사장되어왔다는 것도 이제는 더 이상 부인할 수 없어 보인다. 그러한 까닭에 연구자로서의 내게 르네상스는 천덕구니로 다가올 때가 제법 적지 않았다. 내가 리사 자딘(Lisa Jardine)과 제리 브로턴(Jerry Brotton)의 이 책을 처음 만난 것도 이 '뜨거운 감자'를 어떻게 내 손에 꼭 쥘 수 있을까라는 고민이 한층 더해갈 무렵이었다. 나는 동·서양을 넘나들며 그동안 간과되어온 예술품의 제작과 순환을 검토하는 그들의 논의 속에서 르네상스의 또 다른, 하지만 매우 중요한 측면을 발견하게 되었다. 그것은 '근대 유럽의 첫아이'로 이해되던 전통적인 르네상스 개념으로는 설명할 수 없는 것이었다.

주지하다시피 19세기의 역사가 야코프 부르크하르트(Jacob Burckhardt) 이래, 서양의 역사학 전통에서 르네상스는 오늘날 유럽 문명의 본질이 발현한 시원적 순간으로 간주되었고, 또 그렇기에 그것에서 시작한 문명 개념은 유럽인들을 지구촌 곳곳의 다른 세계 사람들과 구별하는 기준으로 자리매김했다. 한마디로 말해 우리가 알고 배워왔던 르네상스는 유럽적 현상이요 유럽적 문화이며, 또한 유럽적 세계관의 표출이었던 셈이다. 하지만 이 책에서 자딘과 브로턴은 그와 같은 고정되고 편협한 시각을 교정할 것을 준엄히 제안한다. 그들이 흥미롭게 검토하는 예술품들은 전통적으로 유럽으로 알려져 온 세계의 경계선을 넘어 유통하고 순환되었으며, 더 나아가 동양과 서양 두 세계의 공유된 관심 속에서 또 간혹은 지극히 동양적 기원 속에서 제작된 것들이었기 때문이다. 르네상스 문화가 세계적 — 이 책의 표현을 빌려 좀 더 정확히 말하자면, 글로벌 — 인 현상이었다는 점을 강변하며, 이 책은 우리로 하여금 르네상스를 온전히 이해하기 위해서는 다른 무엇보다 유럽이라는 경계를 넘어서야 한다는 점을 일깨워준다.

근래 우리 사회의 중심 화두 가운데 하나는 세계화 혹은 지구화다. 경제적 통합과 상호 의존, 근대적 국경 개념을 무색케 만드는 정보 통신의 발전, 국적과 인종을 초월한 인적·물적 교류 등이 우리가 사는 이 세계를 모두가 함께 숨 쉬고 생활하는 하나의 공간으로 만들고 있기 때문이다. 이러한 상황 속에서 이제 우리는 서로 다른 지역과 문명 사이의 융화를 거스를 수 없는 시대의 요구로 받아들이고 있다. 하지만 자딘과 브로턴은 이러한 시대상이 단지 우리 시대만을 특징짓는 새로운 현상이 아니라고 주장한다. 그들에 따르면 르네상스 시대에도 우리 시대에 버금가는 열정과 호기심으로 동양과 서양이 만났고, 궁극적으로는 그러한 과정을 거치면서 하나의 통합된 문화가 창출되었다. 요약하자면 일반적으로 일컫는 르네상스 문화란 유럽적 현상이라기보다 '르네상스적 지구촌화'의 결과물이었다. 이 점에서 이 책은 자국사 중심의 편협한 국가사나 알 수 없는 의미로 포장된 지역사의 한계를 넘어 세계사적 관점의 확대를 도모하는 오늘날의 우리에게 하나의 시금석이 될 만하다.

르네상스 유럽의 경계 허물기가 내포하는 이와 같은 포괄적 세계 인식은 또한 필연적으로 유럽중심주의적 사고를 극복하는 유용한 대안이 될 수 있다. 세계화만큼이나 작금의 우리 학문 세계를 사로잡고 있는 중요한 화두 가운데 하나는 유럽중심주의와 그에 대한 극복이다. 특히 서양인들의 시각에서 벗어나 새로운 관점에서 역사와 문화를 바라봐야 한다는 비판의 목소리는 마치 유행—혹은 시대적 사명—처럼 오늘날 우리 학계의 슬로건으로 자리 잡고 있는 듯하다. 분명 이러한 반성과 성찰의 한복판에 르네상스에 대한 우리의 역사 인식도 중요한 한 자리를 차지한다. 전통적으로 우리가 알고 있던 르네상스가 중세와 근대를 가르는 분기점으로, 또 유럽과 그 밖의 세계를 나누는 이데올로기적 경계선으로 기능해왔기 때문이다. 그렇다면 이 논쟁적인 시기와 문화를 어떻게 봐야 하는가?

자딘과 브로턴은 르네상스를 경험하지 못한 낯설고 추한 이방인, 다시 말해 미개한 타자의 모습이 아니라 서양과 함께 살아가는 문화의 공동 생산자로 동양을 이해해야 한다고 강조한다. 설령 지금의 우리에게는 낯설게 느껴질 수도 있지만, 르네상스 시기의 동양은 에드워드 사이드(Edward Said)가 제시하는 것처럼 그저 서양적 시선으로 만들어진 수동적인 타자가 아니었다는 것이다. 오히려 당시의 동양은 동일한 문화의 창조에 기여하고, 또한 그럼으로써 서양의 자기 정체성 확립의 준거가 되었던 능동적인 세계였다. 그렇다면 단순한 말이나 구호가 아닌 학문을 통한 실천적인 노력으로서 유럽중심주의를 극복하는 대안 하나를 이 책을 통해 확인할 수 있다고 해도 과언이 아닐지 모른다. 유럽 중심의 편향된 시선에서 벗어나 보다 넓은 세계사적 맥락 속에서 르네상스 문화가 가지는 통합적 측면을 고찰한 것이야말로 이 책에서 우리가 느낄 수 있는 가장 큰 미덕이다.

이와 함께 이 책이 담고 있는 방법론적 의의 역시 간과할 수 없다. 무엇보다 먼저 지적할 수 있는 것은 '이미지'의 정치적 성격에 대한 통찰과 이에 대한 문화사적 고찰이다. 흔히 르네상스 예술품은 고대의 이미지나 모티프에 천착해 유럽의 고전적 전통을 부활시킨 미적 인공물로 간주되어왔다. 그런데 흥미롭게도 그와 같은 르네상스 예술에 대한 해석에는 이른바 '예술을 위한 예술'이라는 낭만주의 사고방식이 그 뿌리를 두고 있었고, 그러한 관점에서 보자면 르네상스 예술품은 미학적 고려의 대상 이상도 이하도 아니었다. 하지만 이 책의 저자들은 예술적 이미지의 전유와 예술품의 유통에 개입하는 정치의 문제에 주목하면서 르네상스 예술품에 대한 역사적 고찰이 단순한 미학적 차원뿐만 아니라 당대의 특화된 사회·정치적 상황에 대한 해석과 함께 이루어져야 한다고 강조한다. 이제는 어느 정도 당연한 것으로 생각되는 이러한 시선이 르네상스라는 특정한 시기를 향하게 되었을 때, 르네상스 예술품의 정치적 측면이 새로운 차원에서 부각될 수 있다. 이 책은 바로 이 점을 웅변한다.

마지막으로 이 책이 두 저자의 공저라는 점 또한 시사하는 바가 적지 않다. 자딘과 브로턴은 지난한 토론의 과정을 거치며 함께 이 책을 써나갔으며, 그 결과 이 책에서 누가 어떤 부분을 썼다는 등의 이야기가 더 이상 자신들에게는 어떤 의미도 지닐 수 없다고 강조한다. 통섭이니 협동 연구니 하는 말들이 더 이상 유행어조차 될 수 없는 오늘날의 학문 세계에서 우리는, 마치 봇물처럼 생산되는 수많은 공저와 협동 연구를 만나곤 한다. 하지만 아쉽게도 대개 그 결과물들은 단순히 한 장은 아무개가 다른 장은 또 다른 누군가가 저술하는 식의 개별 연구의 집적에 가까운 경우가 허다하다. 이를 고려하면 이 책은 진정한 의미에서의 공저(共著)가 무엇인가를 보여주는 귀감이 될 만하다. 그들의 표현을 빌려 말하자면, "해당 전문 분야에서 자신만큼이나 뛰어난 지식을 소유한 다른 누군가와 나누는 대화의 즐거움"을 누릴 수 있는 협동 연구의 가치를 다시 한 번 생각해본다. 이 책이 말과 형식만이 아닌 진정한 협동 연구가 무엇인가를 보여주는 데 경종을 울릴 수 있으리라 기대한다.

이 책의 번역은 여러 측면에서 내 능력을 넘어서는 힘겨운 작업이었다. 이탈리아와 스페인 등의 남부에서 네덜란드와 벨기에 등의 북부 지역에 이르는 유럽 전역뿐만 아니라 비잔티움, 아랍, 페르시아 그리고 그 너머의 인도 지역, 심지어 아프리카와 아메리카 지역으로까지 확장된 탐구의 영역은, 솔직히 나의 이해 수준을 넘어서는 너무도 포괄적인 범위와 깊이를 자랑했다. 더욱이 그러한 넓은 지역에서 등장한 다양한 언어는 이 책을 번역하는 기간 내내 나를 괴롭혔다. 비록 오류가 있을지도 모르겠지만 해당 지역이나 국가의 인명과 지명의 경우에 되도록이면 원어의 발음을 따르는 것을 원칙으로 했다는 점을 밝혀둔다. 하지만 가장 녹록지 않은 도전은 이 책의 주제를 담고 있는 핵심 용어를 과연 우리말로 어떻게 옮길 것인가와 관련한 문제였다. 특히 이 책에서 빈번하게 사용되는 몇몇 단어와 개념에 대해서는 이들을 어떻게 옮겼는지 이 자리를 빌려 해명하고자 한다.

첫째는 'global'이다. 오늘날에도 이 말을 어떻게 번역해야 하는가에 관해 적지 않은 논란이 지속되고 있다. 나는 이를 주로 '세계적'이라는 말로 옮겼다. 이 번역어가 유럽이라는 지리적 경계 너머로 르네상스 문화의 범위를 확대하려는 저자들의 의도를 가장 잘 나타내줄 수 있으리라 생각했기 때문이다. 하지만 간혹 문맥에 따라 '지구적'이라는 말을 사용하기도 했다. 둘째는 'imperial'이다. 자딘과 브로턴은 르네상스 예술품을 신성로마, 오스만, 비잔티움, 프랑스, 영국, 스페인, 포르투갈 등 여러 제국 궁정의 정치적 관계 속에서 고찰한다. 이 점에서 르네상스 예술품의 생산과 유통은 각 국가의 이해 관계에 따라 혹은 그들 정부나 권력자의 이데올로기나 권위를 표현하기 위해, 때로는 동일하면서도 또 간혹은 상충하는, 다양한 방식으로 전유되었다. 이러한 맥락에서, 어쩌면 시대착오적으로 들릴 수도 있겠지만, 나는 이 말을 필요에 따라 '제국주의적', '제국적', '제국의' 등으로 다양하게 옮겼다.

마지막으로 정체성 혹은 자아의식과 관련된 중요 개념인 'self-fashioning'이다. 1980년대 스티븐 그린블랫(Stephen Greenblatt)이 처음 사용한 이래, 이 용어는 르네상스는 물론이고 이후 시기의 자아의 역사를 설명하는 중요한 개념으로 자리 잡고 있다. 아마도 이를 '자아 형성'이나 '자아 만들기' 등으로 옮긴다고 해도 대과는 없을지 모른다. 하지만 'fashion'이라는 단어 자체가 15세기 이후 널리 사용되기 시작한 '르네상스적인' 용어였으며, 바로 그때부터 오늘날 우리가 '패션'이라는 단어를 통해 연상하게 되는 것처럼 타인과의 관계를 고려하여 자신을 드러내 보이기 위한 어떤 행위라는 함의가 그 단어에 담기기 시작했다는 점을 간과할 수 없다. 즉 'self-fashioning'은 자아와 그것을 둘러싼 사회 사이의 모종의 관계를 함축한 '역사적' 개념이자 용어다. 이 점에서 나는 굳이 우리말로 옮기는 대신, 원문 그대로 '셀프-패셔닝'이라는 말로 적었다. 독자들의 환기를 바란다.

이 책을 우리말로 옮기기 시작한 지난해에 코로나19가 지구촌 곳곳을 위협했고, 이 글을 쓰는 지금도 여전히 그 위세를 떨치고 있다. 하지만 그 병이 가져온 가공할 만한 공포만큼이나 나를 찌푸리게 만드는 것은 인간의 마음속에 똬리를 튼 어두운 본성이 그로 인해 본색을 드러내고 있다는 불편한 자각이다. 코로나19로 인한 가장 커다란 위협이 가장 소외된 이들을 겨냥하곤 한다는 생각 때문이다. 자딘과 브로턴은 이 책이 출판되기 직전 보스니아와 코소보에서 일어났던 '인종 청소' 문제를 거론하면서 자신들이 이 책에서 다룬 이야기가 그에 대한 경종이 되기를 바랐다. 나 역시 마찬가지다. 코로나19가 기승을 부리던 지난해 가을, 일견 해묵은 반(反)이슬람주의가 또다시 프랑스를 비롯한 유럽 곳곳을 강타했다. 또한 우리 사회 여기저기에서도 사회적 약자 그리고 다른 세계와 민족에 대한 편협한 태도가 다시금 고개를 들었다. 이 책은 우리의 이러한 생각이 잘못된 것이라는 점을 일깨워주는 듯하다. 그렇기에 나의 이런 생각에 맞장구를 쳐주며 흔쾌히 고된 작업을 함께 해준 도서출판 길에 감사하지 않을 수 없다. 또한 힘든 시간을 함께하며 언제나 내게 지적 자극제가 되어주는 아내와 딸에게도 고마움을 전한다. 내게 그랬듯이 이 책이 독자들의 삶을 의미 있게 만드는 자양분이 되기를 기대한다. 독자들의 비판과 질정을 부탁드리며 이 책에서 발견되는 오류는 추후 기회가 되면 바로잡을 것을 약속드린다.

2021년 6월 어느 날

감동진 나루에서

임병철

참고문헌

Ackerman, Phyllis, *The Rockefeller McCormick Tapestries: Three Early Sixteenth-Century Tapestries*, Oxford, 1932.

——. *Tapestries: The Mirror of Civilisation*, New York, 1933.

Adelson, Candace, *European Tapestries in the Minneapolis Institute of Arts*, New York, 1994.

Ahl, D. C., *Leonardo da Vinci's Sforza Monument Horse: The Art and the Engineering*, London, 1995.

Appadurai, Arjun, ed., *The Social Life of Things: Commodities in Cultural Perspective*, Cambridge, 1986.

d'Astier, Colonel, *La Belle Tapisserye de Roy (1532-1797) et les tenures de Scipion l'africain*, Paris, 1907.

Babinger, Franz, *Mehmed the Conqueror and His Time*, Princeton, 1978.

Bacou, Rosaline, and Bertrand Jestaz, *Jules Romain: L'Histoire Scipion: Tapisseries et dessins*, Paris, 1978.

Baldass, Ludwig, *Die Wiener Gobelinssammlung*, 3 vols, Vienna, 1920.

Blundeville, Thomas, *The Four Chiefest Offices belonging to Horsemanship*, London, 1593.

Bodnar, E. W., *Cyriacus of Ancona and Athens*, Brussels, 1960.

Brotton, Jerry, *Trading Territories: Mapping the Early Modern World*, London, 1997.

——, "Terrestrial Globalism: Mapping the Globe in Early Modern Europe", in Denis Cosgrove, ed., *Mappings*, London, 1999.

Brown, Clifford M., and Guy Delmarcel, *Tapestries for the Courts of Federico II, Ercole, and Ferrante Gonzaga, 1522-63*, Washington, DC, 1996.

Brown, P. F., *The Renaissance in Venice*, London, 1997.

Brummett, Palmira, *Ottoman Seapower and Levantine Diplomacy in the Age of Discovery*, Albany, 1994.

Buisseret, David, *Monarchs Ministers and Maps: The Emergence of Cartography as a Tool of Government in Early Modern England*, Chicago, 1992.

Burckhardt, Jacob, *The Civilization of the Renaissance in Italy*, London, 1892.

Burke, P., *The Fabrication of Louis XIV*, New Haven, 1992.

Charrière, E., *Négociations de la France dans le Levant*, 4 vols, Paris, 1840-60.

Checa, F., *Tiziano y la Monarquia Hispanica*, Madrid, 1994.

Clot, André, *Suleiman the Magnificent: The Man, His Life, His Epoch*, London, 1992.

Cole, A., *Art of the Italian Renaissance Courts*, London, 1995.

Comaroff, Jean and John, *Ethnography and the Historical Imagination*, Boulder, 1992.

Cortesão, Armando, ed., *The Suma Oriental of Tome Pires and The Book of Francisco Rodrigues*, London, 1944.

Cox-Rearick, J., *The Collection of Francis I: Royal Treasures*, New York, 1995.

Davies, D. W., ed., *The Actions of the Low Countries by Sir Roger Williams*, Ithaca, 1964.

Davies, R. H. C., *The Medieval Warhorse*, London, 1989.

Delmarcel, Guy, *Flemish Tapestry*, London, 1999.

D'Hulst, Roger, *Tapisseries flamandes*, Brussels, 1960.

Didi-Huberman, G., R. Garbetta and M. Morgaine, *Saint Georges et le dragon: Versions d'une légende*, Paris, 1994.

Diffie, Baily, and George Winius, *Foundation of the Portuguese Empire, 1415-1580*, Minneapolis, 1977.

Edwards, P., *The Horse Trade of Tudor and Stuart England*, Cambridge, 1988.

Felipe II, Un Monarca y su Epoca: Un Principe del Renacimento, exh. cat., Museo Nacional del Prado, Madrid, 1998.

Frère, J.-C., *Léonard de Vinci*, Paris, 1994.

Freud, Sigmund, *Civilization and Its Discontents*, 1930, in The Penguin Freud Library Vol. 12, *Civilization, Society and Religion*, Harmondsworth, 1985.

Gill, J., *The Council of Florence*, Cambridge, 1959.

——, *Personalities of the Council of Florence and other Essays*, Oxford, 1964.

Ginzburg, Carlo, *The Enigma of Piero: Piero della Francesca*, trans. M. Ryle and K. Soper, London, 1985.

Göbel, Heinrich, *Wandteppiche*, 5 vols, Leipzig, 1923-34.

Gombrich, E. H., *Symbolic Images: Studies in the Art of the Renaissance II*, Oxford, 1972.

Greenblatt, Stephen, *Renaissance Self-Fashioning: From More to Shakespeare*, Chicago, 1980.

Haardt, Robert, "The Globe of Gemma Frisius", *Imago Mundi* 9, 1952.

Hale, John, *The Civilization of Europe in the Renaissance*, London, 1993.

Hamilton, A. C., ed., *Edmund Spenser: The Faerie Queene*, London, 1977.

Hay, Denys, *Europe: The Emergence of an Idea*, Edinburgh, 1957.

Heinz, Dora, *Europäische Wandteppiche I: Von den Anfängen der Bildwirkerei bis zum Ende des 16. Jahrhunderts*, Braunschweig, 1963.

Helms, Mary W., *Ulysses' Sail: An Ethnographic Odyssey of Power, Knowledge, and Geographical Distance*, Princeton, 1988.

Hervey, Mary F. S., *Holbein's Ambassadors, the Picture and the Men: An Historical Study*, London, 1900.

Hollingsworth, M., *Patronage in Renaissance Italy from 1400 to the Early Sixteenth Century*, London, 1994.

Holmes, G., ed., *Art and Politics in Renaissance Italy: British Academy Lectures*, Oxford, 1993.

Holt, Mack P., *The Duke of Anjou and the Politique Struggle During the Wars of Religion*, Cambridge, 1986.

Hore, J. P., *The History of Newmarket*, vol. I, London, 1886.

Horn, Hendrick, *Jan Cornelisz Vermeyen*, 2 vols, The Hague, 1989.

Hyland, Ann, *The Warhorse, 1250-1600*, Stroud, 1998.

——, *The Horse in the Middle Ages*, Stroud, 1999.

Ives, E. W., *Anne Boleyn*, Oxford, 1986.

Jankovich, Miklos, *They Rode Into Europe: The Fruitful Exchange in the Arts of Horsemanship between East and West*, trans. Anthony Dent, London, 1971.

Jardine, Lisa, *Worldly Goods: A New History of the Renaissance*, London, 1996.

——, "Penfriend and Patria: Erasmian Pedagogy and the Republic of

Letters", *Erasmus of Rotterdam Society Yearbook* 16, 1996, pp. 1~18.

Knecht, R. J., *Renaissance Warrior and Patron: The Reign of Francis I*, Cambridge, 1994.

——, *Catherine De' Medici*, London, 1998.

Krogt, Peter van der, *Globi Neerlandici: The Production of Globes in the Low Countries*, Utrecht, 1993.

Levenson, J. A., ed., *Circa 1492: Art in the Age of Exploration*, New Haven, 1991.

Luchinat, C. A., ed., *The Chapel of the Magi: Benozzo Gozzoli's Frescos in the Palazzo Medici-Riccardi Florence*, trans. E. Daunt, London, 1994.

Mann, N., and L. Syson, eds, *The Image of the Individual: Portraits in the Renaissance*, London, 1998.

Masefield, John, ed., *The Travels of Marco Polo*, London, 1908.

Necipoğlu, G., "Süleyman the Magnificent and the Representation of Power in the Context of Ottoman-Hapsburg Rivalry", *Art Bulletin*, 1989, pp. 401~27.

——, *Architecture, Ceremonial, and Power: The Topkapi Palace in the Fifteenth and Sixteenth Centuries*, Cambridge, 1991.

Nolan, J. S., *Sir John Norreys and the Elizabethan Military World*, Exeter, 1997.

Olivata, L., "La principessa Trebisonda: Per un ritratto di Pisanello", in P. Castelli, ed., *Ferrara e il Concilio 1438-1439: Atti del Covegno di Studi nel 550 Anniversario del Concilio dell'unione delle due Chiese d'oriente e d'occidente*, Ferrara, 1992.

Ortiz, Antonio Domínguez, *et al.*, eds, *Resplendence of the Spanish Monarchy: Renaissance Tapestries and Armor from the Patrimonio Nacional*, New York, 1991.

Panofsky, E., *Studies in Iconology: Humanistic Themes in the Art of the Renaissance*, Oxford, 1939.

Paolucci, A., *Piero della Francesca: Notizie sulla conservatione di Margherita Moriondo Lenzini*, Florence, 1989.

Pfeiffer, Rudolf, *History of Classical Scholarship 1300-1850*, Oxford, 1976.

Phillips, Barty, *Tapestry*, London, 1994.

Pollard, J. G., ed., *Italian Medals: Studies in the History of Art*, Washington, DC, 1987.

Prior, C. M., *The Royal Studs of the Sixteenth and Seventeenth Century*, London, 1935.

Raby, J., *Venice, Dürer and the Oriental Mode*, London, 1982.
——, "East and West in Mehmed the Conqueror's Library", *Bulletin du bibliophile*, 1987, pp. 297~321.
Rice, Eugene, and A. Grafton, *The Foundation of Early Modern Europe, 1460-1559*, 2nd edn., New York, 1994.
Rosenberg, C. M., *The Este Monuments and Urban Development in Renaissance Ferrara*, Cambridge, 1997.
Russell, J. G., *The Field of the Cloth of Gold*, London, 1969.
Ryan, W. G., trans., *Jacobus de Voragine, The Golden Legend: Readings on the Saints*, 2 vols, Princeton, 1993.
Rykwert, J., and A. Engel, eds., *Leon Battista Alberti*, Milan, 1994.
Said, Edward, *Orientalism*, London, 1978.
——, *Culture and Imperialism*, London, 1993.
Scher. S. K., *The Currency of Fame: Portrait Medals of the Renaissance*, Washington, DC, 1994.
Setton, K. M., *Europe and the Levant in the Middle Ages and the Renaissance*, London, 1974.
——, *The Papacy and the Levant (1204-1571)*, 4 vols, Philadelphia, 1976-84.
Sewell, Robert, *A Forgotten Empire*, London, 1900.
Seznec, J., *The Survival of the Pagan Gods: The Mythological Tradition and Its Place in Renaissance Humanism and Art*, New York, 1953.
Shaw, S., *History of the Ottoman Empire and Modern Turkey*, vol. I, Cambridge, 1976.
Shearman, John, *Raphael's Cartoons in the Collection of Her Majesty the Queen and the Tapestries for the Sistine Chapel*, London, 1972.
Shirley, Rodney, *The Mapping of the World: Early Printed Maps, 1472-1700*, London, 1983.
Sicroff, A. A., *Les Controverses des statuts de 'pureté de sang' en Espagne du xve au xviie siècle*, Paris, 1960.
Skelton, R. A., ed., *Magellan's Voyage: A Narrative Account of the First Circumnavigation*, New York, 1969.
Smith, Ronald Bishop, *The First Age of the Portuguese Embassies to the Ancient Kingdoms of Cambay and Bengal, 1500-1521*, Bethesda, 1969.
Stahl, William, *Commentary on 'The Dream of Scipio' by Macrobius*, New York, 1952.

Standen, Edith Appleton, *European Post-Medieval Tapestries and Related Hangings in The Metropolitan Museum of Art*, New York, 1985.
Stewart, A., *Philip Sidney: A Double Life*, London, 2000.
Stirling, Maxwell William, ed., *The Turks in 1533. A Series of Drawings made in that Year at Constantinople by Peter Coeck of Alest*, London and Edinburgh, 1873.
Strong, Roy, *Holbein and Henry VIII*, London, 1967.
——, *Art and Power: Renaissance Festivals 1450-1650*, Woodbridge, Suffolk, 1973.
Sutherland, N. M., *The Massacre of St. Bartholomew and the European Conflict, 1559-1572*, London, 1973.
Swetz, F. J., *Capitalism and Arithmetic: The New Math of the 15th Century, Including the Full Text of the Treviso Arithmetic of 1478*, trans. David Eugene Smith, La Salle, IL, 1987.
Thirsk, J., *Horses in Early Modern England: For Service, for Pleasure, for Power*, Reading, 1978.
Thomson, W. G., *A History of Tapestry*, London, 1906.
Vickers, M., "Some Preparatory Drawings for Pisanello's Medallion of John VIII Paleologus", *Art Bulletin* 60, 1978, pp. 419~24.
Weiss, R., *Pisanello's Medallion of the Emperor John VIII Paleologus*, London, 1966.
Wroth, Lawrence, ed., *The Voyage of Giovanni da Verrazzano*, New Haven, 1970.
Yates, Frances, *The Valois Tapestries*, London, 1959.

도판 자료 제공에 대한 감사의 글

저자와 출판인으로서 우리는 도판 자료를 제공하고 또 그것을 이용하게 해준 아래의 기관 및 인물들에게 감사의 뜻을 전한다.

Daniel Arnaudet: 18; Ashmolean Museum, Oxford (Reitlinger Bequest) - photo © Ashmolean Museum: 23; Bibliothèque Nationale de France, Paris (Cabinet des Médailles): 6, 7, 24; Gérad Blot: 36; Osvaldo Böhm: 2-4; British Library, London: 5, 51, 62, 67, 76; The Trustees of the Edward James Foundation, West Dean College: 49; Hervé Lewandowski: 71; Metropolitan Museum of Art, New York (Fletcher Fund): 30; Musée du Louvre, Paris (Département des Arts Graphiques): 9, 20, 52, 80; Museo del Prado, Madrid: 85; National Gallery of Art, Washington, DC (Samuel H. Kress Collection): 10, 78; Luciano Pedicini / Archivio dell'Arte: 31; photos © RMN, Paris: 9, 18, 20, 36, 52, 71, 80; Royal Collection Picture Library: 77(Inv. 12321), 82(Inv. 12358); Scala Group: 12-17, 33, 46, 47, 68, 69, 72, 73; Staatliche Museen zu Berlin - Preußischer Kulturbesitz (Münzkabinett): 8, 79; Studio Milar: 45; University Art Museum, University of California at Santa Barbara (Sigmund Morgenroth collection): 81; V&A Picture Library, © The Board of Trustees of the Victoria and Albert Museum, London: 61, 63, 64, 66, 84.

찾아보기

| ㄹ |

| ㅁ |

| ㅂ |

| ㅇ |

| ㅈ |

| ㅊ |

| ㅋ |

| ㅌ |

| ㅍ |

| ㅎ |